本书由现代服务业河南省协同创新中心
与河南财经政法大学政府经济发展
与社会管理创新研究中心共同资助出版

河南省服务外包发展对策研究

赵楠 ◎著

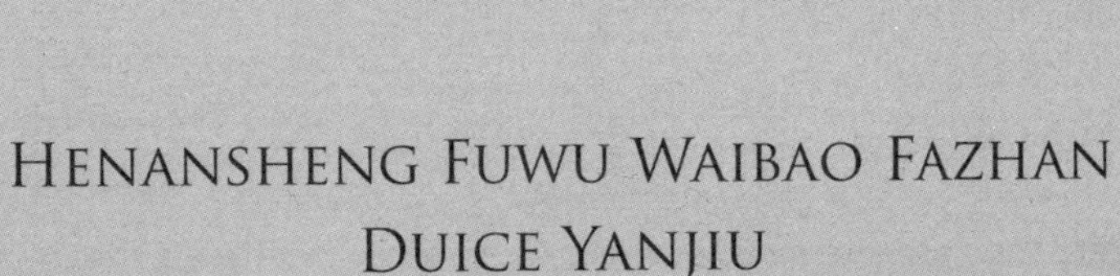

北 京

图书在版编目（CIP）数据

河南省服务外包发展对策研究／赵楠著.
—北京：中国经济出版社，2017.10
ISBN 978-7-5136-4942-1

Ⅰ.①河… Ⅱ.①赵… Ⅲ.①服务业—对外承包—研究—河南 Ⅳ.①F719

中国版本图书馆 CIP 数据核字（2017）第 261554 号

责任编辑 杨 莹
文字编辑 郑潇伟
责任印制 巢新强
封面设计 久品轩

出版发行 中国经济出版社
印 刷 者 北京建宏印刷有限公司
经 销 者 各地新华书店
开　　本 710mm×1000mm 1/16
印　　张 16.75
字　　数 256 千字
版　　次 2017 年 10 月第 1 版
印　　次 2017 年 10 月第 1 次
定　　价 58.00 元
广告经营许可证 京西工商广字第 8179 号

中国经济出版社 **网址** www.economyph.com **社址** 北京市西城区百万庄北街 3 号 **邮编** 100037

前言

自20世纪90年代以来，服务外包逐渐发展成为国际经济活动中的主要内容和国际经济交往的主要形式。服务外包的迅速发展引起了世界各国的高度重视，通过服务外包保护和提升本国福利水平成为各国利用和发展服务外包的出发点和落脚点。对服务外包发展规律及未来趋势进行深入的规范性研究，不仅是研究服务外包的题中应有之义，更是对目前研究服务外包问题所形成的有关理论的深化和延展，因此，具有重要的理论价值。同时，通过系统的个案研究，进而将个性的理论研究成果提升为普适性的服务外包未来发展规律，指导各国利用这一规律解决服务外包发展过程中的各种问题，无疑将具有一定实际应用价值。

随着中国参与国际经济活动程度的日益加深，服务外包在中国也得以蓬勃发展。但是，由于中国国内经济发展的不平衡，东中西部相差较大，因此，国内各省份发展服务外包的水平也存在着很大的差距，同时，各个省份资源要素禀赋不同因而其发展服务外包的侧重点也各不相同。作为中国的中部省份，河南省经济发展水平处于全国的中游；同时，作为内陆省份，河南省的开放程度和西部沿海省份相比也还比较低，因此，服务外包发展也比较落后。近几年来，随着郑州航空港经济综合实验区、中国（河南）自由贸易试验区、郑洛新国家自主创新示范区和中原城市群等“三区一群”国家战略规划和战略平台在河南的建设与实施，河南省的经济发展水平和对外开放度都有了较大的提升；经济发展水平和对外开放度的提升为服务外包发展提供了较好的基础和空间。因此，深入研究国内外服务外包快速发展的趋势，积极适应国内外服务外包发展的有利形势，充分挖掘河南省发展服务外包的优势资源，在借鉴服务外包发展较好省份经验基础上，大力发展河南省服务外包，既是实施“三区一群”国家战略题中应有之义，也是河南调整和提升产业结构、优化区域产业布局、提速经济发展的必然要求。

本书研究的基本思路和目标是，在分析服务外包一般理论和规律的基础上，借鉴发展服务外包较好的国家或国内省份的经验，分析河南省发展服务外包的现状和存在的问题，从而提出今后河南省服务外包发展的对策。根据研究思路和目标，本书的研究内容主要包括三个方面：一是研究服务外包产生发展的一般问题，通过分析一般问题，发现服务外包发展的规律和传递路径；二是研究分析印度等服务外包先发国家成功经验和存在问题，研究分析中国大连、杭州、武汉、成都等服务外包发展较好省份的发展特点和发展经验，为河南服务外包发展提供借鉴；三是研究河南服务外包发展现状，提出发展对策。具体来说，本书内容分为九个部分。

第一部分是导论。主要介绍本书的研究背景、方法、意义、已有文献综述及总体框架。

第二部分是服务外包的兴起及其表现。在新一轮的国际产业转移中，服务外包迅速发展，并成为国际经济领域中最活跃的因素之一。国际服务外包有其内在的发展规律和外在表现。本部分希望通过分析外在表现认识其内在规律，为中国发展服务外包提供理论借鉴。

第三部分中国服务外包的发展历程及存在的问题。本部分主要分析中国服务外包的发展历程，考察不同阶段服务外包发展的特点，从中发现其规律，有助于更好地为中国承接国际产业转移和发展服务外包服务提供理论指导和借鉴。

第四部分是印度发展服务外包模式分析。印度是国际服务外包的发轫国之一，其服务外包走的是一条“以 ITO 为主要业务内容、发端于低端\完全依赖国外市场”的路径模式。这种模式保证了印度在服务外包初期阶段取得了成功，成为当今世界上承接服务外包最发达的国家；同时，这一模式也成为国际服务外包向高端发展的情况下，制约其进一步发展的不利因素。因此，分析印度发展服务外包的模式，对于研究全球服务外包市场的发展规律和趋势具有重要的借鉴意义。

第五部分是大连、杭州、武汉和成都发展服务外包的经验分析。大连、杭州、武汉和成都是中国国内发展服务外包较好的四个城市，也分别是中国东中西三个不同区域发展服务外包的典型代表。四个城市分处东部、中部和西部，发展服务外包的基础和条件各不相同，有自身的区域优势和劣势，这四个城市在自身条件基础上很好地发展了服务外包，都积累了很好的发展经验。对这些经验进行总结和提炼，从中发现可以借鉴的内容，对河南省发展服务外包将具有一定的指导价值和参考意义。

第六部分是河南发展服务外包的路径选择。随着2006年10月商务部促进服务外包发展“千百十工程”的实施，中国服务外包进入快速发展阶段。目前国际上较为流行的服务外包模式是以印度为代表的信息技术外包。由于中国与印度在信息产业发展和吸引外资方面存在较大差距，中国不可能照搬印度发展服务外包的成功模式；河南地处中国中部，既具有区域优势也存在着区域劣势，服务外包的发展既不同于印度等国家，也不同于大连、杭州、武汉和成都等城市，河南省只能在总结国内外发展经验和教训的基础上，走自己的道路，才能更好地发展服务外包。

第七部分是附件。在上述章节中，我们在分析中国发展服务外包时，参考了诸多中国政府和相关机构出台的各种有关服务外包的政策、文件，这一部分将把这些政策、文件以附录的形式列于书后，以便读者在阅读本书时参阅。

发展服务外包是一个新课题，本书在借鉴引用有关研究成果的基础上，通过建立一个初步的研究体系来分析这一问题，只是一种尝试，而非成熟的逻辑框架；同时，囿于本人的学识和资料的可得性，这种尝试也只能是一个开始。希望本书开始的这种尝试能够为有关研究提供一种思路。

目　录

第一章　导论

一、本书的研究背景和价值

服务外包是指服务产品生产过程中的部分流程或制造品生产过程中的部分服务环节从特定企业内部以合同方式转移到企业外部完成，服务业务委托方称为发包方，服务承包方称为接包方。如果外包合同的发包方与接包方分属不同的国家，则称为国际服务外包或离岸外包。（江小涓，2008）

自20世纪80年代以来，服务全球化后来居上，成为经济全球化的主导力量和重要内容，被称之为第三次经济全球化。① 作为服务全球化的特殊形式，国际服务外包发展迅速，我国国际服务外包发展尤为迅猛。根据国际数据公司（IDC）统计，2015年全球服务外包市场规模达到1万亿美元，发展潜力巨大。Gartner的统计显示，当前全球企业1000强中的95%的企业已经制定了公司离岸战略，全球离岸服务外包目前正经历从爱尔兰等中等发达国家向印度、中国和菲律宾等发展中国家转移，但还远未进入成熟的发展阶段。中国服务外包研究中心发布的《中国服务外包发展报告2012》指出，2011年全球国际服务外包规模已达1100亿美元，占全球服务业的13%，呈复苏增长态势，2015年达到2100亿美元。中国服务外包业在承接国际转移、吸纳就业、企业成长等指标都有较好表现。截至2011年，内地服务外包企业累计达16939家，从业人员318.2万人，其中，大学生占七成以上。离岸外包合同金额873.8亿美元，离岸外包执行金额

---

① 国际产业转移共经历了三次“全球化浪潮”：第一次是“市场全球化”，即通过国际贸易来拓展市场；第二次是“生产全球化”，即通过生产要素的全球配置实现产业的国际转移。第三次是“服务全球化”，即大量与服务、知识相关的产业正在进行全球转移。

539.6亿美元。报告认为，今后全球服务外包产业将恢复稳步增长态势。中国服务外包产业未来几年将保持40%~50%左右的增长速度。在岸市场需求加速释放，市场运行更加规范，企业加快全球布局步伐。① 中国商务部2012年2月16日发布的数据显示，2011年我国企业承接服务外包合同执行金额323.9亿美元，同比增长63.6%。其中，承接国际（离岸）服务外包合同执行金额238.3亿美元，同比增长65.0%，比上年提高22%；我国服务外包产业的国际市场份额进一步扩大，2011年我国承接服务外包占全球的23.2%，比上年提高6.3%。② 第四届中国国际服务外包交易博览会也显示，2011年中国企业承接国际服务外包合同执行金额238.3亿美元，同比增长达65%，已成为全球第二大国际服务外包承接国。③

根据商务部统计，2017年上半年中国企业完成服务外包执行金额3450.7亿元，同比增长13.8%。其中，离岸服务外包执行金额2183.6亿元，同比增长12.2%。6月当月离岸服务外包执行金额579.5亿元，同比增长22%。④

国际服务外包的迅速发展，在降低成本增加收益、促进贸易和投资、促进产业分工深化、促进就业和提升就业结构、促进服务业发展和增强服务业竞争力、增加消费者福利的同时，也对发包方和接包方等相关国家的产业结构、人力资本、就业，甚至对收入水平产生了影响，尤其是对国际资本流动的方向和方式产生了重要影响。如何在发展服务外包时，既能够充分利用其优势促进本国经济发展，又能够通过制定适当的政策措施规避其不利影响，这是每一个发展服务外包的国家都必须面对的问题。尽管通过近二十年的发展，各国都积累了一定的经验，但与服务外包大发展的趋势相比，这些经验就显得较为缺乏了。改革开放以来，中国发展速度快、规模增加快、外资利用以及对外投资不断增加，河南省近年来经济一直保

---

① 资料来源：http：//finance. eastday. com/economic/m1/20120530/u1a6591309. html.

② 资料来源：http：//chinasourcing. mofcom. gov. cn/.

③ 资料来源：http：//finance. sina. com. cn/roll/20120926/144513247031. shtml.

④ 资料来源：http：//www. xianjichina. com/news/details_ 44138. html.

持较快增长，对外开放也发展迅速，在这样的背景下，对服务外包的研究已经到了关键时刻。从理论和实践两个方面对服务外包进行系统的总结和深入的研究，并在此基础上提出今后服务外包发展的方向，对中国今后服务外包发展和河南省发展服务外包的路径选择都将产生积极的影响。

理论研究方面，虽然近年来国内外学者越来越重视从实践中总结服务外包的经验，但这些研究大多停留在个案的研究和国别的服务外包数据统计分析层面，从事实证研究的多，规范研究的少，尤其是对服务外包未来发展趋势、对相关国家产业结构调整、人力资本变化、国际直接投资形式的方面影响的研究还缺乏系统性、统一性和完整性。对服务外包未来发展趋势进行深入的规范性研究，不仅是研究服务外包的题中应有之义，更是对目前研究服务外包问题所形成的有关理论的深化和延展，因而具有重要的理论价值。

实际应用方面，国际服务外包的迅猛发展所引起的、对发包方和接包方等相关国家的产业结构、人力资本、就业，甚至对收入水平产生的影响，尤其是对国际资本流动的方向和方式产生的影响，亟需寻求一种系统的、合理的、有效的解决方案。如果找不到解决方案，服务外包的发展不仅无法给各国带来福祉，相反还会造成灾难。因此，通过系统的个案研究，进而将个性的理论研究成果提升为普适性的服务外包未来发展规律，指导我国尤其是河南省利用这一规律解决服务外包发展过程中出现的各类问题，将具有一定实际应用价值。

二、国内外研究现状和趋势

针对国际服务外包及其发展过程中出现的问题与争端，理论界进行了较为深入的研究，并获得了大量的研究成果。这些研究成果主要涉及国际服务外包理论基础及其动因、国际服务外包效应、国际服务外包发展趋势以及中国对策等方面。

（一）关于服务外包属性和概念的研究

作为国际经济领域的一种相对较新的现象，人们对服务外包的研究起步也相对较晚。对服务外包的属性，不同的研究者得出了不同的结论。西安软件园主任毛爱亮曾指出，服务外包是“一种管理模式”。他在 2006 年 10 月 7 日的《国际商报》中写道，“服务外包的定义是指企业将其非核心的业务外包出去，利用外部最优秀的专业化团队来承接其业务，从而使其专注核心业务，达到降低成本、提高效率、增强企业核心竞争力和对环境应变能力的一种管理模式”①。

严启发将服务外包视为一种“经营方式”。他在 2006 年 5 月 1 日的《国际商报》中写道：“服务外包是指近年来发达国家将高科技产业或服务业的部分业务外包到成本相对较低的国家或地区的经营方式”②。

中国社会科学院学部委员、中国社会科学院研究生院财贸系教授、博士生导师杨圣明认为，服务外包是一种新兴的加工贸易。“服务外包又称服务加工贸易，国际上也称离岸服务（Off shore Service）。”“所谓服务外包是指一国的企业将一种服务商品或它的非关键部分转让给国外公司承担的一种经营方式，或一种商业模式，或一种国际贸易方式。在后一种意义上，我们将服务外包理解为服务加工贸易。以往的加工贸易专指货物商品的加工贸易。进入新世纪后，服务商品的加工贸易迅速发展。因此，近几年来，它成为国际贸易领域中的新课题。”③

江小涓认为，“服务外包是一种新的全球产业组织形态。其本质是人力资本市场合约和劳务活动企业合约的统一，是人力资本配置方式的根本变化。”因此，“服务外包是企业签订外部供应合约完成过去在内部进行的经济活动。”④

姜春荣在《国际服务外包浪潮：理论、实证与中国战略研究》一书中，总结了国内外研究服务外包定义的成果。她把这些研究成果总结为六种情况。第一种情况是从企业管理战略角度定义外包的概念。这些研究者

① 见 2006 年 10 月 7 日《国际商报》第三版。

② 见 2006 年 5 月 1 日《国际商报》第三版。

③ 杨圣明．加快发展我国服务外包产业［J］．时代经贸，2008，（8）：18-25.

④ 江小涓．服务外包：合约形态变革及其理论蕴意——人力资本市场配置与劳务活动企业配置的统一［J］．经济研究，2008，（7）：4-10.

包括 Rahul Sen 与 M. Shahidul Islam、Gilley 与 Rashssd、刘慧、胡天佑等。Rahul Sen 与 M. Shahidul Islam（2005）认为，外包现象指的是企业战略性的运用外部资源来进行它过去用企业内部的人力物力进行的经济活动；Gilley 与 Rashssd（2000）则强调，企业本身有资源和能力从事某种生产活动，但自己不生产的情况下，交给其他企业或单位去做，因此，外包本质是一种摈弃内在化的基本活动形式；刘慧、胡天佑（2004）认为，外包是指企业将一些非核心的、次要的或辅助性的功能或业务包给企业外部的专业服务机构，利用他人的专长和优势来提高企业的整体效率和竞争力，而自身仅专注于企业具有核心竞争力的功能和业务。

第二种情况是从外包服务提供方与需求方的相互关系定义外包的概念。比如 Gene M. Grossman 与 Elhanan Helpman（2002）把外包看做一种由不完全合同控制的寻找合作伙伴与特定关系投资的活动；Sourafel 与 Holger Girma（2005）认为，外包可以大致定义为通过合同的方式把原由企业内生产的活动转包到公司外面去；Shreeveport 咨询公司将服务外包定义为，依据服务协议，将某项服务的持续管理责任转嫁给第三者执行；卢言（2005）认为，外包广义上是指企业与第三方签订合约，委托第三方为其提供生产所需的中间投入品和服务，或者委托第三方为其提供以委托企业品牌出售的产品或服务，使企业发生逆一体化、专业化、规模缩减的变化，企业间建立松散、灵活、长期、多层面合作关系。当外包跨越国界时，作为一项重要的企业组织创新活动，是松散一体化国际生产体系形成和发展的纽带。

第三种情况是从国际经济角度定义外包的概念。比如 Mary Amiti、Shang-jin Wei（2005）把国际服务外包定义为从国外获得商品或服务的中间投入品，既包括从独立于本公司的国外企业获得的商品或服务的中间投入品，也包括从国外子公司内获得的公司内贸易；Jagdish Bhagwati、Arvind Panagariya 与 T. N. Srinivasan（2004）则从国际服务贸易角度来论述服务外包的，他们给出一种描述性的概念，即外包是国际服务贸易中迅速增长的一部分，包括远距离海外购买服务，主要但不必然通过电子媒介，如电话、传真、因特网等，主要是指 WTO《服务贸易总协定》中定义的四种服务贸易方式中的第一种，即跨境交付；Shapiro（1992）从国际金融方面人手，认为国际外包是跨国公司避开汇率波动风险的措施；Cooper and Lybrand 公司到海外经营的企业采用外包方式是对传统的全资子公司的替代行为；詹晓宁、邢厚媛（2005）认为，作为跨国公司归核化调整的副产品，服务外包是指作为生产经营者的业主将服务流程以商业形式发包给本企业以外的服务提供者的经济活动。服务外包并非完全发生于服务行业，制造业和其他行业所需要的服务流程更倾向于对外发包。服务外包的发包方可以是企业，也可以是政府和社团组织等。外包的服务可以提供给本国市场、东道国市场或第三方市场。服务外包的本质，是企业以价值链管理为基础，将其非核心业务通过合同方式发包、分包或转包给本企业之外的服务提供者，以提高生产要素和资源配置效率的跨国生产组织模式，当前迅速发展的服务外包是经济全球化背景下国际分工的表现形式，是跨国公司追求利益最大化的必然结果；甄炳禧（2005）认为，国际服务外包，或称离岸服务外包，系指跨国公司将本来自身执行的非核心服务性职能，通过建立可控制的离岸中心或国外分公司，包给境外第三方服务供应商去完成。服务外包涵盖服务业、制造业及其他行业所需要的服务流程，服务外包的资本密集程度和成本较低，因而比外包制造业的迁移具有更大的随意性。

第四种情况是从技术进步角度定义外包的概念。Deborahl Swenson（2005）认为，外包应该被看做是一种技术创新，这种创新使生产商可以将生产过程进行地理上的分离。王根索（2005）认为，服务外包指技术开发与支持（如软件开发、产品设计等）和其他服务活动（如客户关系管理、企业各类资源管理、仓储运输物流管理、企业运营流程管理、服务管理等）的外包。

第五种情况是从外包动机与效应角度定义外包的概念。The American Heritage Dictionary 把它定义为，从外部供给商或生产商处取得商品或服务，以达到节约成本的目的。Markus Diehl（1999）是从外包效应方面理解的，他认为外包是以进口中间投入品而推动国内附加值的增加，并影响就业结构向有利于技术升级的方向移动；李仲周（2004）认为，外包是指跨国公司将其非核心业务通过合同方式分包给公司之外的企业来承担，通过签订数年合同以保证服务的稳定供应、最优的质量和最优的成本。

第六种是国际经济组织有关国际服务外包的概念解释。《2004 年世界投资报告：转向服务业》一书中提到两种服务业离岸转移的方式，一是自营式外移，是指通过内部化方式，开辟国外分公司，在海外建立分公司或子公司或服务基地；二是离岸外包，将服务外包给海外第三方服务承包方。综合考虑国内外学术界已有定义中的多种角度，姜春荣从企业战略转变、国际经济视角并结合服务外包的微观动机与宏观效应，给国际服务外包下一个简单的定义，即国际服务外包是指跨国公司将产业价值链中原本由自我提供的部分，或全部服务环节，或服务流程委托给本土以外的服务承包方来完成的经济活动，以通过重组企业供应链，优化全球资源配置，达到降低成本、提高效率的目的。①

（二）关于国际服务外包基础理论及其动因的研究

对于国际服务外包基础理论的研究，研究成果主要有以下几个方面：

王春（2008）从服务外包的内容和特点出发，认为服务外包理论基础应该包括有资源基础理论、核心能力理论、资源依赖理论、交易成本理论、委托代理理论。② 刘丁有和张妍（2010）则认为，服务外包基础理论应该包括经济学、管理学理论中的传统贸易理论、新贸易理论、产业组织理论以及现代企业理论，因此，他们用比较优势理论、交易费用理论、全球价值链理论、资源基础理论、核心能力理论、商业模式转型理论对服务外包进行了分析。③ 刘庆林、刘小伟（2008）提出，服务外包的基础理论

① 姜春荣．国际服务外包浪潮：理论、实证与中国战略研究［J］．北京：对外经济贸易大学出版社，2009.

② 王春．IT 外包理论的国内外研究述评［J］．科技管理研究，2008（5）：174-176.

③ 刘丁有，张妍．服务外包机理的理论分析综述及其实践指导意义［J］．改革与发展，2010（2）：149-153.

有交易成本理论、比较成本理论、核心能力理论和资源基础理论。[①] 江小涓等（2008）则从微观企业视角和宏观国际经济视角对服务外包的基础理论进行的分析和综合。[②] 他们认为，从微观企业视角看，国际服务外包基础理论包括战略管理理论、经济学理论和社会学理论，而战略管理则又包括资源基础论和资源依赖论，经济学理论又包括交易成本论和代理成本理论，社会学理论又包括政治权力论和社会交换理论；从宏观国经济学角度看，国际服务外包基础理论包括比较优势论、产业间贸易论和离岸—外包模型，而比较优势论则又包括比较优势不同要素禀赋差异论，产业间贸易论又包括规模经济论、边际成本递减论和垄断竞争论，离岸—外包模型又包括直接投资论、比较优势差异论和短缺要素互补论，等等。

综合关于服务外包基础理论的研究观点，我们可以发现，服务外包的基础理论主要有如下几种：

1. 交易成本理论

基于经济学角度的外包理论始于交易成本理论。交易成本理论由诺贝尔经济学奖得主科斯（Coase，R. H.）于 1937 提出。科斯（Coase，R. H.）当时提出的交易成本理论主要解释企业本质。威廉姆森（Williamson）在 1975 对交易成本理论进行了深化，他定义交易成本泛指一切为了实现交易而支付费用，它包括搜寻成本、信息成本、议价成本、决策成本、违约成本等，威廉姆森认为交易成本具有资产的专属性、交易不确定性和交易频率三个特征。资产专属性在服务外包中的应用可用于解释服务外包内容，具有高度资产专属性的业务企业倾向自行完成，企业外包出去的只有中度或低度资产专属性的业务，而交易不确定性则涉及服务外包风险，是企业必须考虑的项目。[③]

---

① 刘庆林，刘小伟．国外服务业外包理论研究综述［J］．山东社会科学，2008（6）：87-91.

② 江小涓，等．服务全球化与服务外包：现状、趋势及理论分析［M］．北京：人民出版社，2008.

③ Williamson，O. E. Markets and hierarchies：Analysis and antitrust implications ［M］. New York：Free Press，1975.

2. 比较优势理论

比较优势理论是大卫·李嘉图在其代表作《政治经济学及赋税原理》中提出的贸易理论，也叫比较成本贸易理论。比较优势理论认为，国际贸易的基础是生产技术的相对差别（而非绝对差别），以及由此产生的相对成本的差别。根据比较优势理论，可将生产过程按照所需劳动技能水平进行分级，这样可以将不同劳动生产率水平需求的生产模块转移到与其需求相匹配的国家或地区进行①。由此得出，生产技能水平越低的国家，其分配的生产模块技能水平越低。该理论解释了当前发达国家细分其服务业务，属于低技能重复性业务外包给生产技能较低的发展中国家的原因。

3. 资源基础理论和资源依存理论

资源基础理论认为，企业是各种资源的集合体。由于各种不同的原因，企业拥有的资源各不相同，具有异质性。这种异质性决定了企业竞争力的差异。企业拥有资源的异质性也可以解释为企业资源的缺口，企业必须通过外包来填补这些缺口，这说明接包企业的资源对于发包企业是稀缺的。

而资源依存理论从外部环境来分析，认为企业成功或生存都在不同程度上依赖外部环境中其他公司或是组织向其提供的关键资源。企业之间存在的是一种资源依存关系，由于这种关系存在不确定性，因此，企业必须建立相互合作以减少不确定性。服务外包就是这样一种形式，企业通过将服务外包给其他组织获取企业所需的资源。陈菲认为，有三个关键因素：资源的重要性、对资源配置的判断力和资源的可替代性，而任务环境影响对此三项起决定性作用。②

4. 企业核心竞争力理论

1990 年，普拉哈拉德和哈默尔在《哈佛商业评论》上发表的《公司核心竞争力》一文中，开创了对核心竞争力研究的先河。在此之后，众多

① 大卫·李嘉图．政治经济学及赋税原理［M］．北京：商务印书馆，1976.

② 陈菲．服务外包与服务业发展［M］．北京：经济科学出版社，2009.

学者开始关注对核心竞争力的研究。不同的学者从技术观、知识观、资源观、组织与系统观等不同角度进行了研究，形成了不同的流派。企业核心竞争力理论成为20世纪90年代企业理论和战略管理领域的一枝奇葩。根据广泛接受的稀缺性、难以模仿性等核心竞争力的特征，服务外包主要是通过将非核心业务外包出去，企业集中资源专注于擅长的业务以形成核心竞争力的方式来帮助企业应对全球竞争。

5. 国际服务外包的动因

服务外包的动因是企业做出服务外包与否的关键驱动因素。服务外包决策的制定对于企业尤其是高技术类企业尤为关键，外包活动实施顺利对于企业的发展是非常有帮助的；相反，外包活动的失败，对企业可能产生致命性的打击，因此，企业在作出服务外包决策时都要非常慎重，将其提升到战略高度来考虑。企业是否开展服务外包取决于其服务外包的动机，因此，研究企业服务外包的动因就有助于企业作出是否开展服务外包的决策。

对于企业服务外包的动因，国外学者进行了非常充分的研究。Lon 和 Ventakraman（1992）从 IT 业务外包出发，分别从宏观经济、行业、企业以及企业内部四个层面来对服务外包动因进行分析，提出追寻竞争优势、暂时的经济周期和趋势、竞争压力以及其他管理因素都是构成外包的动因。① McFarlan、No1an（1995）则认为，企业目前越来越倾向于 IT 服务外包的原因较多，主要考虑因素是归核化要求、关系成本及质量、落后的 IT 性能以及环境因素和其他的财务因素。② Diromualdo 和 Gurbaxani（1998）把服务外包的战略意图分为三类：降低成本和提高 IT 资源效率、增加 IT 对企业绩效的贡献度、利用市场上与技术相关的资产来开发和销售以新技术为基础的货物或服务。Marcus Neureiter 和 Peter Nunnenkamp（2010）则

① 刘庆林，刘小伟．国外服务业外包理论研究综述［J］．山东社会科学，2008（6）：87-91.

② 崔健，等．跨国公司服务外包文献综述及最新进展［J］．科技管理研究，2010（2）：26-27.

重点研究成本和市场准入，认为这两个因素是横向和纵向国际直接投资的主要驱动因素。①

上述学者的研究发现，企业在做出外包决策时考虑的因素很多，但不同的企业参考的主要因素可能存在差异。因此，每个企业都会根据其面临的不同环境进行战略决策。虽然考虑侧重点有所不同，但是，有些动因却是多数企业都必须考虑的，这些动因对服务外包的决策制定起着关键作用。归纳起来，这些因素主要有经济因素、企业核心技术因素、政策因素等。

（1）经济动因。国际服务外包可带来低成本竞争优势，发达国家的企业将服务业务外包给发展中国家很大程度就是出于成本考虑的。德勤调查的 42 家运营商中，53%的企业最主要的动力是削减 20%以上的成本，这些成本包括人员工资、招聘成本、国家保险以及房地产等。② 张芬霞和刘景江从经济方面考虑，认为国际服务外包能够带来低成本的竞争优势；加强企业的核心业务与企业市场竞争的战略地位；提高产品综合竞争优势。③

（2）技术动因。在互联网时代，国际服务外包能够帮助企业在地球上任何一地选择高效率、有创新能力的供应商，可缩短研发周期。信息网络技术大幅度降低了市场交易成本，这使企业的业务规模和市场占有率的扩大更倾向于通过外包特别是"离岸外包"来实现。信息网络技术在发展中国家催生出了许多快速灵活、生产专精的小企业网络，它们是承接"离岸外包"大订单的产业集群。④

（3）政策动因。张芬霞和刘景江（2005）认为，通过考察美国的服务外包，我们就可以在一定程度上发现，全球服务外包的政策动因。美国曾经实施过两大政策，一是限制科技移民政策，二是鼓励高薪员工早退休的

① Marcus Neureiter, Peter Nunnenkamp. Outsourcing Motives, Location Choice and Labour Market Implications: An Empirical Analysis for European Countries? Blackwell Publishing Ltd., 2010.

② 江小娟．服务全球化与服务外包：现状、趋势及理论分析［M］．北京：人民出版社，2008.

③ 张芬霞，刘景江．"离岸外包"发展述评［J］．经济问题，2005（8）：24-26.

④ 张芬霞，刘景江．"离岸外包"发展述评［J］．经济问题，2005（8）：24-26.

政策，这两大政策都直接关系到服务外包的发展，因为这两个政策实施的结果是美国国内的技术人才出现供不应求，美国的企业不得不将部分高技术工作“离岸外包”。

除了这些主要因素之外，还有些学者从实际角度分析了导致服务外包的特殊因素，Lacidty、Hirschheim、Loh 和 Venkatraman（1992）认为企业做出服务外包决策有时候并不全是出于对成本、效率的考虑，还可能是基于社会环境的压力。① 目前，全球范围内的趋势就是所有企业都把自己非核心业务外包出去，企业在这种环境下为了提高自身的竞争力或是出于生存需要，不得不做出相应决策，进行外包。

（三）关于服务外包效应的分析

Grossman 和 Helpman（2002）认为服务外包的最终交易完成在宏观层面上的直接结果就是中间品贸易的增加，融合跨国公司以全球资源配置为导向的国际化战略和中间品贸易扩大的国际贸易格局，对于国际分工格局的直接效应是垂直型分工的加深。Girma、Gorg（2003）以英国为考察对象，通过实证分析，论证了服务外包对全要素生产率的增长具有积极作用。Panl、A. Samuelson（2004）认为，从世界范围看，服务外包会推动经济增长，但对贸易参与国的经济福利效应不确定。David 和 Levy（2005）的研究将国际服务外包的经济效应归纳为成本缩减效应、财富创造和分配效应。

卢锋（2007）基于国际服务外包的经济利益来源和成本约束，探索了国际服务外包对产业在比较优势、规模经济和生产网络化等层面上的效应。除此以外，对于相关产业而言，除了获得稳定的国际市场网络和助推规模经济以外，经由要素收益渠道也引发了企业雇员的收入效应。刘庆林、陈景华（2006）通过对外包模型的分析，发现国际服务外包对外包输出国和承接国双方技术性劳动相对工资和就业的增长有积极作用。詹晓宁、邢厚媛（2005）认为，发展服务外包会带来巨大的经济与社会效益，

---

① 冯雷鸣，等．国外服务外包理论研究简述［J］．经济师，2010（1）：45.

包括提升产业结构、增加出口收入、创造就业和提高员工收入和技能水平等。喻美辞（2008）通过开放经济增长模型论证了国际服务外包对承接国技术进步的正向作用，以及影响技术溢出效应大小的一系列条件。

（四）"全过程"外包、外包基地建设：关于国际服务外包发展趋势及中国对策的研究

赵楠（2007）认为，国际服务外包的发展将从现在的以信息技术外包为主，逐步转向以商务流程外包为主，因此，中国应该重视发展以商务流程外包为核心的"全过程"服务外包，并提出了建设服务外包示范城市等中国发展"全过程"服务外包的具体对策。李志强、李子慧（2004）对全球服务外包发展的总体趋势进行了介绍，总结了美国、印度对服务外包的主要争论，并提出中国发展国际服务外包的若干对策建议。来有为（2004）指出，经济全球化背景下，服务外包成为国际服务业转移的主要形式之一，主动承接国际服务外包是中国进行产业结构提升的重要机遇。詹晓宁、邢厚媛（2005）分析了国际服务外包的发展趋势，预测了国际服务外包的发展前景，总结了国际服务外包对发展中国家产生的影响，提出了中国发展国际服务外包的战略。王光丽（2006）通过和其他国家对比，指出我国在综合环境、制造业、人力资本、产业集聚、与日韩合作等方面的优势，提出利用当前有利因素使承接跨国公司服务外包成为中国经济增长的新亮点。谭力文、田毕飞（2006）通过介绍世界主要服务外包参与国关于服务外包的政策，得出结论——服务外包潮流势不可挡。中国应该鼓励企业承接国际服务外包，以发展国际服务外包为契机，促进中国的产业结构升级。王洛林（2010）对我国服务外包的典型行业如软件、物流与服务外包发展的典型地区进行分析说明，给出具体的政策建议。①

① 赵鸿．国际服务外包：运行机制与效应研究［D］．上海：上海社会科学院，2011.

三、本书的研究目标、研究思路、研究内容和研究方法

（一）研究目标

本书总的研究目标是服务外包发展路径与中国（河南）发展服务外包问题，通过这种研究以期有利于促进中国和河南省服务外包发展。具体包括以下三个方面。

一是从服务外包的产生、发展和本质入手研究服务外包发展演变的一般规律。

众所周知，服务外包是当今世界国际经济活动的重要内容和表现形式，也是国际产业转移和资本国际流动的主要载体，通过服务外包，可以促进产业的国际转移，进而带动技术、人才、技术和投资的国际转移。服务外包产生的动因是什么，又是如何发展演变的，其中有什么样的运行机制和内在机理，这些都是需要深入研究的，也是必须研究的。因为，只有弄明白了这些基本问题，才能更好地发展中国和河南省的服务外包。

二是从印度等服务外包发达国家的经验出发研究服务外包发展的基本要素。

印度是发展服务外包较早也是发展成效较好的国家。印度发展服务外包积累了诸多成功经验，通过对印度发展服务外包的经验分析，我们可以管窥服务外包发展的基本规律，也可以从中了解发展服务外包所必须具备的基本要素，进而为我国发展服务外包提供经验借鉴。当然，印度发展服务外包有其特殊性，也存在需要改进的地方。借鉴印度的经验，改进其不足之处，将会对我国发展服务外包起到积极的促进作用。

三是从中国（河南）实际出发研究服务外包发展的特殊性和路径选择。

改革开放30多年来，中国外资经济一直在持续增长，规模不断扩大；进入21世纪，尤其中国经济进入新常态后，外资经济的规模更是不断扩大。在此背景下，如何适应新的国际国内经济形势，发现和利用好服务外

包这种新的国际交往方式，以提高外资经济质量、促进中国（河南）经济的均衡发展，这些问题越来越成为发展外资经济主要考虑的命题。因此，研究如何选择服务外包模式和路径、如何通过制定相应的政策措施，以提高外资经济的质量和保持经济的均衡发展，将是中国（河南）经济发展新常态下亟须解决的问题。

（二）研究思路

本书的研究思路是，以服务外包产生发展的路径规律为视角，首先分析服务外包发展的必然性，其次以印度为例分析影响服务外包模式选择的影响因素及服务外包发展的基本条件，进而分为中国（河南）经济发展新常态下如何更好地发展服务外包。

（三）研究内容

根据研究目标，本书的研究内容主要包括三个方面：一是研究服务外包发生发展等，通过分析一般问题，发现服务外包发展的规律和传递路径；二是研究印度等服务外包先发国家成功经验和存在问题，为中国服务外包发展提供借鉴；三是研究中国服务外包的路径和方式，重点分析河南省发展服务外包的对策。具体来说，本书内容分为以下七个部分。

第一部分是导论。主要介绍本书的研究背景、方法、意义、已有文献综述及总体框架。

第二部分是服务外包的兴起及其表现。在新一轮的国际产业转移中，服务外包迅速发展，并成为国际经济领域中最活跃的因素之一。国际服务外包有其内在发展规律和外在表现。本部分就是希望通过分析外在表现认识其内在规律，为中国发展服务外包提供理论借鉴。

第三部分是中国服务外包的发展历程及存在的问题。本部分主要分析中国服务外包的发展历程，考察不同阶段服务外包发展的特点，从中发现其规律，有助于我们更好地为中国与河南承接国际产业转移和发展服务外包服务提供理论指导和借鉴。

第四部分是印度发展服务外包模式分析。印度是国际服务外包的发轫国之一，其服务外包走的是一条“以 ITO 为主要业务内容、发端于低端，完全依赖国外市场”的路径模式。这种模式使印度在服务外包初期阶段取得了成功，成为当今世界上承接服务外包最发达的国家。但是，这一模式也成为国际服务外包向高端发展条件下，制约其服务外包进一步发展的不利因素。因此，分析印度发展服务外包的模式，对于研究全球服务外包市场的发展规律和趋势具有重要的借鉴意义。

第五部分是大连、杭州、武汉和成都发展服务外包的经验分析。大连、杭州、武汉和成都是中国国内发展服务外包较好的四个城市，也分别是中国东中西三个不同区域发展服务外包的典型代表。四个城市分处于东部、中部和西部，发展服务外包的基础和条件各不相同，各有自身的区域优势和劣势，四个城市在自身条件基础上很好地发展了服务外包，都积累了很好的发展经验。对这些经验进行总结和提炼，从中发现可资借鉴的内容，对河南省发展服务外包将具有一定的指导价值和参考意义。

第六部分是河南发展服务外包的路径选择。随着 2006 年 10 月商务部促进服务外包发展“千百十工程”的实施，中国服务外包进入快速发展阶段。目前国际上较为流行的服务外包模式是以印度为代表的信息技术外包。由于中国与印度在信息产业发展和吸引外资方面存在较大差距，中国不可能照搬印度发展服务外包的成功模式；河南省地处中国中部，既具有区域优势也存在着区域劣势；服务外包的发展既不同于印度等国家，也不同于大连、杭州、武汉和成都等城市，河南省只能在总结国内外发展经验和教训的基础上，走自己的道路，才能更好地发展服务外包。

第七部分是附件。在上述章节中，我们在分析中国发展服务外包时，参考了诸多中国政府和相关机构出台的各种有关服务外包的政策、文件，这一部分将把这些政策、文件以附录的形式列于书后，以便读者在阅读本书时参阅。

（四）研究方法

本书采用管理学、经济学等方法进行规范和实证研究，并采取文献研究、系统分析研究、实证研究等方法进行深入地探讨。

（1）文献研究方法。服务外包与利用外资问题研究是一个具有交叉学科性质的问题，因此，首先必须对与此相关的服务外包、对外投资等方面的理论文献进行回顾和评论，建立服务外包产生发展和路径演进规律的理论分析框架。

（2）系统分析方法。本书利用系统论的分析方法，把国际服务外包基本模式、影响因素，以及区位布局等作为一个统一的系统来研究。本书首先对服务外包的模式和种类进行分类，然后对相应的影响因素和运行机制进行识别，最后厘清发展服务外包的政策选择。

（3）实证研究方法。本书以印度发展服务外包为考察对象，分析发展服务外包的成功经验和教训，以此为借鉴，探讨我国发展服务外包的可行性和政策性选择。

第二章　服务外包的兴起及其表现形式

新一轮的国际产业转移中，服务业成为主要的产业选择。作为服务业对外投资和服务贸易的主要方式，国际服务外包迅速发展，并成为国际经济领域中的最活跃的因素之一。作为一种经济社会现象，国际服务外包的产生和发展有其内在发展规律和外在表现。通过外在表现，正确认识其内在规律，是利用服务外包的前提和条件，也是我国发展服务外包的基础和首要任务。

一、国际直接投资的产业选择趋势与服务外包的兴起

自 20 世纪 90 年代末以来，国际产业开始了新一轮的结构调整。在国际产业转移中，服务业所占份额不断上升并逐渐成为国际直接投资的主要产业选择，这种变化趋势的直接表现为服务业成为国际直接投资的重点和国际服务贸易快速发展两方面。国际服务外包作为服务业对外投资和服务贸易的重要构成内容，兴起并日益发展成为当今国际经济领域里十分重要的交流方式，对国际间的经济交往与合作具有重要的影响。能否适应这一变化趋势，是关系到中国今后吸引国际直接投资数量和质量的重大问题。只有积极适应这一变化趋势，通过深入研究国际服务外包的运行机制，制定相应的发展战略，才能保证中国吸引国际直接投资的大国地位和提高利用外资的质量。

1. 服务业成为国际直接投资的重点

随着世界经济和生产结构的不断演进、升级，国际直接投资的产业重点也随之发生着变化。这种变化可以通过分析联合国贸发会议年度《世界

投资报告》得到证明。1991—2004 年，联合国贸发会议跨国公司和投资司连续发表了 14 部《世界投资报告》，这些文献不仅记录了世界投资流量和结构的变化，而且反映了全球最富有学识和经验的经济学家对国际直接投资所做观察和分析的视角与观点。虽然这里不能详细介绍他们的看法，但年度报告的副标题基本可以看作是他们对当年国际直接投资趋势的综合判断。[①] 1991—2004 年《世界投资报告》副标题见表 2-1。

表 2-1 1991—2004 年《世界投资报告》副标题

年份	英文原文	中文译文
1991	The Triad in Foreign Direct Investment	对外直接投资中的三位一体现象
1992	Transnational Corporations as Engine of Growth	跨国公司是增长的发动机
1993	Transnational Corporations as Integrated International Production	跨国公司是国际化生产的组织者
1994	Transnational Corporations, Employment and the Workplace	跨国公司、就业和工作场所
1995	Transnational Corporations and Competitiveness	跨国公司与竞争力
1996	Investment, Trade and International Policy Arrangement Overview	投资、贸易与国际化政策安排的一般考察
1997	Transnational Corporation, Market Structure and Competition Policy	跨国公司、市场结构和竞争政策
1998	Trends and Determinants	趋势与决定因素
1999	Foreign Direct Investment and the Challenge of Development	对外直接投资与发展的挑战
2000	Cross-border Mergers and Acquisitions and Development	跨境并购与发展
2001	Promoting Linkages	促进连锁关系
2002	Transnational Corporations and Export Competitiveness	跨国公司与出口竞争力
2003	FDI Policies for Development: National and International Perspectives	作为促进发展的对外直接投资政策：国内与国际的透析
2004	The Shift Towards Services	转向服务业

资料来源：UNCTAD 历年《世界投资报告》。转引自裴长洪《论中国进入利用外资新阶段："十一五"时期利用外资的战略思考》，载于《中国工业经济》2005 年第 1 期。

① 裴长洪. 论中国进入利用外资新阶段——"十一五"时期利用外资的战略思考 [J]. 中国工业经济，2005，(1).

事实上，自20世纪80年代以来，由于新技术革命不断深入发展，高新技术产业迅速在世界范围内兴起，技术密集型产业和服务业形成了庞大的国际需求与国际市场，国际直接投资向服务业投资变化的速度加快。1975年，发达国家初级产业、第二产业和服务业的对外投资存量分别为580亿美元、1030亿美元、680亿美元，分别占对外投资总量的25.3%、45%、29.7%；1997年，各产业的对外投资存量都大有增加，分别为2850亿美元、10670亿美元、17670亿美元。但各个产业的增加幅度差异很大，例如，1990—1997年，初级产业的年均增长率仅为8.6%，第二产业为9.75%，服务业最高，达到13.7%，比初级产业高5.1个百分点。到了1997年，初级产业、第二产业和服务业的对外投资存量占总存量的比重分别变为9.1%，34.2%和56.7%。[①] 初级产业和第二产业所占的比重大幅度下降。根据联合国专家估算，1990—2002年间，全世界制造业的FDI流入存量增长了2.03倍，其中，发达国家和发展中国家分别增长1.46倍和3.81倍；而同期全世界服务业的FDI流入存量增长了3.60倍，其中发达国家和发展中国家分别是2.99倍和5.74倍。[②] 这种流量结构变化造成服务业成为吸引国际直接投资的主要领域。

《2004年世界投资报告》的统计也显示，2001—2002年间，服务业占到整体FDI流入总量的2/3，约为5000亿美元，而在1989—1991年间仅占44%；服务业在世界外国直接投资存量中的比重由20世纪70年代初期的四分之一、20世纪90年代的不到一半发展到2002年的60%，估计约4万亿美元，表明服务业已经取代制造业，成为FDI结构中的主流。而在同一时期，初级部门在FDI存量中的比重由9%下降到6%，制造业的降幅更大，由42%降至34%。[③] 从《2004年世界投资报告》中不难看出，服务业在国际直接投资中的比重不断上升的势头。

---

① 联合国贸发会议．1999年世界投资报告：外国直接投资与发展的挑战［M］．北京：中国财政经济出版社，2000.

② 裴长洪．中国服务业发展报告No.4：中国服务业的对外开放与发展［M］．北京：社会科学文献出版社，2005.

③ 联合国贸发会议．2004年世界投资报告［M］．北京：中国财政经济出版社，2005.

就中国而言，从20世纪80年代初到21世纪初的20多年间，中国利用外资，特别是利用外商直接投资已经达到了当初最主要的既定目标，即利用境外资金和海外市场，加速经济增长并扩大经济规模。从未来趋势看，虽然利用外资仍然具有推动经济增长的强劲作用，但随着国际投资方向和结构的变化，以及中国国内经济主要矛盾的变化，利用外资的其他作用和功能将逐渐成长，中国经济对利用外资的需求也将逐渐发生变化，服务业吸引国际直接投资比重将会不断提高。①

根据“全球500大公司在华投资企业概览”② 的统计资料，全球500大公司1983—2003年间在中国投资设立的企业，按行业属性划分，有这样两种发展趋势，一是服务业跨国公司进入中国的数量越来越多。全球500强最大的Wal-Mart Stores 1994年3月开始进入中国至2003年4月，共在中国设立了各类分支结构43家，其中，大部分设立于2000年之后；Citigroup于1990—2003年间共在中国设立各种分支机构10家，其中，大部分也是设立于2000年之后。其他诸如商业服务、金融保险、电讯、软件、高技术研发、运输等行业的投资企业在跨国公司在华设立的企业中所占比重也是越来越高。二是在非服务业跨国公司在华设立的企业中，从事商业、金融保险、资产管理、研发、咨询、技术培训等服务业务的越来越多，如Exxon Mobil、Royal Dutch/Shell、General Motor、Ford Motor、Daimler Chrysler等都设立有上述分支机构；有些公司甚至将研发、销售中心迁到了中国，把中国作为其全球业务的研发、销售服务中心。

国际直接投资转向服务业不是偶然的。根据克拉克—配第定律，经济进步的一般规律是“劳动人口由农业转移到制造业，再由制造业转移到商业和服务业”。可见，当经济发展到一定程度时，服务业在经济结构中处于主体地位进而吸引更多的投资是经济进步的必然结果。当今发达国家服

① 裴长洪. 论中国进入利用外资新阶段——“十一五”时期利用外资的战略思考［J］. 中国工业经济，2005，(1).

② 详细资料参见：王志乐主编的《2005跨国公司在中国报告》，中国经济出版社，2005年1月。

务业在 GDP 以及就业中比重普遍提高的现象就是例证。西方大多数学者认为服务业在 GDP 以及就业中比重提高的现象是一种具有普遍意义的社会转型①，他们认为在经历了工业化进程后，高度发达国家进入一个以服务业为主的新的社会经济结构是社会经济发展的一个必然结果。当今世界的国际直接投资是由发达国家主导的，发达国家的经济结构必然影响国际直接投资的产业结构。由于服务业已经成为当今发达国家的主导产业，国际直接投资转向服务业也势在必然。

再者，从国际直接投资的产业构成与发展经验来看，国际直接投资的产业结构存在一定的演化规律：在起步阶段，投资主要集中在较为低级的产业，很多是从资源开发开始。随着世界产业结构的高级化、国家整体竞争力的增强、企业经营管理能力的增强、对世界市场的熟悉等，国际直接投资就会发生由低级产业向高级产业的转移。根据有关分析，目前在国际分工比较发达的制造业中，产品在生产过程中停留的时间只占其全部循环过程的 5%不到，而处在流通领域的时间要占 95%以上；产品在制造过程中的增值部分不到产品价格的 40%，60%以上的增值发生在服务领域。因此，服务业已经成为提供就业的主要行业，成为产业结构优化的主导行业，成为经济增长的重要支柱行业。服务业能否提供低成本高效率的分销服务、金融服务，以及会计、审计、法律服务等，已成为判断产业结构水平高低和产业竞争力的重要指标。经济发展的直接结果是服务业在经济构成中的比重越来越高，国际直接投资转向服务业势在必然。

从国际产业转移的现实角度看，自 20 世纪 90 年代末以来，国际产业转移呈现出向服务业转移的特点和趋势。世界银行的统计资料显示，20 世纪 50—80 年代，国际产业转移主要以初级产品加工和原材料为主，并且主要是由发达国家向发展中国家单向进行转移，进入 20 世纪 90 年代以后，国际产业转移不仅由发达国家向发展中国家进行，也由发展中国家和劳动密集型产业向发达国家和次发达国家转移，并且其重心开始由原材料工业

① 比较著名的观点有贝尔（1974）的“后工业社会”和福克斯（1968）的“服务经济”。

向加工工业、初级工业向高附加值工业、传统工业向新兴工业、制造业向服务业转移，其中，服务业中的金融、保险、旅游和咨询等服务业和资本技术密集型产业（信息、电子产业）则是当前国际产业转移的重点领域。

2. 全球服务贸易快速发展

自20世纪90年代以来，服务贸易作为服务业全球化的重要标志，全球服务贸易额呈现持续增长的趋势。服务贸易总额占全球贸易总额的份额从1980年的15.7%上升到2008年的18%。从1980—2008年，全球服务贸易出口额从3650亿美元扩大到37313亿美元，其间增长了10倍以上①。1980—2008年全球服务贸易额发展状况如表2-2所示。

表2-2 全球服务贸易发展状况

项目	金额（亿美元）			年增长率（%）								
	1980	2000	2008	2000	2001	2002	2003	2004	2005	2006	2007	2008
出口	3650	14928	37313	6.2	0.35	7.3	14.6	20	10.9	10.6	19	11
进口	4024	14766	34690	6.5	1.2	5.9	14	18.9	10.6	10.3	16	11

资料来源：WTO International Trade Statistics Database.

之所以出现服务贸易的快速发展，是因为随着经济全球化进程的不断加快和服务业成为国际转移的重点，服务全球化成为近年来经济全球化进程中最鲜明的特征和最直接的表现。服务的生产、消费和相关生产要素的配置跨越国界流动，各国服务业相互渗透、相互融合、相互依存，使得服务全球化趋势不断增强②。

尽管受到2007—2008年发生的全球性金融危机的影响，2008年世界服务贸易未能延续2007年的快速增长态势，但从中长期来看，金融危机并没有从根本上改变全球服务业转移和服务贸易发展的大趋势。过去20多年中，许多新兴服务行业从制造业中分离出来，形成独立的服务行业，其中技术、信息、知识密集型服务行业发展最快，其他如金融、运输、管理咨

① WTO国际贸易统计数据库（WTO Internaitonal Trade Statisties Database）统计数据。

② 江小涓等．服务全球化与服务外包：现状、趋势及理论分析［M］．人民出版社，2008。

询等服务行业，借助先进的技术手段，在全世界范围内迅速扩展，相应地，服务贸易的交易内容日趋扩大，其结构和竞争格局也发生了很大变化，服务贸易也逐渐的由以劳动密集型为基础的传统服务贸易向以知识、技术密集型为基础的现代服务贸易转变。在服务贸易三大类别中（即运输、旅游和其他商务服务①），其他商务服务是贸易额最大、增长最快的类别。1980 年，运输、旅游和其他商业服务三大类别占世界服务出口总额的比重分别为 36.8%、28.4%和 34.8%。2008 年，运输、旅游和其他商业服务三大类别占世界服务出口总额的比重分别为 23.4%、25.4%和 51.2%②。这一结构性变化如表 2-3 所示。

表 2-3　全球服务贸易部门构成

项目	出口额（亿美元）	比重（%）		进口额（亿美元）	比重（%）	
	2008	1980	2008	2008	1980	2008
全球服务贸易总额	37313	100	100	34690	100	100
其中：运输服务	8727	36.8	23.4	10367	41.7	29.9
旅游服务	9472	28.4	25.4	8505	26.9	24.5
其他商务服务	19114	34.8	51.2	15818	31.4	45.6

资料来源：WTO International Trade Statistics Database.

我们有理由相信，在世界贸易组织“服务贸易总协定”不断发挥作用的情况下，服务贸易的逐步自由化必将会进一步促进国际服务贸易的发展。

3. 国际服务外包兴起

国际产业转移是世界范围内产业升级与经济全球化共同作用的结果。近年来，国际产业转移的重心向服务业调整，服务业国际投资规模日益扩大，国际服务外包不断兴起，在全球范围内掀起了一场以服务外包为主的

① 其他商务服务（other commercial Services）主要包括通信服务、建筑服务、保险、金融、计算机和信息服务、专利、版税和许可证费用、咨询、会计、法律、广告及文体娱乐服务等。

② 殷凤．开放服务经济与中国的实践〔M〕．北京：经济管理出版社，2010.

国际服务业转移浪潮，国际服务外包与服务业 FDI 成为承接国际服务业转移的两种主要形式。先进信息技术与通讯技术的广泛应用与成本的下降，使得国际服务外包对越来越多的厂商来说更为可行。发达国家企业将新型的高技术产业和服务业中低附加值的业务环节外包给成本具有比较优势的发展中国家企业。国际服务外包已经成为未来国际服务业转移的一个重要趋势。①

从实践看，世界范围内，30 年前大部分 FDI 集中于自然资源与制造业，现在的 FDI 大约一半的存量与 2/3 的流量集中于服务业、金融、电信、物流、专业服务，等等。2003 年，美国仅呼叫中心及数据输入工作的外包金额就已高达 773. 8 亿美元，全球制药服务外包业务达 3500 亿美元。据联合国贸发会议的统计数据，全球跨国直接投资已从制造业外包转向服务业外包为主，服务业外包成为跨国投资的主要引擎，预计未来几年全球软件与服务外包市场将以 30%~40%的速度递增，2004 年、2005 年、2007 年总值分别达到 3000 亿美元、5850 亿美元和 1. 2 万亿美元②。作为一种全新的商务模式和服务产业转移的重要表现方式，全球服务外包的发展势头非常迅猛，交易规模越来越大。

从服务外包的国别分布来看，世界上的大部分外包业务都发生在发达国家之间。美国、欧盟和日本等发达国家是主要的发包国家，而爱尔兰、加拿大和以色列则是主要的承接国。爱尔兰在信息技术方面的全球服务外包市场中处于领先地位，占有 25%的市场份额。印度也是重要的服务外包承接国家，2004 年，印度仅软件出口与对外发包就达到了 173 亿美元。中国、东南亚国家以及东欧也正在成长为重要的服务外包东道国。随着中国加入 WTO，服务业开放的承诺逐渐兑现，又恰逢世界服务产业转移的趋势发展迅速，中国承接服务业转移将达到一个高潮。尽管与印度等国相比，中国在承接国际服务外包方面起步较晚，但中国在市场规模、人才储备、生产成本、基础设施、配套能力、发展潜力等方面有很大优势。以软件外

① 赵鸿. 国际服务外包：. 运行机制与效应研究［D］. 上海：上海社会科学院，2007.

② 资料来源：联合国贸发会议网站 http：//www. unctad. org 2009-05-25.

包为例，2005 年，中国软件外包市场获得高达 55.6%的高速增长，市场收入达到 9.3 亿美元，且这一市场仍将继续保持强劲的增长态势，2005—2010 年年均复合增长率为 41.2%。①

来自《2011 年全球服务外包发展报告》的数据也显示，2005 年全球服务外包市场规模达到 6000 多亿美元，2006 年达到 8600 亿美元，2007 年达到 1.2 万亿美元。即使是在全球金融危机中，2008 年全球服务外包依然保持了平稳增长，其中，国际服务外包发展迅速，以超过 20%的速度增长。服务外包的业务内容和形式日趋多样化，加快了全球服务外包市场规模的扩张。2010 年，全球服务外包行业已经逐步摆脱了经济危机对其产生的消极影响，正处于产业恢复和快速发展时期。印度 2010 财年信息技术和业务流程外包行业出口额达到 570 亿美元，比上一财年增加 15%，该行业国内市场营业额将为 7750 亿卢比，增幅为 17%；英国外包市场从 2004—2009 年增长了 36%，未来 10 年仅仅在 IT 领域的外包业务将增长 6 倍。同时，2010 年第四季度的 TPI 指数显示，2010 年全球服务外包的年度收益达到 931 亿美元，同比增长了 2%，5 年复合增长率达到了 5.1%；仅 2010 年第四季度全球服务外包市场合同总值就达到 216 亿美元，环比增长了 30%。②

印度和爱尔兰作为国际上承接服务外包最发达的国家，它们发展服务外包的成功经验是，建设密集型的服务外包基地，通过整合人力、物力、财力等多方面资源，充分发挥区域优势，形成合力，能够增强外包产业的整体竞争力，逐渐达到品牌快速形成的目的。因此，借鉴印度和爱尔兰经验，以若干有条件的城市为中心，有效地聚集区域优势，形成区域特色，应该成为我国有效承接服务外包的路径选择。中国国家商务部会同信息产业部和科技部于 2006 年上半年开始酝酿、实施的服务外包“千百十工程”就是我国政府重视和扶持服务外包基地建设的重要举措。“千百十工程”的目标是“十一五”期间，在全国建设 10 个具有一定国际竞争力的服务

① 资料来源：中国外包网 http://www.macase.cn 2010-06-26.

② 郑雄伟．2011 全球服务外包发展报告［OL］. http://cn.chinagate.cn/indepths/waibao/2011-05/23/.

外包基地城市，推动100家世界著名跨国公司将其服务外包业务转移到我国，培养1000家取得国际资质、具有发展潜力的优秀服务外包企业，全方位承接国际服务外包业务。商务部也已与国家开发银行、中国出口信用保险公司签订了促进我国服务外包发展合作框架协议。根据协议，国家开发银行在5年内，为服务外包产业的发展提供总额50亿元的政策性贷款，中国出口信用保险公司将为服务外包企业提供融资担保和信用保险服务。目前，我国的服务外包基地建设已经发展成为服务外包示范城市建设。截至2011年，我国确立的服务外包示范城市共有北京、天津、上海、重庆、广州、深圳、武汉、大连、南京、成都、济南、西安、哈尔滨、杭州、合肥、长沙、南昌、苏州、大庆、无锡、厦门21个。

为了更好地发展服务外包，我国国家、有关部委和地方政府出台了诸多政策。政策主要有：商务部转发《国务院办公厅关于促进服务外包产业发展问题的复函》（商资函［2009］4号）；国务院办公厅关于促进服务外包产业发展问题的复函（国办函［2009］9号）；国务院办公厅秘书局关于落实促进服务外包产业发展政策措施工作分工的函（国办秘函［2009］16号）；财政部、国家税务总局、商务部、科技部、国家发展改革委关于技术先进型服务企业有关税收政策问题的通知（财税［2009］63号）；人力资源社会保障部、商务部关于服务外包企业实行特殊工时制度有关问题的通知（人社部发［2009］36号）；财政部、商务部关于做好2009年度支持承接国际服务外包业务发展资金管理工作的通知（财企［2009］44号）；商务部办公厅关于中西部等地区国家级经济技术开发区服务外包基础设施项目享受中央财政贴息政策的通知（商办资函［2009］81号）；工业和信息化部关于支持服务外包示范城市国际通信发展的指导意见（工信部电管［2009］107号）；教育部、商务部关于加强服务外包人才培养促进高校毕业生就业工作的若干意见（教高［2009］5号），等等。地方政府，尤其是服务外包示范城市也出台了相应的政策措施。无论国家、有关部委，还是地方政府出台的政策措施，都对我国服务外包发展起到了积极的推动作用。

二、服务外包兴起和发展的原因

1. 全球竞争的加剧

逐渐加剧的全球经济竞争在很大程度上推动了中国软件外包的不断发展。自20世纪70年代以后，企业不再只面向国内市场，而是面对一个急剧变化的全球市场，随之而来的则是愈来愈高的顾客需求，愈来愈多的竞争对手以及愈来愈短的产品生命周期。企业在全球经济一体化的发展态势及竞争压力下，不得不变更业务流程，重组战略性资源，通过采取服务外包等形式在竞争激烈的环境下求得生存与发展。在面临激烈的竞争时，以跨国公司为核心的企业投资大大促进了国际服务外包的发展。

（1）发包国对低成本的追逐。当前，发达国家在全球寻找低成本的承接方是其提升竞争力的一个途径。由于人力成本占软件开发成本的比重为75%左右，因此，成本的降低关键在于降低人力资本的成本。发达国家通过对发展中国家软件行业的廉价劳力的利用，使得企业的软件开发成本缩减，这正是国际软件业务外包集聚发展的原因。在一些发展中国家，如中国、印度等国的工资水平与美国有着很大的差异，同一个软件工程师在美国的小时工资是在印度的十倍，美国的软件开发人员的平均年薪与印度和中国相比也是悬殊很大；加之近些年来迅猛发展的信息技术水平，面临IT人才的缺乏，在一些欧美国家的IT专家工资甚至每年以超过60%的速度增长，对于这样庞大的工资压力，欧美企业不得不开展服务外包。另外，低赋税引起的成本节约也是促进国际服务外包发展的一个原因。例如，由于德国和斯洛文尼亚收入税相差悬殊，德国就可以向低收入税的斯洛文尼亚转移非核心业务。在企业内部提供软件服务的过程中，有可能会出现难以确定成本和效率的问题。外包则可以避免这类情况，使得成本得以清晰界定，实现成本的可预期。

从交易成本的角度看，有些学者认为国际服务外包的成本要综合囊括直接生产成本和在寻找外包伙伴及合同执行等过程中产生的交易成本。当节约的生产成本远高于增加的交易成本时，总成本就会得到很大程度的缩减，国际服务外包才会体现出应有的价值。通常来说，发包方由于软件的外包会增加商业风险如沟通风险、侵犯知识产权、泄露商业机密等和额外经营耗费如选择软件服务方、传递需求分析、控制软件外包风险等，因此，软件服务外包需要更加谨慎。

（2）发包国对自身效率的提升。成本降低仅仅是国际服务外包发生的起因，大部分国际服务外包企业外包出去业务是为了降低成本，自己经营的业务是为了提升品质。追求低成本是发达国家向低成本国家发包业务的初始原因，当业务逐渐展开后，经营目标慢慢转移至革新知识和提升效率之上。效率提升的根源集中在两方面：一是对大部分非 IT 企业来说，其核心业务优势并不在软件开发上面，即使在一些软件开发企业的内部，其核心业务也是位于高端环节，并非处于劳动力密集、技术含量低等低端环节，所以，很多软件企业依旧会向承包方外包这些业务；二是基于外包工作标准化的特性，服务承包方通常有专业的手法使其工作能够保质保量高效地完成，达到既能提升竞争能力又能提升产品效益的双重目的。除此之外，比起发达国家的 IT 人员，在承包国进行外包工作，其员工的工资待遇会更高，在工作岗位上就会表现地更为优秀。

2. 信息技术、科技网络的快速发展

随着电信、网络等信息科技迅速发展，经济社会处理、协作、掌握和传播信息的能力也不断提升。这些基础设施的飞速发展为国际服务外包产业的模式更新提供了基础。

（1）科技进步使诸多服务成为可贸易产品。随着科学技术和交通运输的不断发展，外包的成本慢慢降低。由于服务产品逐渐被标准化，在通过电子进行长途传输过程时仍然能够保持较高质量，因此，贸易品及非贸易品间的界限不再明显区分，可贸易品的范围逐渐扩大。另外，伴随着科技的进步，新型的、逐渐细分、模块化和数字化的服务贸易体系正在形成，为国际服务外包和异地服务提供了技术条件，这也为服务变为可贸易品提供了便利条件。

（2）信息科技大大降低了交易成本。互联网的核心价值在于提供低成本的接入数据。技术水平的革新不再以规模经济为主导，而是通过降低电信服务的成本使产业呈现出垂直分工和积极竞争的状态。现阶段，优良的电信服务保证了软件等服务行业跨境交易的顺利实施，也降低了交易的成本，进而促进了国际服务外包的发展。

3. 政府及国际组织的积极态度

（1）接包方政策的吸引力。20 世纪 90 年代，由于信息科技的不断发展与进步，计算机技术在经济社会发展中起到了越来越重要的作用，并推动了国际软件市场的不断扩大。随着发达国家相关专业人才短缺的日益加剧，拥有高素质劳动力的发展中国家在国际软件行业市场上具有了发挥作用的机会。由于跨国公司的离岸外包业务能为发展中国家带来更多的商品出口机会和就业渠道，跨国产业的投资还能为发展中国家引入先进的技术支持，因此，很多东道国都通过一些优惠的税收及信贷政策条款，鼓励跨国公司先进技术的转移，并在当地设立分支研究机构。近几年，一些发展中国家通过培养优良的人力资源、配套基础设施、建造研究机构等来加大对跨国公司前来投资的吸引力，进而带动服务外包产业的发展。

（2）国际组织的助推作用。世界贸易组织、联合国贸易和发展会议等国际组织都对国际服务外包的发展制定了不同的促进政策和措施，这些组织同样也对国际服务外包的进一步发展产生着巨大的影响。

服务外包发展除取决于以上几个基本因素外，还要满足以下条件。其一，服务产品的国际标准化程度。如果缺乏或不执行国际化的标准，服务贸易合同就很难达成。即使有合同，由于缺乏标准，也难以分包给国外的服务承包商，合同也无法执行和检查。服务的国际标准化程度越高越统一，服务外包选择的余地就越大，发展的空间就越广阔；其二，法律构架应尽可能一致或接近。服务外包会涉及金融、贸易、文化、教育等方面的法律、法规。各国的法规不同，必然妨碍服务外包的发展。解决这个问题，依靠 WTO 制订有关条例的同时，各国政府也要加强协商和沟通。其三，语言（英语）水平高低。印度、菲律宾等国的服务外包之所以发展快，与英语水平高有很大的关系。英语是网络上的主要用语，也是服务外包方面的主要用语，它在相当大的程度上影响，甚至决定服务外包的发展。其四，基础设施尤其是电信设施的完备程度。如果说标准、法律和语言属于软件，那么基础设施则是硬件。网络、计算机、电话、传真等设备是发展服务外包的必要条件，而这些条件的实现程度在根本上取决于电信设备的完善程度。①

三、当代服务外包的表现形式

（一）信息技术外包引领潮流

信息技术外包（Information Technology Outsourcing，ITO）是指企业专注于自己的核心业务，而将其 IT 系统的全部或部分外包给专业的信息技术服务公司。企业以长期合同的方式委托信息技术服务商向企业提供部分或全部的信息功能。常见的信息技术外包涉及信息技术设备的引进和维护、通信网络的管理、数据中心的运作、信息系统的开发和维护、备份和灾难恢复、信息技术培训等。

自从计算机在 50 年前进入商业应用领域，各种形式的信息技术外包就一直存在，但是直到上世纪末期信息技术外包服务才盛行起来。服务外包使组织具备了应对快速变化的全球经济所必需的灵活性，同时它也使组织在竞争激烈的市场环境中能将精力集中于组织的核心竞争力上。外包商通常在规模经济、经验以及对最新技术的掌握等方面具有明显的优势，而这些优势是单个组织的信息技术部门所难以企及的。2010 年，哈佛商业评论将外包称为过去 75 年人类产生的最重要的管理思想之一。赵楠（2007 年）认为，服务外包的滥觞与发展改变的不仅仅是管理，更为重要的是，它将改变人类整个的生产和生活方式。

自从柯达公司于 1989 年将其信息技术的主要业务外包以来，信息技术外包产业得到蓬勃发展。随着信息网络时代的到来，外包更得到了迅猛的

① 杨圣明．关于服务外包问题［J］．中国社会科学院研究生院学报，2006，（6）：23-28.

发展，据美国《财富》杂志1998年7月20日的一期报道披露，全世界年收入5000万美元以上的公司，都普遍开展了业务外包。邓百氏公司的《1998年全球业务外包研究报告》表明，全球营业额5000万美元以上的公司1998年业务外包的开支上升了27%，比1997年的23%的升幅又有提高；1998年，全世界业务外包的总开支增加至2350亿美元。其中信息技术应用服务外包的支出占企业所有业务外包开支的比重最大，据意大利的一项调查表明，信息技术外包占所有业务外包服务开支的大约28%，几乎每一家实行业务外包的公司都将其信息技术的某些职能外包出去了。美国著名的管理学家彼德·德鲁克（1994）曾经预言，“在10~15年之内，任何企业中，仅作后台支持而不创造营业额的工作都应该外包出去，任何不提供向高级发展的机会和活动、业务也应该采用外包的形式。”

外包赋予了组织应对快速变化的全球经济所必需的灵活性，同时它也使组织在竞争激烈的市场环境中能将精力集中于组织的核心竞争力上。企业可能因为许多不同的原因而外包他们的信息技术需求，比如，伴随着全球化压力的市场收缩和产品生产周期的缩短促，使企业不得不经常调整他们的总体目标，在此情况下，市场就会迫使企业采取信息技术外包来提高竞争力。这样，企业能及时对市场变化做出反应，并且经常性地更新软件。还有的企业内部缺乏专门的信息技术人才，他们将外包作为一种切实可行的替代，以便能够及时获取介绍和发展新技术的专门技术。

随着信息技术服务外包的发展，其外包方法也日益多样化。根据不同的划分方法，信息技术外包可以划分为不同类型。

第一，按照信息技术外包的程度可以将信息技术外包划分为整体外包和选择性外包两种类型。

整体外包指将IT职能信息技术外包的80%或更多外包给外包商；选择性外包是指几个有选择的信息技术职能的外包，外包数量少于整体的80%。整体外包因为牵涉的范围广、风险大，由于整体性外包合同往往要持续很长时间（通常超过5年），而且整体性外包的用户必须花费大量的时间、精力和资金来分析外包交易并与外包商洽谈合同。另外，整体性外包可能会导致信息技术灵活性的大幅度削弱，所以任何组织选择整体性外包时都必须慎重而行。

第二，根据客户与外包商建立的外包关系可以将信息技术外包划分为市场关系型外包、中间关系型外包和伙伴关系型外包三种类型。

罗伯特·克莱普尔和温德尔·琼斯在其《信息系统、技术和服务的外包》一书中将外包合同关系视为一个连续的光谱。其中一端是市场型关系，在这种情况下，你的组织可以在众多有能力完成任务的外包商中自由选择，合同期相对较短，而且合同期满后，能够在成本很低或不用成本、很少不便或没有不便的情况下，换用另一个外包商完成今后的同类任务。另一端是长期的伙伴关系协议，在这种关系下，你的组织与同一个外包商反复订立合同，并且建立了长期的互利关系。而占据连续光谱中间范围的关系必须保持或维持合理的协作性，直至主要任务完成，罗伯特·克莱普尔和温德尔·琼斯将这些关系称为“中间”关系。由于这是一个连续光谱，有些关系靠近市场关系，有些关系则靠近伙伴关系，而在两端之间就是中间关系。

这两位学者对以上各种关系的适用性做了分析，他们认为，与外包商建立的关系类型取决于资产专属性、不确定性和续签合同的问题。资产专属性是指构成外包交易一部分的资产，这些资产是与特定外包商的外包协议所特有的，如果交易破裂，资产的生产能力就会削弱。

如果任务可以在相当短的时间内完成，环境变化搅乱需求的概率很小，而且没有什么真正的资产专属性，这样就可以订立一份规定了所有偶发事件的合同，此时，市场关系是适当的。

如果外包任务需要花费一些时间来完成，环境的变化可能改变需求，以及存在某些资产专属性，但是任务完成后，维持与外包商的关系没有任何特殊优势，中间关系型外包就是适当的选择。

如果完成任务持续的时间较长，相关需求会随着不可预见的环境变化而变化；资产专属性很高，以及与外包商续签合同能够最好地满足需要，这时就应当考虑伙伴关系型外包。在伙伴关系中，赢得另一方回报的信任和互利行为可以获得延续。管理成本和风险很高，因而伙伴关系带来的收益必须足以抵消这些成本和风险。例如，用户和外包商共同投资成立公司而建立的长期关系等。

第三，根据战略意图可以把信息技术外包划分为信息系统改进、业务提升和商业开发三种类型。

信息系统改进型外包是指组织通过外包提高其核心的信息系统资源的绩效，从而达到其改进信息系统的战略目标。这些目标通常包括节约成本、改进服务质量以及获取新的技术和管理能力等。信息系统改进型外包可以划分为四个层次，即提高资源的生产力、实现技术和技能的升级、引进新的 IT 资源和技能、实现 IT 资源和技能的转换。业务提升型外包的主要目标是通过外包使 IT 资源的配置最有效的提升业务绩效的核心层面。实现这个目标要求组织对其业务以及 IT 与业务流程之间的联系要有清晰的认识，同时要具有实施新的系统和应对业务变革的能力。这种形式的外包要求在引进的新技术和能力时重点考虑业务因素而不是技术因素，有效实施要求双方共同努力开发组织所需补充的技术和能力，而不是对外包商的单纯依赖。业务提升型外包可以划分为四个层次，即更好的整合 IT 资源、开发基于 IT 的新的业务能力、实施基于 IT 的业务变革、实施基于 IT 的业务流程。商业开发型外包是指通过外包为组织产生新的收入和利润或抵消组织的成本，从而提高组织 IT 的投资收益。商业开发型外包可以划分为四个层面，即出售现有的 IT 资产、开发新的 IT 产品和服务、创建新的市场流程和渠道、建立基于 IT 的新业务。

第四，按照价值中心的方法可以将信息技术外包划分为成本中心型、服务中心型、投资中心型和利润中心型外包四种类型。

成本中心型外包是指通过 IT 外包在强调运行效率的同时使风险最小化。服务中心型外包是指通过外包在使风险最小化的同时，建立基于 IT 的业务能力以支持组织的现行战略。投资中心型外包是指通过 IT 外包使组织对创建新的基于 IT 的业务能力建立长期的目标并给予长期的关注。利润中心型外包是指通过 IT 外包向外部市场提供 IT 服务，并获得不断增长的收入并为成为世界级的IT组织获得宝贵的经验。

一方面，信息技术外包对欲外包信息技术的企业来讲有以下的好处：①资源在商业战略和企业部门中被重新分配，非IT业务的投资得到加强，有利于强化企业核心竞争力，获得对市场做出有效反应的能力；②有利于信息技术人才不足的企业获取最好最新的技术，与技术退化有关的难题得到解决；③由于是信息技术厂商提供专业化服务，信息技术服务的效率会得到较大提高，服务的成本也会得到一定的节约。

另一方面，信息技术外包对提供外包业务的信息技术企业来讲有以下的好处：①形成外包业务产业，有利于促进信息技术厂商形成分行业的解决方案，有利于一批专业信息技术厂商的成长；②由于规模化经营，能够持续降低信息技术服务的成本，提高服务效率；③外包业务的集中，有利于知识和软件在不同企业间的重用，有利于信息技术人员的快速成长。

信息技术外包也存在一些难以规避的缺点。从长远的战略考虑上来看，信息技术外包的主要缺点有以下几个方面：①当外包服务不再受公司的控制时，失去了灵活性，企业不能根据环境的改变做出迅速的反应；②外包增加了成本，很难更换外包服务商或回到企业由内部供应；③供应商在质量和服务方面也有可能存在一定风险，即外包服务商提供的质量和服务能否令人满意。虽然在很多情况下企业与外包服务商会有一个服务级别协议，但要在协议上明确各方义务是难以实现的。

虽然国外有关信息技术外包的理论和实践已经较为成熟，但是由于各国的文化背景及市场状况迥然不同，各个企业之间的情况也存在着种种差异，国外的理论和经验还必须与中国的现实和实践相结合，所以必须对适合中国企业和现实的信息技术外包的理论和方法进行进一步的研究。信息社会是学习和创新的社会，随着经济的全球化和电子商务更加务实的发展以及电子政务的积极推进，研究和探索信息技术的外包有着广阔的理论意义和实践价值。

（二）商务流程外包后来居上

商务流程外包（Business Pro-cess Outsourcing，BPO）指将本方商务流

程中的部分或全部的非核心流程交由另一方操作。通过将客户的部分或全部管理及运营中流程转移到服务商，将公司有限的资源从非核心业务中解放出来，集中到核心业务上，从而提高客户流程自动化的能力。

商务流程外包在世界范围，特别在发展中国家的扩展，是由于 IT 技术在这些国家的发展，加上发达国家（主要是美国、欧洲和日本）想以较低价格外包非核心业务职能的企业需求增多的结果。例如，一家美国公司在本土做一个项目需要花费一百万美元，但是在其他地区外包只需要五万美金，所以就把这些业务给那些服务提供商来完成，这就是 BPO 逻辑的核心。

BPO 是发展中国家软件企业壮大的机遇，它不仅为软件企业带来成长空间，更重要的是能够促使软件企业工程化、规划化，从而迅速提高企业乃至产业竞争力。BPO 市场增长空间巨大，是块诱人的蛋糕。据市场研究公司 Gartner 公司统计，自 1999 年以来，全球 BPO 市场的年增长率平均为 23%，成为 IT 外包中增长最迅速的业务，2004 年全球 BPO 服务市场总收入达到 3000 亿美元。IDC 的报告显示，BPO 市场 2008 年增长到 6825 亿美元，混合年增长率为 11%。

在美国和欧洲，假如把一些工作进行外包，可以节省成本 60%~70%，而质量不会受到影响。BPO 服务的提供涉及金融、保险、医疗、人力资源、抵押、信用卡、资产管理、顾客照料以及销售和营销等领域。中国软件企业大都是通过系统集成获得第一桶金。

商务流程外包会是发包企业更专注于核心业务。外包协会进行的一项研究显示外包协议使企事业节省 9%的成本，而能力与质量则上升了 15%；公司则获得其内部所不具备的国际水准的知识与技术。外包解放了公司的财务资本使之用于可取得最大利润回报的活动。商务流程外包使一些新的经营业务得以实现。一些小公司和刚起步的公司可因外包大量运营职能而获得全球性的飞速增长。一方面，有效的外包行为增强了企业的竞争力。企业在管理系统实施过程中，把那些非核心的部门或业务外包给相应的专业公司，这样能大量节省成本，有利于高效管理。比如，一个生产企业，如果为了原材料及产品运输而组织一个车队，在两个方面其成本会大大增加：一是管理成本增加，因为它在运输领域不具备管理经验；二是因管理不善，运输环节严重影响生产和销售环节的工作，从而导致生产和销售环节的成本增加。如果把运输业务外包给专业的运输企业，则可以大幅度降低上述成本。另一方面，企业也因市场竞争的激烈面临巨大的挑战。市场竞争的加剧，使专注自己的核心业务成为了企业最重要的生存法则之一。因此，商务流程外包以其有效减低成本、增强企业的核心竞争力等特性成了越来越多企业采取的一项重要的商业措施。尤其是在经济不景气时，企业会裁掉一些非核心业务的部门，这往往是不得矣而为之，负面影响很大，团队的稳定性、额外支出等都会受到影响；但如果一开始这些非核心业务就是外包给专业的组织去做，那么损失一定会减少到最小。

（三）知识流程外包初露端倪

知识流程外包（Knowledge Process Outsourcing，KPO）是围绕对业务诀窍的需求而建立起来的外包业务，指把通过广泛利用全球数据库以及监管机构等的信息资源获取的信息，经过即时、综合的分析研究，最终将报告呈现给客户，作为决策的借鉴。KPO 的流程可以简单归纳为：获取数据—进行研究、加工—销售给咨询公司、研究公司或终端客户。知识流程外包业务主要涉及具有知识密集程度较高的专业领域。

相比较传统的业务流程外包（ITO，BPO），KPO 将基于本领域内的流程外包从而使企业获得高附加值，因此提升了传统的 ITO 或 BPO 基于成本所带来的利益。KPO 的核心是通过提供业务专业知识而不是流程专业知识来为客户创造价值。KPO 将业务从简单的“标准过程”执行演变成要求高级分析和技巧的技术以及准确的判断过程。

随着全球业务竞争的加剧，产品和服务引入的周期时间越来越短，顾客对提供的服务质量愈来愈苛求。这些都要求企业采取的体系和商业模型不仅能提供操作的高效，而且能为产品和服务增加战略价值。

KPO 服务使企业缩短了从设计到市场的导入时间；有效管理关键硬件；提供有关市场、竞争情况、产品和服务的研究；提升组织在业务管理的有效性；帮助快速处理预想的业务场景。最后，不同于传统的 ITO 或 BPO 解决方案的通用和固定价格，优秀的高端流程解决方案提供客户定制服务和采取不同的价格。客户定制提升了 KPO 中的价值成分。

据预计，传统外包服务（ITO 和 BPO）全球业务从 2003 财政年度的 77 亿美元增长到 2010 财政年度的 398 亿美元，累积年增长率为 26%。相比较，同期 KPO 外包服务全球业务的收入从 2003 财政年度的 12 亿美元到 2010 财政年度的 170 亿美元，累积年增长率为 46%。

中国软件和信息服务业的发展为发展知识流程外包奠定了基础。2006 年，中国软件与信息服务业规模达到 4800 亿元，增长 22. 9%。其中，软件与信息服务/软件出口总额 60. 6 亿美元，同比增长 68. 8%。依托十一个服务外包基地和国家六大软件出口基地（北京、上海、天津、深圳、西安、成都），中国服务外包产业发展迅速，服务外包 / 软件出口集群已经形成，服务外包层次不断提升，服务外包价值链从低端向中高端转移，利润率也有所提升。吸引了全球软件外包市场的目光，进入成熟化、规模化发展阶段。但总体来看，中国的软件产业仍以国内软件市场需求为主，以出口外包为辅。但软件出口外包和业务流程外包（BPO）市场潜力巨大。

赛迪顾问（CCID，中国电子信息产业发展研究院）发布的《2005—2006 中国软件外包服务市场研究报告》显示，2006 年中国软件外包服务市场规模达到 14. 3 亿美元，较上年同比增长 55. 4%。2006 年，中国软件与服务外包产业取得了快速发展，一方面得益于国家对发展软件外包产业的支持力度日益加大，另一方面是中国软件企业正在快速融入世界经济一体化新的产业分工链条之中，并已经将发展软件外包作为企业的战略选择。

一些 KPO 领域可能的服务项目包括知识产权研究，股票、金融和保险研究，数据研究、整合和管理，分析学（数据分析学/分析分析学）和数据挖掘服务，人力资源管理和信息服务，业务和市场研究（包括竞争情报），工程和设计服务，设计、动画制作和模拟服务，辅助律师的内容和服务，医学内容和服务，远程教育和出版，医药和生物技术，研发（IT 和非 IT 领域），网络管理，决策支持系统（DSS）等。

知识产权研究。知识产权研究是 KPO 中标的较高的业务。比如，在美国，向美国专利商标局申请专利权非常昂贵，一般要花费 10000~15000 美元，而一个离岸目的地的知识产权专家能够起草专利权申请的基本草稿，然后在提交前由美国在册的专利律师修改，即使离岸外包小部分的专利权起草流程中的内容，都能节省总费用的 50%（相对最终客户）。知识产权资产管理、技术领域知识产权前景规划、知识产权授权使用、知识产权摘要和知识产权商业化服务其他一些能够以同样方式离岸外包的服务。这些服务不仅能适用于专利，也适用于商标、著作权和其他知识产权。一些美国的法律公司已经开始在印度设立后端中心，而其他一些公司则和印度本地公司联手合作以达到相同的目的。

医药和生物科技。合同研发机构已经被医药公司广泛采用。这个行业中的其他一些新兴领域包括产品导入优化和制造过程的提高也已经出现，并呈现出强劲的发展势头。

作为离岸外包目的地，如印度在合同研发外包和临床试验方面具有非常显著的成本优势，基本只有 40%~60%。近期，一些公司，如英国阿斯利康公司（AstraZeneca）和日本川崎汽船株式会社已经在低成本目的地设立药物发现中心以离岸外包他们的研发活动。

分析和数据挖掘服务。通过离岸外包数据挖掘、分析，以及数据仓库放到低工资国家，美国公司能显著节约成本达 60%~70%；需求和渠道规划、制造安排和运输规划是一些供应链管理解决方案的例子，这些解决方案要求数学设计、统计分析和计算机辅助模拟的应用。诸如俄罗斯和印度是这些服务理想的目的地，这些国家以非常低的成本提供了大量的工程师储备甚至是博士。一个科学与工程类博士在美国和在印度（或者俄罗斯）的成本差能达到 60000~80000 万美元。KPO 为外包业务中的所有各方提供了众多机会。然而，在发展过程中仍然充满挑战：

因为客户的高度关注，在 KPO 的流程中对执行要求更高的质量。而且，客户可能担心所提供的服务质量（特别是考虑到这些服务是由低成本目的地提供这个事实)，这种担忧是比较难克服的；在一些案例中，对于KPO基础设施的预期投入要比BPO高。例如，公司进行模拟和有限要素分析的业务就要求投入高端工作站，而如果仅仅是进行简单的数据收集、排序和分析工作可能只要求投入一般的资金。类似的，合同研发机构可能要求更多的资金；缺乏好的人才储备来执行项目被证明可能是对许多国家最常见的障碍；KPO项目要求更高层次的控制、保密性和强化的风险管理。任何部分的懈怠将会不仅危害提供的KPO服务，而且可能影响整个由客户主导的流程；与传统的BPO服务相比，等比例的放大KPO的操作将是困难的，主要由于难以找到受过高等培训的专业人士；开展KPO业务的公司面临的最大挑战是雇佣到最好的人才和给予这些专业人士以持续的培训。另一个KPO管理的主要挑战是“绩效标准”的确认。这涉及到为最终客户和专业人士设立正确的期望；持续评估和监督、建设性的反馈、合适的指导和监督以及公司专业人士合适的职业发展路径的确认。

（四）服务外包企业脱颖而出①

过去十多年出现了一批业务定位具有鲜明特点的国际化新型企业，它们既不同于传统的以品牌商品制造为核心并围绕这些产品生产而兼营服务的制造业厂商，也不同于在不同服务业提供终端服务产品的传统服务业企业如银行、保险、交通运输等，而是不同程度以提供服务外包作为核心业务的厂商，构成服务外包兴起的标志之一。它们有的已经建立起全球闻名的服务品牌竞争力，有的甚至已在某些细分的全球性市场中出现了相当集中的寡头结构。(卢峰，2007)②

IBM转型提供了这类企业出现和成长的典型案例。这个曾经是计算机

---

① 卢峰．服务外包经济学分析：产品内分工视角——兼论我国承接国际服务外包问题［R］．北京大学中国经济研究中心讨论稿系列No. C2007011，2007-7-10.

② 这类新型服务提供商与传统专业性服务企业如律师、会计、广告等行业厂商虽有某些类似，但是仍然有相互区别的特征。例如，软件外包服务提供商，可能在并非采用合伙制或特许连锁经营体制下，达到雇佣数以千计员工的规模。有的IT服务商还尝试采用类似于出租物品的方式提供服务。如设立在天津的与IBM合资企业蓝泰科技已经推出“随需供应（Supply on Demand）”的经营模式，针对中小企业设计标准化服务套餐，以便客户可以像购买水、电、燃气一样按标准单位数量购买投入性服务。

和 IT 硬件行业的全球龙头企业，随着行业竞争环境演变在 20 世纪 80 年代后期面临严峻挑战，20 世纪 90 年代初亏损高达 80 亿美元，股票市值下降 3/4，PC 机在国际市场被挤出前 3 名，主打产品大型计算主机也因而临市场低迷困境。1993 年 3 月，郭士纳先生出任新总裁后锐意改革，把经营重点从制造业转向服务业、从硬件产品转向附加值更高的软件和系统产品。经过十多年"业务转型"，IBM 已从一个制造业公司转变为服务型公司，服务外包在业务结构中占据重要地位①。据业内估计，IBM 的 IT 服务外包"2002 年占全球 IT 外包市场的 22%，外包业务收入高达 153 亿美元"。加上电子数据系统公司（EDS），计算机科学公司（Computer Sciences，CSC）和富士通公司，四家企业占据全球 IT 外包市场近一半份额②。

印度软件外包巨头企业如 TATA、Infosys、Wipro 等，则提供了发展中国家软件和服务外包企业快速成长的典型案例。这些企业大规模涉足软件服务外包不过十多年历史，但是在这一领域已经确立了全球知名的品牌，服务年出口额达到十几亿美元。这些印度明星企业在软件外包领域的相对地位，大体与电子产品制造业旭电（Solectron）、伟创力（F1extronics）、天鸿（Celestica）等大型 OEM 巨头厂商类似。凭借范围经济效应和知名品牌优势，这些印度企业正在雄心勃勃地向与软件密切相关的流程服务外包领域扩张。

在服务流程外包领域也已涌现出一批全球知名的专业服务提供商，其共同特点是承揽其他企业特别是大企业某些服务流程。Gartner（2002a）对流程服务外包商进行分类，其中包括"纯商务流程外包服务提供商（Pure-Play BPO Vendors）"，特点是"从 BPO 中得到所有收入"，这类企业往往具有某个流程的综合知识和视野，能够提供分段或整体服务，通过

① 2004 年年底最终浮出水面的 IBM 向联想出售 PC 业务现实，这个曾经是计算机等硬体制造领域的龙头企业，已基本完成从"大象"转为在"利润率更高的高端服务器和 IT 服务"领域跳舞的过程，服务外包是这个"舞者"的拿手好戏。

② 《2015—2020 年中国服务外包行业深度调研与投资前景研究报告》，http：//www. bosidata. com/qtzzh1502/5012851U0H. html。

并购和合伙制来扩大产能①。另外有“流程专业提供商（Process Specialists）”，特点是被业内公认为某些特殊流程上具有专门能力②。

（五）全球化趋势日益加强

服务外包及其伴随的服务全球化，作为“推平世界”的重要经济力量，对改变全球经济版图与格局正在产生深远的影响。第一，服务外包的兴起正在改写经济学关于服务是不可贸易产品的传统定义，推动服务生产方式“可贸易性革命（Tradability Revolution）”进程（UNCTAD，2004，p. xxiv）。第二，服务外包往往通过或伴随物品国际流动来实现，因而，服务外包扩张本身也会带动物品贸易增长。第三，服务外包往往通过跨国公司海外投资，直接利用国外具有比较优势的人力资源，如发达国家到发展中国家设立的呼叫中心、研发中心等，甚至印度外包巨头也到发达国家设立类似中心，推动了外商直接投资增长和结构演变。第四，服务外包促进了信息和人员流动以及思想和观念交流，这些过程伴随的制度和政策演变，构成推进经济全球化进程的积极变量。

然而，分工和交换深化都是双刃剑，它在提升资源置效率的同时，会对社会带来调整压力和阵痛。服务外包及其在经济和社会层面的反响，是有关经济全球化争论的最新题材。对整个经济带来利益的变化，对特定个体可能会带来调节成本，因而未必是好事。服务外包作为经济全球化进程的一个方面，必然只能在思想交锋和利益整合碰撞过程之中求得发展。如果说制造业外包主要涉及普通蓝领工作职位转移，服务外包则使得传统难以跨国流动的白领工作职位也出现全球性重组。虽然目前这类工作转移绝对数量还比较有限，然而在美国等发达国家已经引起广泛关注，成为经济

---

① 如 Accenture 与 British Telocom 联合组建于2000年的E-PeopleServe，总部在美国加州 Irvine 的 Exult，主要为美国和英国大企业提供人力资源管理的外包服务；Xchanging 伦敦为总部，提供 HR 服务并同时兼营财务会计和采购外包服务。

② 如 ADP 在工资支付、Spherion 在行政服务、Ryder 在物流服务方面是著名服务外包商。这类服务外包行业的实诚集中度差别很大，例如，工资支付外包服务领域被几家服务提供商控制，但是在雇佣招聘人员服务外包领域则有数以百计的规模较小企业。

全球化争论的新议题。①

一些企业界人士、经济学家、咨询分析机构、政府高官和顾问倾向于从积极角度看待服务外包，认为国际服务外包是一种不可逆转的积极趋势。美国前总统经济顾问委员会主席曼昆教授认为，来源于服务业等新贸易形式收益，与传统货物贸易收益没什么两样；网上贸易或电话贸易的收益与有形商品贸易的收益也没什么区别。HP 的 CEO Carly Fiorina 先生甚至尖锐指出，“美国人天生应有工作职位的状况已不复存在。现在情况是，其他国家的人们正在创造出新的技能，以竞争传统上由美国人担任的工作机会。我们不应假设他们不会努力赢取这一竞争。但是，我们应当努力维持美国一直拥有的地位：全世界最善于应变的、最具有创新性、最具有生产效率的国家（Vashistha and Vashistha，2005，p. 39）”。

英国工商业联盟前主席琼斯认为，外包事关企业“生死大计”。向外海转移工作机会的利大于弊，这有助于提高工人的技能，促进经济增长、促进产出、增加利润。……只要英国经济健康和良好发展，对于 IT 专业人才应该有更多的工作机会。在企业成长的过程中，很少出现采用外包会导致人员过剩的现象。那些在逐渐萎缩或停滞不前的企业里工作的人才才会面临失去工作的风险（GOR，2007/1，29 页）。哥伦比亚大学国际经济学教授 Jagdish Bhagwati 指出“我们从中获利，但是获利程度比不上穷困，对于这些国家（外包机遇）带来的是重大突破”（Vashistha and Vashistha，2005，p. 62）。

著名咨询公司麦肯锡 2003 年 8 月发表的一份研究报告提出，美国在外包上每花费 1 美元能带来 1. 12~1. 14 美元的收益。报告结论是“美国不仅有能力承受这一变动，而且有能力比离岸外包减少工作，更加快速度创造新工作。有关外包的争论具有误导性。离岸外包为美国公司和消费者创造财富因而对美国整体有利，因而企业愿意呼应这一潮流。……离岸外包不

① 卢峰．服务外包经济学分析：产品内分工视角——兼论我国承接国际服务外包问题［R］．北京大学中国经济研究中心讨论稿系列 No. C2007011，2007-7-10.

仅实现了此前已经存在的财富，而且还为美国经济创造出此前并不存在的净的新财富”（Vashistha and Vashistha，2005，p. 63）。另一家咨询公司科尔尼在外包研究专题报告中也指出，离岸外包和生产网络化在向外转移工作的同时，也为美国这样国家创造新工作。“根据美国统计部门调查，1990—2000 年期间，外国公司在美国分支机构员工总数提高了 35%，达到 640 万人。如今工作在纽约的德国和日本银行的金融服务人员，北卡罗来纳和阿拉巴马的 BMW 和 Mercedes-Benz 工厂的汽车工人，与印度的程序员一样获得了外包到海外的工作机会。事实上，来自印度及其他地区的海外服务提供者正在北美创造工作并购买产品和服务”①。

另一方面，行业工会领导人、议员和政治家、电视报纸大众媒体评论员以及另外一些研究人员把服务外包对发达国家看作坏事情。他们大声疾呼“数以百计（美国）公司通过把美国的工作外包到成本低廉的国家来出卖美国工人”。2004 年大选的民主党候选人 John Kerry 在竞选中提议要求企业事先公开宣布任何把工作转移到海外的计划。德国施密德总理批评外包企业“不爱国”。美国最大工会之一“美国电信职工联盟（The Communication Workers of America）”代表在 2004 年“世界外包峰会（the Outsourcing Word Summit）”会场外抗议与会代表“可耻”，呼吁“停止外包”（Corbett，2004a）。凡此种种，都昭示着服务外包的发展进程并非一帆风顺。

---

① 科尔尼．《亚洲成离岸服务首选目的地》，http：//finance. ifeng. com/a/20140916/13119117_ 0. shtml.

第三章　中国服务外包的发展历程及存在的问题

改革开放30多年，中国在参与国际制造业产品内分工领域表现出色，制造业利用外资取得了巨大成功。然而，在当今世界，如何利用服务外包促进中国经济持续发展就成了一个具有全局意义的重要实践课题。2007年，国务院发布加快发展服务业第7号文件，指出中国将大力发展国内服务外包与承接国际服务外包。国内和国际两类服务外包相互联系和影响，然而，在投入要素组合、发展制约条件以及政策配合方面又各自具有特征属性和差异性要求。本章从中国承接服务外包的历史过程入手，考察中国承接国际服务外包问题。

一、中国服务外包发展历程

国际服务外包是当代经济全球化发展进程中出现的新现象，人们对其经济性质和意义认识会有一个过程；不同国家经济发展主客观条件存在差异，对这一现象认识方式和时间迟早有所不同。依据有关资料和业内人士访谈所了解有限信息，卢峰（2007a）认为从有关政策设计和国内企业及行业发展大势观察，可以把我国承接国际服务外包认识演变过程分为三个阶段。①

第一阶段是萌芽和探索阶段。20世纪90年代，大体是少数官员和企业家初步意识到软件服务外包这一现象，并在政策和企业实践层面进行初

① 卢峰．服务外包经济学分析：产品内分工视角——兼论我国承接国际服务外包问题［R］．北京大学中国经济研究中心讨论稿系列No. C2007011，2007-7-10.

步探索，然而，有关议程尚未进入决策优先考虑层面。据有关信息显示，1991年，曾培炎任机电部副部长时访问印度，回国后提出可以借鉴印度经验建设软件园，应是我国高层官员对服务全球化新动向最早反映。① 1991年，机电部计算机司等部门对我国建立软件园设想召集有关专家进行论证并做出积极判断。国家计划部门同意进入上报审批程序。最初计划建立三个软件园，并由国家对每个软件园提供1亿元无息贷款资助，同时要求地方政府提供配套资金。一个原定在深圳，后来据说主要由于地方土地供应困难未能到位，之后转移到珠海。另一个建在北京，因为没有配套政策所以一段时期挂在某个企业下面。1992年，上海要求参与这一计划建立浦东软件园。该项目1992年进入上报程序，1996年被国家计划部门批准，1999年，落实无息贷款扶持资金，前后几乎贯穿整个90年代。围绕这一计划设计和审批工作，我国珠海、浦东等地软件园产生，并推动国内一些企业开始尝试发展承接软件外包业务，例如，东北大学与外资合作建立的东软集团，是较早进行软件和服务外包探索的企业，也是比较突出的成功案例。

第二阶段是发展和认知阶段。大体在世纪之交前后5~6年，随着我国改革开放的进一步深化和世界经济一体化的进一步发展，我国对服务外包的认识也从原来的探索期进入认知期。这一时期的认识和政策调整特点是，将软件产业发展确立为国家优先行业，不过承接国际服务外包仍未能得到足够重视。随着以IT技术革命和信息化为突出标志的新经济兴起，大力发展软件产业成为学术界和决策界共识，以参与软件生产国际分工为重要内容的印度经验得到更多关注。与国家“十五规划”利用信息化促进工业化指导方针相一致，2000年和2002年国务院先后出台两个有关软件行业文件②，对我国软件业进入快速发展期发挥了重要指导和推动作用③。不

---

① 据当时机电部有关官员回忆，曾培炎当时对印度在软件园政策平台上简化技术和管理人员出国手续，集中进行基础设施建设带来集聚效应等方面情况印象深刻。

② 即业内著名的18号和47号文件（国务院，2000；国务院，2002）。

③ “我国软件产业步入快车道。2001—2005年，我国软件产业规模从93.6亿美元增加到484亿美元，5年间翻了两番多，已成为电子信息行业中增长最快的领域之一”（GOR，2007/2，23页）。

过，虽然政府有关部门投入大量资源①，还组建“软件出口联盟”加以推动②，然而政策执行结果仍不尽如人意。海关数据显示，2005年计算机系统、支撑、应用和其他等各类软件出口约为6.5亿美元，加上可能部分包括软件的“机器用激光盘”接近7.6亿美元。考虑相关统计不够完善，实际出口数量规模还需要进一步研究估计，然而现有情况提示我国软件出口规模很可能未能实现47号文件预设的50亿美元目标。其他计划目标实现情况也有不够理想之处。

第三阶段是成熟和深化阶段。2005年之后，我国服务外包进入快速发展时期，决策层和学术界对这一问题的认识发生实质性突破，并在政府决策层面得到明确和完整表述，主要表现在以下四个方面：一是中央领导人开始明确指示应当重视发展承接国际服务外包问题。时任国务院副总理吴仪在2003年6月出席跨国公司投资论坛时指出，“面对成长迅速的外包市场，中国不应满足于成为‘世界制造中心’，而应争取成为获得较大的市场份额。我们要重视跨国公司服务外包的趋势，积极创造有利环境，探索新方法尝试新途径吸引外资”；吴仪在2003年7月15日又指出：“要重视跨国集团内部服务业外包的新趋势，积极创造条件，探索新方式，拓展吸收外资的新领域”。二是政府有关部门开始推动承接服务外包。如2004年8月初，大连第二届中国国际软件和信息服务交易会上③，中国、日本、韩国、马来西亚政府高级官员和跨国公司代表发表旨在促进和加强信息领域

---

① 依据国务院2002年47号文件部署，“十五”期间，中央财政预算内资金向软件产业的投入不少于40亿元。其中，电子信息产业发展基金、“863”专项经费、国家科技攻关计划经费、产业技术研究与开发资金、科技型中小企业技术创新基金等可用于软件产业发展的资金，通过调整结构，向软件产业倾斜，集中不少于30亿元的资金专项用于软件产业；同时，为了确保软件产业发展目标的实现，体现国家政策的导向和扶持作用，2003—2005年，中央政府再安排10亿元，专项用于支持软件产业发展（国务院，2002）。

② 研究人员注意到，“从2000年开始，中国政府及一些软件公司极力组建‘软件出口联盟’，试图克服规模障碍。但这并非是最佳解决方案。首先，根据管理效率理论，一群独立的公司使用同一个商标并不切实可行。‘软件出口同盟’的模式解决不了滥用商标的问题。同时同一IT外包的质量标准是很困难的，监控机制也存在缺陷”（朱晓明等，2006b，第73页）。

③ 这是2003年国务院批准的国内唯一一家国家级软件交易会，由信息产业部、商业部、教育部、国务院东北振兴办、贸促会和辽宁省、大连市政府举办。

合作的《大连宣言》，指出“在软件和信息服务产业规模激增同时，软件和信息服务的全球分工格局也在逐步形成。加强外包业务合作成为各国在软件和信息服务领域合作的重要内容之一。亚太各国政府应继续鼓励各国软件和信息服务企业与行业组织开展合作”；《大连宣言》还决定“以本次会议为起点，就与软件和信息服务国际合作相关的技术转让与开放、市场准入、进口关税、质量认证、知识产权保护、人员培训等议题保持经常性探讨”。2006 年，商务部启动“千百十工程”，计划未来五年内每年投入不少于 1 亿元，建设 10 个左右的服务外包基地，吸引 100 家左右跨国公司将部分服务外包业务转移到中国，培养 1000 家左右承接服务外包的企业。三是学术界和业内人士开始更多重视发展承接服务外包。学术界从以前研究信息技术、金融等行业服务外包，扩展到分析服务外包整体意义和重要性。四是在中央经济工作大政方针制定时服务外包得以体现。“十一五规划”纲要指出，要“鼓励外资参与软件开发、跨境外包、物流服务……建设若干服务业外包基地，有序承接国际服务业转移”。2007 年 3 月，国务院发布 7 号文件，提出要“把大力发展服务贸易作为转变外贸增长方式、提升对外开放水平的重要内容。把承接国际服务外包作为扩大服务贸易的重点，发挥我国人力资源丰富的优势，积极承接信息管理、数据处理、财会核算、技术研发、工业设计等国际服务外包业务。具备条件的沿海地区和城市要根据自身优势，研究制定鼓励承接服务外包的扶持政策，加快培育一批具备国际资质的服务外包企业，形成一批外包产业基地”。

二、中国承接国际服务外包的现状

20 世纪 90 年代以来，全球服务外包市场不断发展，中国凭借广阔的市场空间、丰富的人力资源以及廉价的劳动力成本，服务外包承接业务迅猛发展，取得显著成就。

1. 承接外包的规模与行业分布

凭借广阔的市场环境和丰富的劳动力资源，中国逐步在世界服务外包市场中站稳脚跟，服务外包市场已初具规模。2006 年，中国服务外包产业收入总额达 118 亿美元，其中 IT 服务外包产业规模为 75. 6 亿美元，业务流程外包产业规模达 42. 7 亿美元，所承接的离岸服务外包收入约占整体产业的 12. 2%，国内服务外包收入占到 87. 8%。值得一提的是，中国拥有大量价廉质高的软件工程师，于是凭借这样的成本和技术优势，其在软件外包市场迅速扩张，已跃居成为世界第二大软件外包承接国，并有赶超印度之势。2001—2006 年，中国软件与信息服务业收入的年复合增长率达到 42. 3%，相应的软件外包市场规模由 2001 年的 1. 8 亿美元增至 2006 年的 14. 3 亿美元，5 年间增长了近 8 倍。

印度、菲律宾、爱尔兰等国是参与国际服务外包领域的先行国家、虽然中国在承接服务外包领域已取得了瞩目成绩、但与他们相比、还存在许多问题：一是中国承接服务外包的规模相对较小，远远落后于印度等国。2007 年印度软件外包产值达 200 亿美元，而中国仅为 25 亿美元，差距非常明显。二是服务外包的内容过分单一，信息技术外包占据主导，而业务流程外包占比较少。从近几年服务外包的行业分布来看，中国承接的主要是信息技术外包，其中最主要的是软件外包，约占中国服务外包市场规模的 50%以上。与此同时，对于新兴的服务外包业务如金融服务、人力资源、会计、咨询等行业，中国承接的份额还很小，有待进一步挖掘发展潜力。

2. 发包市场的地域分布

从外包市场构成来看，中国面对的发包方以日韩等邻国为主，欧美等全球主流市场向中国发包份额较少。据统计数据显示，中国承接国际服务外包的主要市场是日本和韩国，来自欧美等发达国家外包项目所占份额正在不断上升。长期以来，凭借地理、文化等方面的优势，中国成为日韩等国服务外包的主要承接国，但随着信息与网络技术的发展也使得各国合作与交流更加通畅，国际服务外包市场竞争趋于白热化，中国承接服务外包的市场结构也悄然发生改变。

3. 我国接包市场的地域分布

观察接包市场的地域分布，中国华北、东北和华东地区服务外包承接量占中国承接服务外包市场总量的百分之七十以上，因此，华北、东北和华东地区成为目前国内服务外包的主要承接地。中国东部地区已形成了以上海、北京、深圳、杭州、大连等城市为主的区域外包中心。不同地区之间经济发展程度以及信息技术水平的差异导致中国服务外包产业地域发展并不均衡。

尽管目前国内接包市场区域分布不够合理，东西部承接服务外包量仍然存在差距较大，但随着服务外包市场环境的不断改善以及政府在该领域的大力鼓励与支持，中国服务外包提供商的地域分布逐步趋于合理。就目前看来，东软、浙大网新、海辉等具备较高承接外包业务能力、在特定市场具有较强国际竞争力的企业已初步形成，重庆、西安、南京、武汉、成都等二线城市也成长了一批新的专业性外包企业，从而缓解了外包服务商过于集中在深圳、广州、天津、大连等几个主要城市的压力。

三、中国承接服务外包的趋势

中国服务外包承接市场起步时间较晚，服务外包承接业务的发展尚处于初级阶段，但近年来承接业务量显著增加，承接内容愈加多样化，区域分布也更加合理，发展前景广阔。

1. 承接规模日益扩大

中国虽然在承接国际服务外包过程中还存在许多问题，但未来发展潜力无疑是巨大的，尤其是近年来中国加大对服务外包领域的重视，制定了许多优惠措施，计算机和信息服务业竞争力稳步提升，基础设施得以巩固。中国具有广阔的市场、低廉的成本等优势，将在国际服务外包市场上获得更多的市场份额。综合考虑外包东道国的成本与风险因素后，2005 年全球外包指数印度列第一，中国列第二，而未来外包指数（2015 年），中国名列榜首，将成为世界上最具吸引力的外包提供国①。

2. 承接内容日益丰富，承接业务更加广泛

随着中国承接服务外包领域的不断拓展，承接服务外包的行业会更加广泛，承接服务外包的内容也更加丰富。除软件外包已具备一定规模外，金融服务、研发、呼叫中心、会计、人力资源等部门的服务外包规模也日益壮大。现阶段，国内金融外包市场集中于 IT 行业，金融行业咨询市场规模增势明显。此外，中国呼叫中心行业从 1998 年开始，已经历了 10 年的发展，目前已初具规模并被应用到多个行业和领域，并形成了北京、上海、深圳、广州等发达城市为中心的呼叫中心外包集中地，2011 年，中国呼叫中心市场总额达到了 4.485 亿美元。研发、会计、人力资源等其他行业的外包承接也随市场的深入得以发展壮大，中国承接服务外包产业及业务量正以空前的速度增长并将实现新的跨越。

3. 发包市场日益集中，日韩市场份额稳定，欧美市场加速赶超

由于中国与邻近国家地区在地理位置、语言和文化沟通方面具备优势，在产业上也具有一定的互补性，中国对日韩等国家地区的服务外包承接业务力度将不断加强，服务外包承接业务量也将稳定增长。近年来，中国国内条件不断改善，与欧美等国在政治、经济、文化各方面的交流合作日益频繁，中国对欧美跨国公司服务外包的承接业务量也在稳步提升。欧美作为全球服务外包的主流市场，其市场份额巨大，美国占全球服务外包发包业务的近 2/3，因而未来中国对国际服务外包的承接方向也会更多地向欧美市场倾斜，据 IDC 预测，未来五年中国软件离岸外包市场规模将增加近五倍，2009 年，欧美市场份额首次超过日韩市场。

4. 承接区域日益离散化，服务外包加快向二线城市转移

随着服务外包市场环境的不断改善以及政府对服务外包承接的大力扶持，中国服务外包承接地域发展的不平衡性将被打破，特别是随着服务外

---

① Mark Minevich, FrankRicherd. 2005. Global Outsoureing Report 2005 [R]. Going Global ventures Inc., New York Horasis, Geneva.

包产业的不断发展，北京、上海等东部地区一线城市的人才更加紧张，劳动力成本会逐渐上升，而一些二线城市的成本相对较低，且人才供应的相对充足也使得这些城市在承接服务外包方面更具竞争力。出于对运营成本及人才等因素的考虑，中国服务外包基地将逐渐转移到二线城市，服务外包承接区域分布呈现离散化趋势，承接地域分布将逐步趋于平衡。

四、中国承接服务外包存在的问题

虽然我国参与国际服务外包已取得初步成绩，然而现实发展水平无论与我国参与国际制造业产品内分工深度比较，还是与承接国际服务外包比较成功的印度等国比较，都存在相对不足和落后问题。国务院 7 号文件在充分肯定我国服务业发展成就同时也指出不容忽视的问题："我国服务业总体上供给不足、结构不合理、服务水平低、竞争力不强，对国民经济发展的贡献率不高，与经济社会加快发展、产业结构调整升级不相适应，与全面建设小康社会和构建社会主义和谐社会的要求不相适应，与经济全球化和全面对外开放的新形势不相适应"（国务院，2002）。具体到参与国际服务外包，我国相对落后更为明显。

第一，从软件出口和承接国际服务外包市场规模看。2005 年，我国软件出口、计算机信息服务贸易盈余、流程外包三项加总不到 20 亿美元，不及当年加工贸易盈余的百分之二，不及印度软件服务外包出口十分之一，也落后于爱尔兰、菲律宾等国承接国际服务外包水平。

第二，从承接国际服务外包和相关出口内容构成看。目前，主要是软件和 IT 服务外包方面，在发展潜力更大的商务流程外包方面目前还仅有少数成功案例。另外，在软件和 IT 服务出口方面，也在相当程度得益于我国在硬件设备制造和出口方面优势，通过自身服务相对竞争力获得国际服务外包业务估计规模还要小一些。

第三，从承接国际软件服务外包区域分布看。我国主要从日本韩国等邻国承接近岸发包业务（Near-Shoring Business），在欧美等全球主流市场上仅有较少比较成功案例，整体竞争能力较弱。在日本、韩国培育起市场竞争力是我国在这一领域重要优势条件，今后需要巩固和发展，然而，由于日本仅占全球发包市场很小份额，如软件发包估计仅占全球约 5%~10% 份额，偏于东亚一隅说明我国承接国际服务外包格局有待拓展。

第四，从企业规模和素质角度看。我国本土企业规模比较小，最大规模企业不仅不能与 IBM 等国际巨头相比，即便与印度较大企业比较也有十几倍甚至更大差距。在获得 CMM 等行业技术和业务能力认证等基本技术指标方面也显著落后。

第五，从跨国公司来华设立服务提供中心和相关机构角度看。这类投资主要是受到我国国内“买方市场”因素吸引，属于“寻求市场”型的服务投资（Market Seeking FDI in Service）；从比较效益角度把我国作为承接国际服务外包中心的“寻求效率”型服务投资（Efficiency Seeking FDI in Service）（UNCTAD，2004，p. xxii）比较少。“寻求市场”型外商服务业投资对我国经济整体发展具有积极意义，因而应继续予以鼓励。然而上述特征也说明我国现阶段在承接国际服务外包方面仍缺乏国际竞争力。

除上述相对不足外，我们还需要关注该行业一段时期“乐观预期与现实表现反差现象”。世纪之交我国高层官员和业内人士访问印度，大都认为我们与印度存在 5~10 年差距，乐观估计差距只有两年。2001 年，一些业内权威人士认为我国 3~5 年内将在全球信息技术服务外包市场中扮演重要角色，在非语音业务流程外包方面有能力与印度竞争。总起来看，对我国在这一领域相对差距，过去一段时期人们倾向于乐观地相信我们会通过较快追赶迅速缩小这一差距。考虑我国经济整体开放发展出色表现，提出上述估计不无理由。不过实际情况与上述估计似乎存在反差。印度承接国际服务外包从 2001 年 62 亿美元增长到 2005/06 财年约 240 亿美元，年递增速度高达 40%，2007 年增长到 313 亿美元，到 2010 年增长到 600 亿美元（NASSCOM，2007，p127）。印度目前占有全球软件外包市场总额的 65%以及全球服务外包市场总额的 46%（王悦承，2006）。随着十几年承接服务外包历练，印度企业已开始在发挥本国比较优势基础上创造出具有国际竞争力的自主知识产权产品，并开始大规模向包括中国在内的其他国家建立以当地市场和转包为战略重点的外部投资。这与我国制造业国际化从简单加工贸易开始，进而生产配套零部件，再发展到近年产品研发、品牌创造以及国外投资，体现了类似的经济逻辑。过去几年，我们确有明显进步，然而与印度相对差距可能并未缩小。同样值得关注的是，印度以外一批发展中国家近年大力发展承接国际服务外包并已有不俗表现。菲律宾承接国际客服中心外包已成为印度重要竞争对手。2001 年，菲律宾只有 2000 人在客服中心上班，五年后，已经有 20 万人在 Call Center 就业，增长近百倍（GOR，2007/1，3 页）。菲政府正在积极扩大对一些复杂行业投资，如会计、软件、工程和建筑设计、医疗、法律和动画制作等（GOR，2007/4，4 页）。2006 年菲律宾外包业务收入达到 36.3 亿美元，从业人员为 24.5 万人，其中呼叫中心业务收入为 26.9 亿美元；2010 年外包业务收入增长到 124 亿美元，从业人员达到 92.1 万人（GOR，2007/4，4 页）。近年来，很多跨国公司开始向巴西转包服务业务，承接服务外包业务年度规模达到 5 亿美元左右。业内人士认为 2007 年巴西是被市场普遍认可一年。另外，俄国、马来西亚、捷克、匈牙利、保加利亚等也已经调整政策）。如 Infosys 已开发推广基于互联网的银行软件（参见王悦承，2006）。如 2006 年全球最大服装零售商盖普公司（GapInc）将其 IT 业务外包给蓝色巨人 IBM，IBM 则将这一部分业务分配给它在巴西建立的分公司。爱森哲、IBM 等服务外包巨头都看好巴西，认为巴西将成为拉美主要服务外包中心，到 2010 年巴西获得 100 亿美元国际外包业务（GOR，2007/4，24-25 页），积极呼应服务全球化潮流。我国与第二批积极参与服务全球化国家比较，某些方面也有相对不足之处。如果说国际服务外包代表的服务全球化是“一个新时代的黎明”（Vashistha and Vashistha，2005，p. 251），确实需要尽快改变相对增长势头不足态势，避免在新一轮服务全球化浪潮中面临被边缘化的风险。

第四章　经验与借鉴（一）：印度发展服务外包的模式分析

自20世纪90年代末以来，服务业逐渐取代制造业，成为国际直接投资中的主要领域，服务生产的离岸外移形式——服务外包因而兴起并得以迅速发展。印度是发展服务外包的发轫国之一，其服务外包走的是一条“以ITO为主要业务内容、发端于低端，完全依赖国外市场”的路径模式。这种模式保证了印度在服务外包初期阶段取得了成功，成为当今世界上承接服务外包最发达的国家。同时，这一模式也成为国际服务外包向高端发展条件下制约其服务外包进一步发展的不利因素。因此，分析印度发展服务外包的模式，对于研究全球服务外包市场的发展规律和趋势具有重要的借鉴意义。

一、国际直接投资转向服务业与服务外包的兴起

随着世界经济和生产结构的不断演进、升级，国际直接投资的产业重点也随之发生着变化。自20世纪80年代以来，由于新技术革命不断深入发展，高新技术产业迅速在世界范围内兴起，技术密集型产业和服务业形成了庞大的国际需求与国际市场，国际直接投资向服务业投资变化的速度加快。1975年，发达国家初级产业、第二产业和服务业的对外投资存量分别为580亿美元、1030亿美元、680亿美元，分别占对外投资总量的25.3%、45%、29.7%，而到了1997年，各产业的对外投资存量都大有增加，分别为2850亿美元、10670亿美元、17670亿美元。但各个产业的增加幅度差异很大，例如1990—1997年，初级产业的年均增长率仅为8.6%，第二产业为9.75%，服务业最高，达到13.7%，比初级产业高5.1个百分

点。到了 1997 年，初级产业、第二产业和服务业的对外投资存量占总存量的比重分别变为 9. 1%、34. 2%和 56. 7%。① 初级产业和第二产业所占的比重大幅度下降。根据联合国专家估算，1990—2002 年间，全世界制造业的 FDI 流入存量增长了 2. 03 倍，其中发达国家和发展中国家分别增长 1. 46 倍和 3. 81 倍；而同期全世界服务业的 FDI 流入存量增长了 3. 60 倍，其中发达国家和发展中国家分别是 2. 99 倍和 5. 74 倍。这种流量结构变化造成服务业成为吸引国际直接投资的主要领域。《2004 年世界投资报告》的统计也显示，2001—2002 年间，服务业占到整体 FDI 流入总量的 2/3，约为 5000 亿美元，而在 1989—1991 年间仅占 44%；服务业在世界外国直接投资存量中的比重由 20 世纪 70 年代初期的四分之一、20 世纪 90 年代的不到一半发展到 2002 年的 60%，估计约 4 万亿美元，表明了服务业已经取代制造业，成为国际直接投资结构中的主流。

在国际直接投资向服务业转移的过程中，由于现代服务产品的核心内容——知识和信息因信息和通讯技术的飞速发展而变得更加数字化、标准化，这使得服务业的生产过程可以通过生产地的重新配置来降低成本、提高质量和实现规模经济。这种服务生产的离岸外移形式就被称为服务外包（Service Outsourcing）。服务外包既是现代服务业国际转移过程中的一种业务现象，同时也是跨国公司实施归核化战略的结果。通过服务外包，发包商可以从外部获得特定服务业务的全面解决方案，减少或消除在该业务方面的费用和管理成本，将全部精力集中于核心能力的培育，从而提高其核心竞争力；而外包提供国家或地区也可以通过承接服务外包业务，整合国内现有资源，以优势部门融入世界经济，从而获得比较利益。信息技术外包（Information Technology Outsourcing，ITO）和商务流程外包（Business Process Putsourcing，BPO）是服务外包的两种主要业务内容。2000—2003 年，全球信息技术服务和业务流程服务的出口累计增长了 31%，远远超出这一时期服务贸易和货物贸易 21%和 16%的增长速度。据联合国贸发会议

① 联合国贸发会议跨国公司与投资司 . 1999 年世界投资报告：外国直接投资与发展的挑战［J］. 北京：中国财政经济出版社，2000.

《2004世界投资报告：转向服务业》估计，未来几年全球服务外包市场将保持30%～40%的速度增长，2007年的服务外包额达到1.2万亿美元。由此可见，服务外包正呈现出方兴未艾之势。

二、印度服务外包模式的特点及成功因素

目前，在国际服务外包市场上，美国、日本和欧盟是最主要的服务外包发包地，其中，美国占2/3份额，日本和欧盟占1/3份额。而服务外包承接业务则主要集中在印度、爱尔兰和东欧，其中印度是目前承接服务外包最为成功的国家。印度国家软件和服务公司协会（NASSCOM）的数据显示，2005年印度软件外包额达到195亿美元，占同期全球软件服务外包额819亿美元的23.8%；今后印度服务外包的增长速度将保持在27%～30%之间，到2007年服务与软件出口总额在290亿～310亿美元之间；从个案看，2005年，仅软件出口排名印度第一的塔塔咨询服务公司（TCS）一家公司的服务外包额就达到29.7亿美元。在服务外包方面，印度已构建了一个较为成熟的、具有典型意义的成功模式，其特点是“以ITO为主要业务内容、发端于低端、完全依赖国外市场”。

作为承接国际服务外包业务最早的国家之一，和其他国家相比，印度发展服务外包之所以能够取得成功，关键因素在于以下几个方面。

1. 合理的业务选择

服务外包主要分为信息技术外包（ITO）和业务流程外包（BPO）。ITO的业务范围主要有IT系统操作服务、IT系统应用管理服务和IT技术支持管理服务等，软件外包是ITO的主要外包形式。BPO的业务范围主要有需求管理、企业内部管理、业务运作管理、供应链管理等，BPO的业务形式主要有金融与财务分析服务、呼叫中心、客户服务、采运服务、市场调查与分析等。选择哪种外包形式涉及到整合国内资源，提高国际竞争力的问题。在印度国内，长期以来软件服务市场属于买方市场，严重供过于求。一方面，由于政府政策的鼓励，软件研发发展迅速；另一方面，由于

印度国内基础设施薄弱，2000 年，印度全国总共只有 120 万台个人电脑，人均拥有量在世界上属于最低国家之列，而电话线的千人拥有量只有 8 条，[①] 远远低于发达国家，甚至低于发展中国家的平均水平。国内难以消化的软件供给，只能寻求国外市场的需求。而此时的美国经济连续出现强势增长，需要大量的软件供给，一些企业开始将一些非核心的软件研发业务外包出去，以降低成本，提高核心竞争力。印度软件业正是把握住了这种机遇，大力发展对美国的软件外包。以软件外包为切入点，国内供过于求的软件供给找到了释放的路径，从而形成了“研发促成软件外包、软件外包带动研发”的良性循环。

2. 准确的市场定位

准确定位承接服务外包市场是印度服务外包能够迅速发展的关键因素。全球发包市场主要集中在美国、欧盟和日本，美国占 2/3 份额，欧盟和日本占 1/3 份额。面对全球服务发包市场，是选择在全球服务外包市场上进行竞争，还是先选择某一个国家市场作为服务对象，是服务外包企业在开展外包时必须首先解决的问题。实践证明，印度做出了正确的选择：以与本国有密切联系的美国作为承接对象。这种联系一方面表现在，印度文化深受英语语系国家的影响，在文化上与美国有“认同感”；另一方面，印度的许多软件开发人员都有在美国研发的经历，他们了解美国 IT 技术发展的状况以及外包的技术取向，很多外包业务甚至都是“将在美国的工作带回到印度来做”而形成的。

3. 完备的政策体系

印度政府为服务外包的迅速发展提供了一个良好的政策环境。从 20 世纪 80 年代中期提出“要用教育和电子革命把印度带入 21 世纪”口号的提出，到“十五”计划（2002—2007）明确将 IT 产业发展作为战略重点，印度政府为了扶植计算机和软件产业发展，先后制定了多项支持、鼓励政策，包括 1986 年为了明确软件产业发展的战略目标，采取相应的优惠政策

① 匡小苏．中印软件产业比较［J］．开放导报，2000（4）：31.

而制定的《计算机软件出口、软件发展和软件培训政策》，为计算机软件出口企业发展提供资金、组织人员培训、简化投资和进口手续、减免国内货物税、实行10年免税等；1991年6月，印度在班加罗尔创建了全国第一个计算机软件技术园区，其后又在马德拉斯、海得拉巴、孟买、加尔各答等地建立了18个具有国际先进水平的软件技术园区，并对园区的企业实行各种优惠政策，如符合条件的软件企业2010年前免征所得税、研发所必需要进口的软件实施零关税优惠、为开发软件而进口的硬件设备实施关税减让、对软件和服务公司的银行贷款实施“优先权”；1998年由政府设立风险投资基金，用于支持中小企业发展。同时，为了保护知识产权，保护企业和消费者的信息安全，为信息服务纠纷解决提供法律规范，印度也在不断地完善相关法律，1994年出台了世界上最严厉的《新版权法》；2000年通过了《信息技术法》和《半导体集成电路设计法》。此外，为了保证软件公司的规范运作，NASSCOM还规定，凡拥有10名员工以上的软件公司必须达到ISO 9001标准认证。这些政策法规为印度服务外包尤其是软件服务外包的兴起和快速发展发挥了积极的促进作用。

4. 丰富的人才储备

自20世纪80年代中期提出“要用教育和电子革命把印度带入21世纪”口号以后，在印度逐渐形成了“全民学软件”的风尚，培养了一大批被世界誉为“一高一低”型的“软件蓝领”。“一高”是专业素质高，“一低”是工资诉求低。① 这种人才结构的形成是与印度系统化、规范化的软件人才培养模式密不可分的。以印度著名的软件人员培训机构APTECH的ACCP软件课程培养计划为例，培养一名“软件蓝领”严格经过三级培训：首先，用160个学时学习初级程序；其次，用184个学时学习程序设计；最后，用330个学时学习系统分析。以APTECH的培养模式为代表，目前印度已经形成了印度理工学院居于顶端、各大学居中、国家信息技术学院

---

① 印度软件设计人员的工资水平在800~1000美元之间，虽然远远高于普通印度人的收入，但却只有美国同类人员工资水平的1/5~1/10。

居于底层的金字塔式的人才培养体系，这一完整的体系每年为印度培养软件设计人员约为178000人。在软件教育中，印度还十分重视软件研发的标准化建设。印度软件企业的质量管理及认证除了国际通用的ISO质量体系认证外，还采用目前世界软件业公认的权威性认证、美国梅隆·卡耐基大学软件工程设计院研发的软件能力成熟度模型CMM等级认证体系。目前印度已有上百家软件企业获得了该体系最高的CMM5级认证证书。① CMM认证目前已成为行业公认的选择外包合作者的“指标体系”，通过CMM体系等标准化建设促进了印度软件开发的国际化，使印度的软件服务外包竞争力得以大大提高。因此，系统、规范的教育为印度软件外包的发展储备了丰富的、标准化的软件开发人才。

三、服务外包的发展趋势与印度服务外包模式存在的问题

经过十几年的发展，服务外包的参与主体和业务内容都发生了很大的变化。就参与主体而言，过去是发达国家构成服务外包需求方，发展中国家构成服务外包供给方，现在出现了交叉存在的局面：需求方中出现了发展中国家，供给方中出现了发达国家，而且加入的国家越来越多。就业务内容而言，开始时的服务外包领域是信息技术外包，主要内容是软件外包；现在的服务外包则倾向于商务流程外包，主要内容为金融与财务分析服务、呼叫中心、客户服务、采运服务、市场调查与分析等，而且服务外包的内容还在不断扩展。同时，作为服务外包市场上最主要的业务需求者，制造业跨国公司对服务外包的需求内容也随着其归核化战略的实施而发生了深刻变化，由原来只注重“单项业务”外包向寻求“综合解决方案”转变，将原来在内部从事的非核心业务外化为专业服务公司发包给企业以外的服务提供者去完成。

① 2005年全球通过CMM最高认证即CMM5认证的只有7%软件企业，其中印度占了大部分，而中国通过CMM5认证的、包括外资公司（比如，塔塔信息技术（上海）有限公司、摩托罗拉中国软件中心等）只有不到20家。

服务外包的这种变化趋势给服务外包的传统方式提出了挑战。在新的变化趋势下，印度发展服务外包的模式也暴露出了一些问题，尤其是在国际外包市场竞争日益激烈的情况下，这些问题对印度服务外包的进一步发展产生了严重阻碍。

1. 囿于低端外包，缺乏自主品牌

印度的软件服务外包是利用本国的人力资源优势承接发达国家的非核心软件项目，而发达国家发包的这些非核心软件项目基本上属于为主机系统服务的小型应用程序、为现成系统和客户服务系统提供升级服务的程序等应用型软件，技术含量低，在软件产业链中处于低端。因此，印度以软件服务外包为基础形成的软件产业也相应地处于下游。这种处于产业链下游的低端服务外包，附加值低，难以形成自主品牌。2005 年，印度拥有 100 万名软件人员，创造了 234 亿美元的出口总额，但与 IBM 和微软相比，却是“不可同日而语”的：IBM 软件部门只有 3 万名员工，年营业额却是 170 亿美元，接近于整个印度；而微软只有 6 万名员工，年销售额为 400 多亿美元，几乎相当于两个印度。[①] 印度软件外包的这种低附加值的“来料加工”模式，是以发包国家的系统软件作为研发平台的，其软件业发展的结构和水平受发包企业的需求约束，缺乏自主品牌，失去了发展的自主性。

2. 缺乏国内支撑，过分依赖国外市场

一开始，印度的软件业就设定了走外包型道路的发展路径。从软件设计人员培训课程的设置到研发流程设计，从软件销售渠道的设定到市场合作伙伴的寻求，无不围绕外包而展开。印度软件产品的 90%以上提供给外国消费者，而国内市场销售则十分有限。这种“外强内弱”的销售结构真实反映了印度国内软件消费不足的状况。国内市场消费不足，就难以给软件业的发展以坚实的支撑，一旦国际市场出现需求下降，或者竞争加剧，软件外包受阻，就会倒逼国内软件业，使国内软件业发展受到影响。另

① 计红梅．软件业：中国如何赶超印度［J］．科技网，2006. 10. 18.

外，印度国内对软件业发展缺乏支撑还表现在，其国内的基础设施落后、商业信誉基础薄弱等方面。比如，印度国内停水、停电等现象时有所闻，严重阻滞了软件外包企业按时完成外包任务；印度人之间的诚信观念较为淡薄，跳槽风气日盛，经常出现客户数据的保障问题。诸如此类的现象在一定程度上损坏了印度外包业的信誉。

3. 市场过度集中，存在较大风险

很显然，印度的软件业是依靠来自于美国的外包业务发展起来的，而印度软件外销的65%以上也都出口到美国。印度软件外包市场过度集中于美国，对美国市场产生了极大的依赖性。尽管这种发展模式在一定时期内大大促进了印度软件外包及软件业的发展，但一旦美国市场出现风险，就会给印度软件外包及软件业造成致命打击。2005 年以来，美国国内劳工组织和政界以服务外包不利于就业为由对服务外包提出了反对意见，要求政府通过制定法案限制美国的服务外包。2003 年 12 月和 2004 年 1 月，美国国会众议院和参议院分别通过法案，禁止美国联邦政府机构将政府项目外包给非美国公司；2004 年 3 月，美国参议院通过法案，禁止将联邦政府出资的项目外包到海外；国会及 30 多个州议会已通过或提出有关限制美国公司离岸服务外包的议案。印度政府对美国限制服务外包的做法反应强烈，强烈反对美国政府的这种做法，认为这一举措主要是针对印度。而美国制定限制服务外包的有关法案以后，印度从美国承接的服务外包确实也有所下降，因此，印度的许多软件外包公司如 Infosys、Wipro、TCS 等已经开始将承包目标转向西欧市场，有些公司也开始在中国设立分支机构，试图以中国为跳板抢占日韩市场，以分散市场过于集中的风险。

4. 业务结构单一，竞争潜力有限

软件外包只是众多服务外包业务中的一种业务形式。尽管当前的软件外包是服务外包中的最主要构成，更是印度服务外包的命脉，但从发展趋势看，随着经济全球化的发展，商品、金融、生产等全球联系的进一步加深，服务外包的其他业务形式如 IT 系统操作服务、IT 系统应用与技术支

持管理服务、金融与财务分析服务、保险服务、呼叫中心、客户服务、采购与运输服务、市场调查与分析服务、旅游服务等都在不断增加，并且正逐渐构成服务外包的主要内容。在服务外包业务向多元化发展的背景下，这种“单一软件外包”的模式将面临着越来越严峻的挑战。首先，是来自竞争对手的挑战。近几年来，印度软件外包“一枝独秀”的格局逐渐被打破，东欧、拉美、东南亚国家和地区正在不断加入国际服务外包的竞争行列，软件外包的市场“份额单位”越来越小。其次，是来自印度软件外包企业自身的挑战。软件的研发是一项高智力的活动，从事软件研发的人员需要严格的专门培训，因而研发人员的能力结构存在单一性倾向；同时，软件外包企业的基础设施投入也多具有软件研发的特性。这就造成了印度软件外包具有较强的“资产专用性”，从而限制了其从事其他外包服务的灵活性。

5. 国内吸引的制造业跨国公司少，“为生产服务”的外包发展基础薄弱

服务业可以被分为“为生活的服务”和“为生产的服务”。因此，承接服务外包，既可以从服务业跨国公司的“归核化”战略中获得商机，也可以通过延长制造业跨国公司产业链，向制造业跨国公司提供相关商务服务获得业务。[①] 印度从 1991 年开始实行“新经济政策”以来，尽管采取许多放宽限制和引进外资的政策措施，这些政策措施也促使印度的直接投资规模不断扩大，但整体吸收的外资仍然较少。截至 2004 年 9 月，印度政府累计批准外商直接投资总额约 650 亿美元，实际利用外资约 378 亿美元，2005 年和 2006 年印度实际利用外资分别为 50 亿美元和 75 亿美元。[②] 因此，印度国内吸收的制造业国际直接投资比较少。由于国内制造业跨国公司投资较少，其相关产业链条的延伸也就相应有限，因而难以为服务外包

① 詹晓宁，邢后媛．服务外包：发展趋势与承接战略［J］．国际经济合作，2005（4）：11-16.

② 国际投资招商报．印度吸引外商直接投资情况及其发展趋势［J］．2004.12.23.

提供较多的业务机会。这严重制约了印度国内发展“为生产服务”的服务外包。

印度是发展服务外包的发轫国之一，也是在承接软件服务外包方面最为成功的国家之一。因此，印度发展服务外包具有普遍意义，其模式也具有一定的代表性。“它山之石，可以攻玉”，分析和借鉴印度发展服务外包的模式，对于研究全球服务外包市场的发展规律具有重要的借鉴意义。

第五章 经验与借鉴（二）：大连市、杭州市、武汉市和成都市发展服务外包的经验

中国各个区域城市外包产业的发展和国家的政策支持息息相关。为推进中国服务外包产业区域城市发展，促进区域产业结构调整，国务院于2009年1月下发了《关于促进服务外包产业发展问题的复函》，将大连、杭州、武汉和成都等系列20个城市列为中国服务外包示范性城市，当地政府给予政策优惠、资金支持和人员培训等鼓励措施，使其与国际服务外包产业接轨，创新服务外包模式，成为中国服务外包产业发展试点。这20个示范性城市区域发展特色明显，各自发展特点不同，为中国承接不同国家服务外包业务提供了新方法，另外为促进区域城市发展提供了新思路。以下分析大连、杭州、武汉和成都四个城市的发展经验，为其他区域城市发展提供借鉴，促进中国服务外包业务进一步发展。

一、大连市发展服务外包的经验

1. 大连市发展服务外包现状

大连市服务外包行业大体兴起于20世纪80年代，为其产业起步时期，这段时期以华信为代表的本地软件企业的陆续出现，拉开了大连市发展服务外包的序幕。1998—2007年为大连市服务外包的发展阶段，此阶段，大批的日本软件信息企业入驻大连，大连市对日外包业务突飞猛进，软件信息服务外包发展速度较快，发展方式不断呈国际化特点。据统计，在1998年大连软件和服务外包业销售收入仅有2亿元，而在2007年其销售收入已达到215亿元，总量增长了100倍，年均增长率高达68.2%，其产业企业

数量和从业人员也不断增加。2007 年，国务院总理温家宝在大连考察时提出，大连市服务外包要做“中国第一、世界第一”。2008 年至今是大连市软件信息服务外包的标准化、正规化和国际化阶段，此阶段，大连市软件信息服务外包逐步成为大连市的支柱产业。在 2008 年中国经历了金融危机，总体经济形势严峻，加之日元汇率下调，大连市对日服务外包经营成本上升，大连市服务外包行业发展呈低落趋势，但在政府和企业等多方努力下，大连市软件信息服务外包模式进行全方位的调整，大连市软件信息服务外包行业状况好转。据统计，在 2009 年，大连是软件信息服务业总值达到 400 多亿元，比 2008 年增长 31.4%。

近几年时间，大连市服务外包行业发展势头正猛，逐步成为大连市经济增长的新引擎。在大连从来没有一个产业像软件服务外包产业这样争气。通过以下两个图可以看出近几年大连市服务外包的发展速度和规模。

根据图 5-1 可以看出，2010—2014 年大连市登记离岸服务外包合同金额和执行金额不断上升，2010 年合同金额和执行金额分别是 11.8 亿美元和 9 亿美元，到 2014 年合同金额和执行金额达到 22.62 亿美元和 18.14 亿美元，其中，2012 年比 2011 年增长 41%，为近几年同比增长最高。2015 年大连市登记离岸服务外包合同金额和执行金额下降，合同金额和执行金额

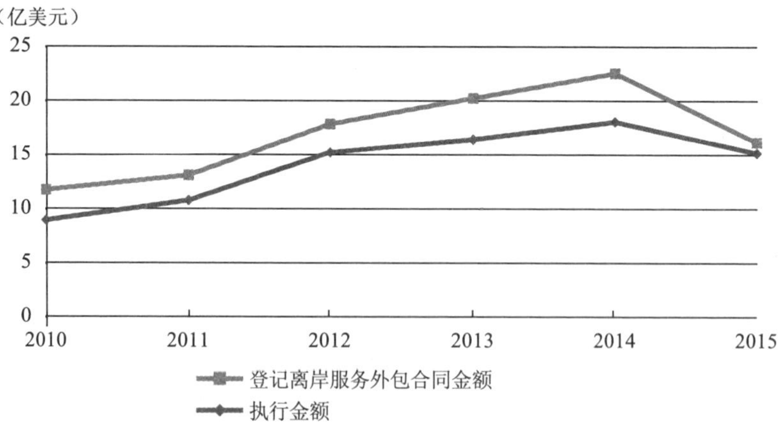

图 5-1　2010—2015 年大连市登记离岸服务外包发展状况

资料来源：根据大连市统计局数据整理。

分别达到 16.23 亿美元和 15.23 亿美元，比上一年下降 16%。根据图 5-2 可以看出，大连市服务外包企业个数不断增加，从 2010 年的 941 家增加到 2015 年的 1071 家；大连市服务外包发展为大连市创造了大量的就业机会，提高了大连市就业率。在吸纳就业方面，大连市服务外包从业人员 2010 年仅 10.1 万人，到 2014 年达到 13.8 万人 2015 年略有下降，达到 13.7 万人。

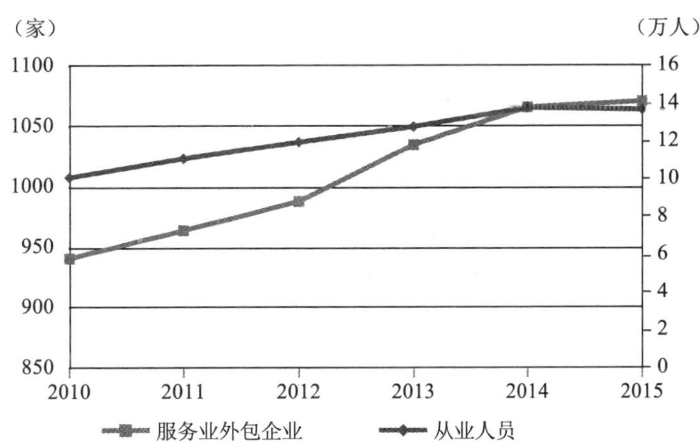

图 5-2　大连市服务外包企业数和从业人员数

资料来源：根据大连市统计局数据整理。

2. 大连市发展服务外包产业优势分析

（1）地缘区位优势。大连市地属辽宁省，东部濒临黄海，西部濒临渤海，面朝京津唐经济圈，背靠东北工业基地，与日本、韩国隔海相望，有着得天独厚的地理位置，是连接中国东北地区和中原地区的纽带，是中国面向东亚国家的海上门户。另外，海航交通四通发达，优越的地理位置以及便利的海航交通为大连市承接国际服务外包提供了发展机遇。

（2）人力资源优势。服务外包属于劳动密集型和知识密集型产业，对劳动力的需求量大的同时，对劳动力的质量要求高。大连市作为服务外包的示范性城市，相比上海和北京，拥有着较低的劳动力成本。同时，随着大连市服务外包的腾飞，大连市注重对信息产业和外包产业的人才培养，旨在提高从业人员素质，为承接服务外包储备人才。据大连市统计年鉴统计，大连市 24 所高等院校全部开设了 IT 相关专业，5 所软件学院和大批的 IT 高职中专为大连市承接服务外包提供了强大的人才后盾。

（3）政策支持优势。政策的支持是产业发展的保障，服务外包产业的发展和其产业政策息息相关。大连市政府顺应国家发展服务外包趋势，把服务外包产业作为本市发展的支柱产业。大连市正度对软件和信息服务提出很多政策优惠，注重软件信息和服务外包人才培养，积极引导企业承接服务外包产业。大连市先后出台了许多相关政策法规促进服务外包产业规范发展，实施“民办官助”和“引凤筑巢”的商业发展模式，为服务外包企业提供资金和金融方面的政策支持。另外，设立专项基金，为服务外包产业提供基础设施和人才培训，为服务外包产业的发展奠定了良好的基础。

（4）产业环境优势。良好的产业环境是产业集聚的前提。大连市政府立足长远，为了把本市软件服务外包产业打造成全国龙头产业，积极为软件服务外包企业营造良好的产业环境。例如，大连市政府注重软件服务外包产业信誉、信息保护、知识产权保护和质量认证等，曾被评为“国家软件版权保护示范城市”。此外，大连市软件和服务外包集聚可以共享产业基础设施，降低企业成本，提高经济效益和创新能力。

3. 大连市服务外包产业发展特点

（1）大连市服务外包对日业务为主。前几年，《世界是平的》一书将大连比作中国的班加罗尔，在软件信息服务外包方面，大连对于日本相当于班加罗尔对于美国，可见大连软件信息服务外包的发展态势。由于地缘因素影响，大连市以承接对日服务外包业务为主。据统计，大连市在早些年已经承接了日本 80%以上的服务外包业务，IT 企业众多且积累了丰富的对日开展业务经验，获得日本“办公后台”美誉。然而，日本的服务外包发包量在全球仅占 10%左右，全球发包量最大的国家是美国，占全球发包量份额 65%以上，印度占 60%以上。由此可见，承接欧美服务外包是大连市软件服务外包发展方向。

（2）产业集群。大连软件园的建设始于 1998 年，创新性的采取“民办官助”和“引凤筑巢”的方式发展，民办是指软件园的投资和经营等由民营企业实施，官助是指政府实施宏观指导、国际招标和引进企业等措施。经过将近20年的发展，大连的软件园区已经成为承接服务外包最密集的软件园区，并且以软件园区域为核心形成了产业集聚。腾飞软件园、东软软件园和中软软件园等一系列相关软件园区陆续建设，并且在政府的带领下，启动了IBM软件园、欧力士金融产业园、航天软件研发基地等“十大园区”建设。大连市产业园的建设使大连市服务外包产业得到长足发展，是中国城市发展服务外包产业的亮点。由图5-3和图5-4可知，2012—2015年，大连市软件行业业务收入呈不断增长趋势，2012年926.87亿元，到2015年已达1506.82亿元。在2012—2014年，大连市软件行业企业个数在呈增长状态，在2014年达到2063家，但在2015年该行业企业个数1764家，同比减少14.5%。

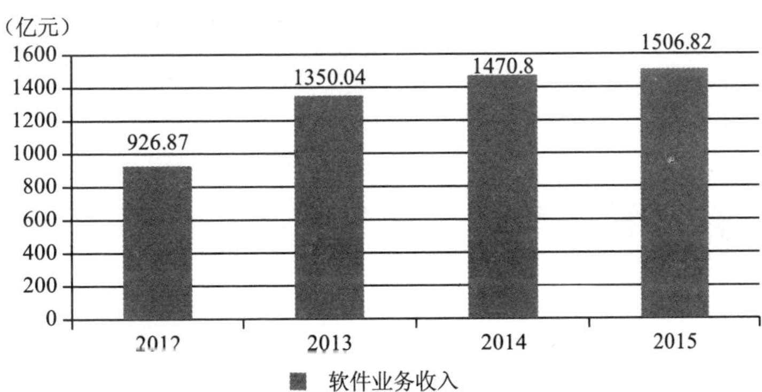

图5-3　2012—2015年大连软件行业收入情况

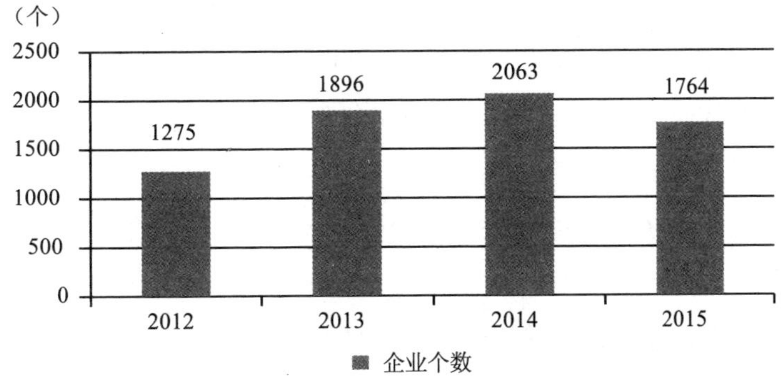

图5-4　2012—2015年大连软件行业企业个数

4. 大连市服务外包在国内国际服务外包中地位分析

（1）“金字塔”结构分析。服务外包业务类型可分为：ITO（信息技术外包）、BPO（商务流程外包）、KPO（知识流程外包）。大连市服务外包主要以承接日本 ITO 为主，BPO 和 KPO 较少，其中，ITO 中软件测试和程序编码等占主要部分，这些业务以劳动密集型为主，业务层次较低，核心竞争力弱，处于产业链中下游。从大连承接日本软件外包来看，日本服务外包采取的是自上而下的“金字塔”商业模式，一级承包商大部分为本国外包企业，主要承接核心、高端和附加值大的业务，把剩余的业务分给二级承包商，二级承包商继续将业务进行分配，以此类推，形成“金字塔”的结构。所以大连市承接的一般是三级或者多级的低端服务外包业务，处于“金字塔”最底端，如图 5-5 所示。

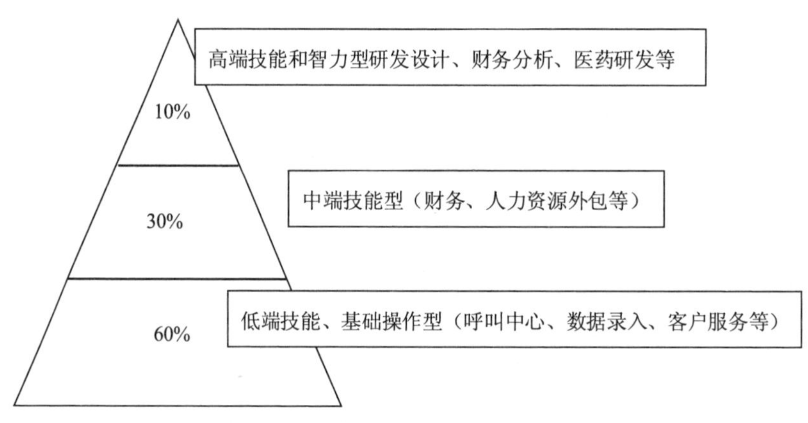

图 5-5　大连服务外包业务结构示意图

（2）“微笑曲线”理论分析。“微笑曲线”是一条中间向下弯曲，两端朝上弯曲的曲线，向上的两端可以获得更多的附加值，而处于“微笑曲线”的中间，附加值最低，如图 5-6 所示。服务外包产业链两端为服务外包高端业务，所获得的附加值最多，中间为服务外包低端业务，所获得附加值最低。大连市服务外包处在服务外包产业链的中间部分，主要承接服务外包中的低端业务，所获得的附加值最低。

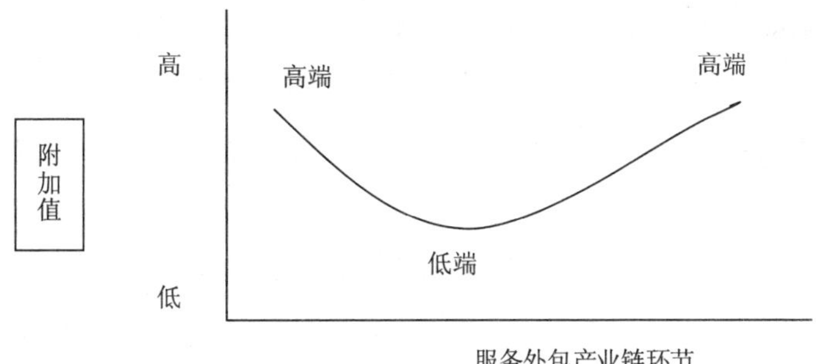

图 5-6 服务外包“微笑曲线”图

5. 大连市发展服务外包经验总结

（1）多元化策略。大连市服务外包迅速发展的原因之一在于其对承接服务外包市场准确的定位。相比于欧美，大连市和日本空间临近，联系密切，且本地有大量的日语和软件人才，可以很好地承接日本的服务外包业务。然而，在大连市服务外包发展的同时，服务外包安全问题也逐渐凸显。大连市服务外包市场过于集中，服务外包业务结构不合理，附加值低。另外，大连市服务外包核心市场是日本，对日服务外包占全部服务外包比例高达80%以上，过度依赖日本服务外包市场，使其服务外包行业存在极大风险。总之，在发展服务外包之路上，为了避免这些安全隐患，则需要创新服务外包新业务、新方式和新领域，开拓多元化服务外包市场，改善在服务外包市场中的被动地位，走多元化服务外包发展道路。

（2）形成产业集群。产业园区的建设使大连市软件和服务外包产业上了一个新台阶。大连市政府在早期就提出“建设软件园，发展信息产业”的构思，采取了“官办民助”和“引凤筑巢”的商业发展模式，经过多年的探索和尝试，形成了一批集群化的产业园区，其中，高科技园区是大连市软件和服务外包产业集聚园区。首先，产业园区的建设使产业集聚在一起，共享公共资源、节约成本、提高生产效率和创新能力 。其次，产业集聚使产业结构不断调整，更新换代，促进全市产业结构优化升级。再者，产业园区可以吸引跨国公司资源不断地涌入，跨国公司带来了先进的技术和管理经验，促使产业园区不断发展优化。

（3）重视人才储备。大连市人才培养和服务外包产业密切相关，极其重视服务外包应用培训，把服务外包的学习和实践紧密结合，这种人才培养模式为服务外包产业储备了充足的后备人才资源，已初步形成了多元化的人才教育培训体系。大连市实施实践教育先行人才培养策略，把“校企联盟”和“巡回招聘”相结合，众多高校开设 IT 及服务外包课程，并设立服务外包实训基地，以实训基地为桥梁和纽带，把学校和企业联系在一起。另外，大连市政府积极组织企业向全国各省市开展招聘活动，加大高精尖人才及引入，促进服务外包产业结构优化，建设服务外包产业人才基地。

二、杭州市发展服务外包的经验

2006 年，杭州市被评为全国服务外包基地，之后在 2009 年被认为中国服务外包示范性城市和服务外包人才培训中心，制定了《杭州市服务外包发展战略和产业规划》，明确了杭州市“三个中心”产业定位和“八大产业”产业发展目标。其中，“三个中心”包括金融服务外包交付中心、软件服务外包开发中心和中小企业托管应用管理中心；“八大产业”包括金融服务外包、动漫制作外包、软件开发与维护、托管应用管理产业、嵌入式软件产业、电信运营服务外包、医药研发外包、人力资源外包。另外，为了创造良好的服务外包发展环境，杭州市政府制定了一系列服务外包优惠政策鼓励和支持本地其产业的发展，与此同时，杭州还承办杭州国际服务外包商务发展年会等国际性会议，吸引国际大型知名服务外包企业，创建杭州市服务外包城市品牌，提升城市影响力。

1. 杭州市发展服务外包现状分析

近些年来，杭州市坚持把发展服务外包作为经济结构转型升级的新引擎，大力发展城市服务外包产业，其服务外包产业发展速度突飞猛进，其发展规模也日益壮大。与此同时，杭州市政府积极成立服务外包行业协会，并组建了“杭州市金融服务外包联盟”和“杭州市对日服务外包联盟”，通过联盟形式开拓海外市场，取得了非常好的成绩。

杭州市服务外包起步比较晚，但整体发展速度较快，规模持续不断扩大。在 2007 年，杭州市离岸服务外包执行金额仅 1.13 亿美元，而在之后的两年，杭州市离岸服务外包执行金额达到 9.18 亿美元，比 2008 年同期增长 352%，之后在 2010 年，杭州市离岸服务外包合同执行金额达到 15.53 亿美元，比 2009 年增长 69%，占全省服务外包总额的 87%左右，可见其发展速度之快，规模之大。近几年，杭州市服务外包发展速度不断提升。从图 5-7 可以看出，杭州市离岸服务外包合同执行金额从 2010 年的 15.53 亿美元持续上升到 2015 年的 51.94 亿美元，五年时间翻了 3.3 倍，其发展速度远远高于全国水平，堪称跨越式发展。

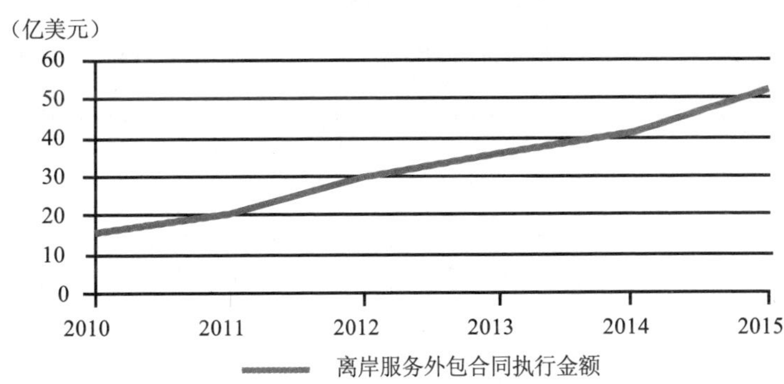

图 5-7 2010—2015 年杭州市服务外包合同执行金额

资料来源：杭州市服务外包网

此外，杭州市服务外包企业数量和质量都在飞速发展。首先，企业数量随着服务外包执行额的增长而增加。在 2008 年，杭州市承接服务外包企业数量仅 71 家，到 2015 年服务外包企业数量飞速增长到 1326 家，涉及软件、金融、动漫、影视及财务管理各个领域。与此同时，杭州多家企业入选“中国服务外包领军企业”及“中国服务外包成长型企业”，推动了杭州市服务外包产业的发展。其次，企业规模也在不断的壮大。在 2010 年，服务外包合同的执行额超过 1000 万美元的仅有 29 家。截止到 2015 年年底，杭州市服务外包执行额在1000万美元以上的服务外包企业有45家，其中离岸执行额在5000万美元以上的企业达14家，一亿美元以上的企业达8家。

2. 杭州市发展服务外包产业优势分析

（1）区位条件优势。杭州作为浙江省省会，全省的政治、经济、文化中心，地处长江三角洲南面，拥有着完善的交通网，公路、铁路和航空十分便利，既是长江三角洲重要中心城市，又中国东南部交通枢纽之一。另外，杭州紧邻我国经济中心和经济最发达的城市——上海，较之与其他城市相比有着先天的区位优势，便利的沪杭快速轨道可以实现一个小时之内两个城市的互通，进一步增加沪杭的同城效应。此外，杭州服务外包企业可以充分利用上海的科研资源和人才资源，发展知识密集型和技术密集型产业，承接长三角洲服务外包转移的业务，为上海市建设国际金融中心提供支持，并且为自身发展打下扎实的产业基础，提高其服务外包产业竞争力。

（2）基础设施优势。基础设施建设是城市发展的基础，是衡量一个城市投资好坏的重要方面。2012年年底，全市基础设施投资778.52亿元，而在2016年，年度计划投资达到1600亿元，短短4年时间，基础设施投资翻了两倍多。另外，全市建设重点项目达到451个，为杭州市服务外包产业的发展提供了良好的产业环境。具体来讲，杭州市基础设施在交通运输、城市建设、卫生设施投资、公共事业建设等方面日益完善，此举使杭州成为了众多企业用户首选的建厂和投资的地方，为吸引国际服务外包发包方和人才提供了出色的条件。例如，杭州市实现了宽带的“全程全网”，与移动、联通、电信实现了互联互通，通信网络基础设施为服务外包产业提供了高效可靠的信息。此外，杭州市还建设了多个功能先进的国家级和省级科技园区，如杭州高新开发区和东忠科技园等，形成产业集聚现象，共享基础设施。

（3）产业基础优势。杭州拥有全国首批电子信息产业、软件产业、软件创新出口和动画产业基地，其中，电子信息产业是杭州市的支柱产业，软件产业规模庞大、实力雄厚，其综合竞争力在全国排名靠前，为服务外包产业提供了坚实的产业基础。另外，杭州市金融业发达，以上海国际金融中心为依托，承接上海金融服务外包业务，建立国际性服务外包后台交付中心，吸引众多国外著名企业入驻杭州，拉动杭州市服务外包产业迅速腾飞。

3. 杭州市服务外包产业发展特点

（1）产业结构特点。目前，杭州市服务外包涉及领域非常广泛，包括通信服务外包、商务外包、软件开发外包、物联网研发外包和金融服务外包等。杭州市承接离岸信息服务外包（ITO）在服务外包模式中占主导地位，其中，主要包括软件研发外包和信息系统运营维护外包。业务流程外包（BPO）和知识流程外包（KPO）业务成长较快，发展迅速。如图 5-8，据 2015 年中国服务外包网统计，杭州市承接离岸信息技术外包（ITO）执行金额达到为 36.19 亿美元，占比达到 69.68%，而知识流程外包（KPO）和业务流程外包（BPO）执行金额分别达到 14.45 亿美元和 1.30 亿美元，占比分别为 27.81%和 2.51%。

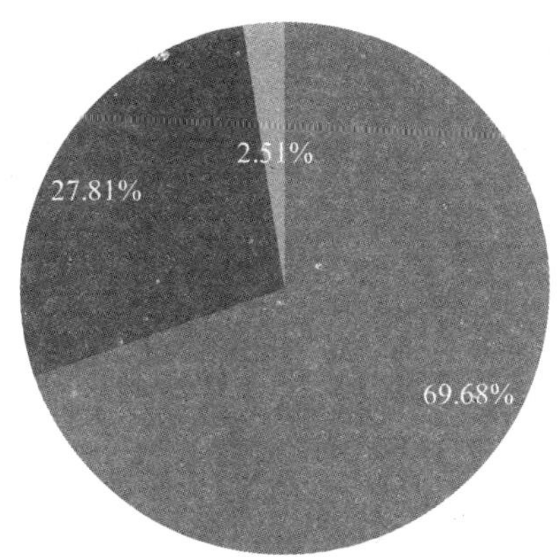

图 5-8　2015 年杭州市离岸服务外包 ITO/BPO/KPO 比例图示

数据来源：根据中国服务外包网公布数据整理。

具体来讲，杭州市承接服务外包产业优势突出，差异化明显，其服务外包高端产业主要集中在金融服务外包、应用软件服务外包、托管应用管理产业、动漫游戏制作外包以及电信运营服务等方面。

①金融服务外包。金融服务外包是杭州市特色产业，且正处于稳定发展的时期。据中国服务外包网数据统计，2014 年，杭州市金融服务外包离岸执行额为 2.00 亿美元，占全市离岸总执行额的 5%。2015 年，杭州市金融服务外包离岸执行额为 3.36 亿美元，占服务外包总额的 6.47%，同比增长 68%。金融服务外包产业的核心业务是金融服务后台，杭州市金融业发展较快，对开展金融服务外包业务更有优势。恒生电子股份有限公司、道富信息科技（浙江）有限公司以及信雅达系统工程股份有限公司等大批国内金融服务行业巨头大力发展金融服务外包产业，促进杭州市金融服务外包产业的蓬勃发展。此外，杭州市发展金融服务外包区位优势明显，濒临上海国际金融中心，以上海金融业务为依托，可以大力发展金融服务业后台业务。

②应用软件服务外包。杭州市是我国软件产业化基地和电子信息化综合试点产业基地，其对软件和信息服务外包的发展有很好的促进作用。近年来，杭州市凭借着软件服务外包产业基础和优势，支持和鼓励发展软件服务外包产业，调整产业结构。杭州市软件服务外包产业发展势头强劲，企业数量不断增加，规模不断壮大，成为杭州市的支柱性产业。

③托管应用管理产业（SAAS）。杭州电子商务发展繁荣，被誉为中国的“电子商务之都”。阿里巴巴和化工网等大批全国知名网站总部设在杭州，促进杭州电子商务的蓬勃发展。杭州市以电子商务基础为依托，吸引众多中小企业入驻杭州，加大了对托管应用管理产业的需求，促进杭州市服务外包产业的发展。

④动漫游戏制作外包。杭州市被称之为“动漫之都”，曾多次举办全国性的动漫节和动漫嘉年华等大型活动，拥有多个国家级动漫产业基地和动漫教学研究基地，其水平在全国遥遥领先。另外，动漫企业数量多、规模大，产业集聚效果明显，形成一条完整的动漫产业链。其中，在产量方

面，滨江国家动画基地在国内处于领先地位；在规模方面，杭州中南卡通是国内最大的三维数码动画影视制作公司；宏梦卡通和漫奇妙制作等动漫公司在产量和规模上位居前列。

（2）区域结构特点。杭州市承接服务外包业务来源地较广泛，主要集中与美国、日本、欧盟和中国香港等发达国家和地区，其中来自美国的离岸服务外包数量最多，执行额占比最大。据中国外包网统计，2014 年，在杭州承接离岸服务外包执行金额中，来自美国、日本和欧盟执行额达到 24.91 亿美元，占杭州市全部离岸服务外包执行总额的 60.77%；2015 年，美国、日本、欧盟及中国香港的离岸执行额达到 36.26 亿美元，占杭州服务外包总额的 69.81%。另外，随着我国“一带一路”发展战略的实施，杭州市政府积极倡议区域合作，坚决执行“一带一路”宗旨和策略，促进杭州市离岸服务外包向更大范围和更高城市发展，据中国服务外包网统计，杭州市来自一带一路沿线国家的离岸执行额为 8.85 亿美元，占杭州服务外包总额的 17.03%。近些年，杭州市高度重视服务外包新市场的开拓，离岸服务外包正逐渐向 G20 国集团区域发展趋势，中国服务外包网最新数据，2016 年，杭州市承接了 G20 集团国家离岸服务外包业务总额为 38 亿美元，占杭州市离岸服务外包业务总额 65.46%。从杭州市离岸服务外包区域结构特点分析来看，杭州市承接服务外包来源地非常集中，对这些国家的依赖性较强，一旦这些国家转移其产业，容易对杭州市服务外包产业发展造成冲击。

（3）产业园区集聚。杭州市政府按照“一城三区多园”的规划，整体布局服务外包产业园区。目前，国家级服务外包示范园区有杭州高新技术产业开发区和杭州经济技术开发区，这两大国家级服务外包示范园区在 2016 年业务总量占杭州市总量的 66.12%，其中，杭州高新技术产业开发区离岸执行额为 32 亿美元，占杭州市离岸服务外包执行总额的 53.87%，超额完成年度计划；杭州经济技术开发区离岸执行额为 7 亿美元，占杭州市执行总额的 12.25%。省级服务外包示范园区有 9 个，包括新加坡杭州科技园、东忠科技园、杭州钱江创新创业产业园、杭州萧山国际创业中心、杭州北部软件园、浙大网新软件园、余杭创新基地服务外包产业园、杭州东部软件园、杭州东方通信城，这些园区主要集中在市区，集聚效果明显。

表 5-1　杭州市服务外包产业园分布

产业园名称	级别	分布地区
杭州高新开发区	国家级	滨江区
经济技术开发区	国家级	开发区
新加坡杭州科技园	省级	开发区
东忠科技园	省级	滨江区
杭州东方通信城	省级	滨江区
浙大网新软件园	省级	西湖区
东部软件园	省级	西湖区
钱江创新创业园省级	省级	余杭区
萧山国际创业中心	省级	萧山区
北部软件园	省级	拱墅区

数据来源：杭州市服务外包信息网。

4. 杭州市发展服务外包经验总结

服务外包对于加快产业升级，促进外贸方式的转变有着重要意义，为抢占先机，加快服务外包产业的发展，杭州市政府在政策资金支持、人才培养、平台搭建以及交流宣传等方面整合各种资源，为杭州市服务外包产业提供法律保障、产业基础以及发展机遇。

（1）政策资金支持。杭州市离岸服务外包的发展离不开市政府政策资金的支持，为了营造良好的服务外包产业环境，杭州市政府出台了系列法律法规，为服务外包产业提供法律保障。2009 年，杭州市政府出台了《杭州市服务外包知识产权保护若干规定》，提高对服务外包知识产权的保护，为服务外包产业创造良好的信誉，打造杭州服务外包品牌优势。另外，杭州市政府设立专项服务外包扶持资金，提高服务外包产业竞争优势。截止到 2010 年，杭州市每年投入服务外包产业发展资金 1 亿元，用于服务外包产业的发展；针对不同规模的服务外包企业，实行阶梯状的财政奖励和信贷支持。与此同时，杭州市政府鼓励和支持国内外服务外包企业来杭投资落户，给予一定的资金补助、税收优惠和财政补贴。

（2）加强人才培养。人才培养是服务外包产业发展的后备军。离岸服务外包产业属于知识密集型产业，对人才的要求较为严格，有熟练的外语交流能力和专业的高端商务技能。杭州市政府按照《商务部关于做好服务外包“千百十工程”人才培训有关工作的通知》，对参加服务外包产业人才培训的大学生给予补贴，鼓励各类高校调整人才培养模式，把理论知识和实践相结合，培养不同层次的专业人才。与此同时，鼓励离岸服务外包企业员工开展岗前培训、人才资质培训和行业标准培训。根据中国服务外包网统计，在 2014 年，全市重点服务外包培训机构共计开班 381 期，培训人员 17028 人。

（3）搭建外包平台。平台搭建是服务外包产业发展的助推器。杭州市政府在大力发展服务外包产业的同时，建立服务外包信息网，打造服务外包信息服务平台，利用网站、电视以及广播等媒体为服务外包提供高效的信息，有助于企业加强服务外包交流，及时了解服务外包需求。此外，杭州市政府努力搭建服务外包人才交流平台，以促进服务外包人才交流，为服务外包产业注入生机。在 2014 年，杭州市政府与杭州师范大学共同承办“2014 年（第二届）中国大学生软件服务外包大赛”在杭州举行，政府牵头带动服务外包人才交流，加强服务外包产业创新发展。与此同时，杭州市政府为服务外包产业提供安全可靠的技术支撑平台，加大杭州市网络信息等基础设施的建设，建立民用网络通道和商用网络通道分离的模式，实现实现双备份网络系统和双回路供电，为服务外包产业的发展创造了良好的条件。

（4）加强交流宣传。面对国际新一轮的产业转移，杭州市政府为了抢占先机，抓住服务外包发展机遇，重视开拓国际市场，注重城市形象的塑造，努力打造服务外包杭州品牌。例如，杭州市政府积极组织企业参加京交会、上交会和软交会等大型贸易交流会议，加强服务外包企业之间的联系交流合作。另外，杭州市与《服务外包》杂志开展合作战略，每期专版报道杭州服务外包产业的发展，加大对杭州市服务外包产业的宣传，树立城市新形象。与此同时，杭州市政府积极与中国服务外包研究中心和中国国际投资促进会交流沟通，努力提高杭州市服务外包业绩，使杭州市服务外包成就在发展报告中体现，提升杭州市服务外包产业知名度。

三、武汉市发展服务外包的经验

1. 武汉市发展服务外包现状分析

武汉市服务外包产业兴起于20世纪末，是中国中部城市中发展服务外包产业最早的城市之一。2006年，武汉市被评为“中国服务外包基地城市”，其东湖新技术开发区被认定为“中国服务外包基地示范区”。据统计，2006年，武汉市软件与信息服务业实现总收入收入达到136.33亿元，与上年相比，增长25.96%。在之后的几年期间，武汉市软件及服务外包产业持续保持高速增长。2009年，武汉市被确定为“中国服务外包示范城市”，加快了服务外包产业的集聚和壮大，逐步成为中国软件及服务外包产业集聚度最高和增长最快的城市之一。如图5-9所示，2009—2014年期间，武汉市服务外包总收入持续不断的上升。2009年，全市服务外包总额达到243亿元，企业数量达到1100多家。其中，武汉市拥有8家国家规划布局的重点企业和20家销售收入过亿的企业，软件从业人员近5万人。截

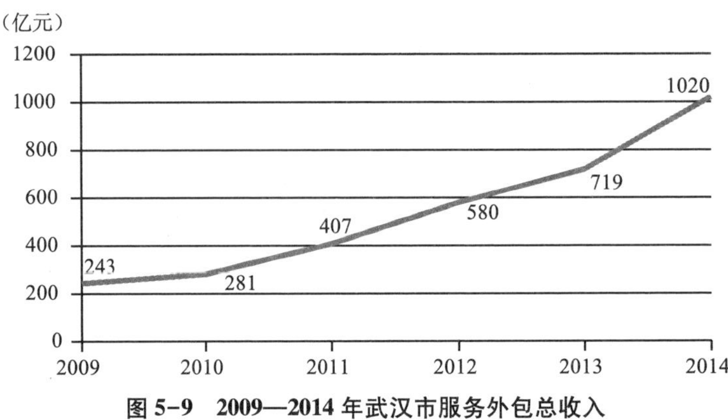

图5-9　2009—2014年武汉市服务外包总收入

止到 2014 年，武汉市服务外包总收入达到 1020 亿元，首次跨越千亿大关，其中离岸服务外包业务合同金额达到 5.6 亿美元，从事服务外包企业数量达到 900 多家，服务外包从业人员数量超过 20 万。

目前，随着“一带一路”和“中部崛起”等国家战略的实施，武汉市服务外包产业迎来了新一轮的发展机遇，其服务外包产业在产业规模、企业数量、技术进步和从业人数上都有了极大的发展。据中国服务外包网统计，2016 年，武汉市服务外包合同执行额达到 13.63 亿美元，比 2015 年增长 12%；服务外包企业签约的合同数量达到 6067 份，金额 21.57 亿美元；服务外包企业数量增加，新纳入商务部服务外包信息管理系统的重点企业达到 83 家；服务外包从业人员新增 3.29 万人，从业规模达到 17 万人，极大地缓解了就业压力。2017 年 1—8 月，武汉市服务外包合同执行额达到 8.15 亿美元，其中，离岸服务外包合同执行额达到 3.88 亿美元；武汉市纳入商务部服务外包信息管理系统的重点企业达到 526 家；服务外包从业人员将近 18 万人。在服务外包示范性城市评价中，武汉综合排名位居中部第一，并获得“中国服务外包风采城市”称号。

2. 武汉市发展服务外包产业优势分析

（1）人力资源优势。武汉科研综合实力在国内占据着重要的地位，现有科技研究机构 105 所，软件类国家级实验室 14 家，国家工程（技术）研究中心 13 家，有科技人员 53 万人，两院院士 51 名。武汉是中国软件领域重要的自主研发基地，其丰富优质的人力资源和相对低廉的劳动力成本是武汉市发展服务外包产业的优势所在。

（2）产业基础较好。以武汉为中心的光电子信息产业特色较为突出，已形成了以光通信、移动通信、激光、显示器、化成箔电子材料、软件为特色的产业格局。光纤光缆产业规模国内第一、世界第三，光通信设备及光电器件研究开发和生产规模居国内前列。2007 年，湖北电子信息产业产值达到 756 亿元，近五年年均增长 31.4%，居中部六省首位；工业增加值达到 80 亿元，近五年年均增长 34.3%。软件产业总产值达到 130 亿元，同比增长 92.6%。

（3）基础设施良好，综合成本优势明显。武汉地处京广铁路大动脉与长江黄金水道交汇处，是全国重要的交通枢纽；在通讯网络方面，武汉是全国电讯数据业务八大节点和全国移动通讯八大汇接中心之一，是华中地区最大的光纤通讯汇接中心，能够方便快捷地与全球 240 多个国家和地区进行通信联络和信息交流。

3. 武汉市服务外包产业发展特点

（1）产业结构特点。武汉市是华中地区的经济、科技、教育和文化中心，是华中地区的货物集散地，凭借其区位优势和人才优势，服务外包主要业务集中在软件产品外包和信息技术外包（ITO）领域。其中，空间信息技术、制造业信息化、光电子信息产品、信息安全与网络通信等领域具有鲜明的地方特色。

目前，大数据、云计算、3D 打印和物联网等新一代信息技术蓬勃发展，武汉市软件及服务外包产业迎来了新的发展机遇，新技术的发现促使武汉市服务外包领域的创新与发展，主要包括信息技术外包（ITO）和业务流程外包（BPO）两个方面的转型升级，信息技术外包发展重点转向空间信息技术、装备制造、数字媒体、汽车电子和动漫等领域的软件开发与服务；业务流程外包主要向金融、保险和电信等领域的呼叫中心、人力资源管理、后台交易中心、电信增值服务等方向发展。

此外，国内外大型服务外包企业纷纷在武汉设立外包研发中心，极大地提升了服务外包产业的核心竞争力。方正国际和联想软件等国内重点软件外包企业和 EDS 公司、IBM 公司和简伯特公司等国外著名外包企业在武汉市设立外包研发中心，促进武汉市服务外包产业格局的形成，武汉市以高端软件外包为核心的服务外包产业正在逐步发展。

（2）区域结构特点。武汉市顺应全球服务外包发展趋势，积极响应国家大力发展服务外包战略需求，紧紧依托“8+1”城市圈竞争优势以及其区位优势和人才优势，抢占国内和国际服务外包市场。

武汉市服务外包定位是建立中国服务外包交付中心，形成“国外—沿海发达地区—武汉—国外”的业务环，即沿海发达地区把承接服务外包重点放在业务接单前端，而武汉市利用其优势，重点承接服务外包后端运营方面的业务。目前，我国东部沿海地区仍然是承接国外服务外包订单的主力地区，但东部沿海地区劳动力成本逐年上涨，许多企业开始把部分承接的服务外包订单转移到中国中西部地区，而武汉市相比于东部沿海地区劳动力成本低，相比于西部地区劳动力素质高、实力雄厚，是东部沿海地区转移服务外包订单的绝佳城市。在国际市场上，武汉市服务外包市场目标锁定为欧美和日韩，因为欧美和日韩是国际上主要的发包国和地区，发包数量多、规模大，并且和中国服务外包业务来往较多，选择武汉市作为其服务外包业务的承接省份，有助于节约成本、开拓国际新市场。

（3）产业园区集聚。武汉市服务外包产业园区以光谷软件园、武汉软件新城和光谷金融港等园区为支撑，集聚效果逐渐明显，辐射和带动全省服务外包产业的发展。光谷是武汉市的“硅谷”，服务外包领域主要涉及其中高端业务，主要包括软件研发、生物制药、金融后台和地理信息等业务。据中国服务外包网统计，2015 年，光谷服务外包业务收入跨越千亿大关，高达 1040 亿元。另外，在 2012 年，武汉软件新城启动，实施光谷和硅谷“双谷合作”战略，在原有的传统服务外包模式基础上，利用大数据和新信息技术创造竞争优势，推动武汉市服务外包产业结构转型升级。目前，武汉软件新城吸引了国内外众多大型企业入驻，基本上形成了六大产业集聚，包括软件研发、文化创意、金融服务、大数据、互联网、新材料与新能源。产业集聚可以共享资源、节约成本、提高效率和质量，为全球更多的客户提供具有高品质、高标准、高附加值的服务。

4. 武汉市发展服务外包经验总结

（1）政府的大力支持。武汉市政府从宏观上重视对产业发展进行指导，并出台了一系列产业支持政策持续推动产业发展，具体措施包括建立健全土地、税收、资金、人才培养与引进、知识产权保护等相应的扶持政策，整合和配置各主要服务外包企业的公共技术服务资源，提供涵盖共性技术支撑、知识产权保护、人才培训服务、“Wuhan Sourcing”公共品牌建设与市场推广等各项公共服务，形成了支撑产业发展的公共服务体系。例如，促进软件服务外包企业开展CMMI认证；配备最先进的官网系统，对来汉创新创业的产业人物给予高额资助；外包政府公共服务项目和公共服务工程，鼓励各类金融机构为软件服务外包提供金融支持等。

（2）适宜的产业格局。武汉市以“中国·武汉光谷”为龙头，充分发挥主体和示范带动作用，大力推动软件园建设，初步形成了以光谷软件园为核心，以光谷金融港、光谷创意产业基地、智谷E城、武大软件园、华科软件园为依托的服务外包产业园区，并形成了互补与错位相结合的产业发展格局。

（3）庞大的产业基地。武汉市作为中部重要的软件服务外包产业基地，吸引了以EDS、IBM、微软等为代表的百余家跨国公司尤其是产业链高端业务“研发中心”已落户武汉。目前，已有西门子、NEC、日本藤仓、名幸电子、方正国际、印度硬件技术研究院、韩国三星、华为、EDS、IBM、微软、惠普、法国电信联想利泰、康明斯、冠捷等知名企业在武汉设立研发中心，还拥有博彦、软通动力、光庭导航数据、纬创、达梦数据库、文思创新、中国普天、海尔、TCL 、中兴、矽感科技、爱多等国内大型软件企业，以及烽火网络科技、开目信息、佰钧成、群硕、立得空间信息技术、硕思软件、武大吉奥、江通动漫股份、中地数码科技、地大信息科技发展、中电科长江数据股份、安珞计算机等本地软件服务外包企业近千家，占据信息技术外包服务（ITO）的制高点。据统计，在武汉设立的服务外包研发中心超过40个，位列中部之首。

（4）优良的人才资源。武汉综合科研实力在国内占据重要地位，现有大专院校98所，每年有将近20万大学生毕业；有科研机构105所，软件类国家级实验室17家，国家工程（术）研究中心19家，科技人员55万人，两院院士53名。具有雄厚的科研基础条件、良好的光电子信息产业基础、丰富优质的教育人才资源以及相对低廉的劳动力成本，是软件服务外包领域重要的自主研发基地。

四、成都市发展服务外包的经验

1. 成都市发展服务外包现状

（1）服务外包企业的数量。如图 5-10 所示，成都市开展服务外包企业的数量从 2008 年的 103 家增长到 2012 年的 1250 家，短短五年增长了十倍有余。2012 年，从事国际服务外包的企业又 384 家，比 2011 年增长了 54 家。

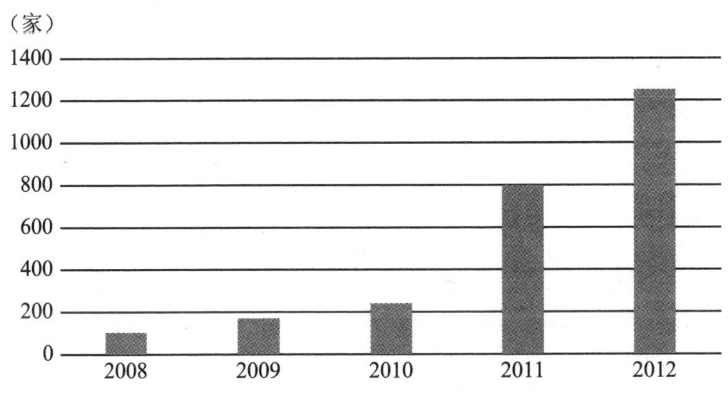

图 5-10　2008—2012 年成都市服务外包企业数量

截至目前，全球外包前 100 强中已有 21 家落户成都，其中前 10 强 3 家，前 30 强 9 家；中国服务外包 10 大领军企业已有 6 家在成都设立分支机构；近 46 家跨国集团在成都设立了全球支付中心、共享服务中心和研发中心。同时，成都本土的 9 家服务外包企业跻身中国服务外包成长性企业 100 强。

（2）服务外包从业人员。2012 年 7 月，成都市商务局正式发布了《2011 成都服务外包产业发展报告》。报告显示，截至 2011 年年底，成都服务外包产业共有从业人员 15. 32 万人，占全国的 5. 1%，他们从事着研发、生产、应用、管理及市场营销、教育及人才培养、信息技术服务等工作，是推动成都服务外包产业发展的中坚力量。2012 年，成都市服务外包企业有 446 家，从业人员达 13. 14 万余人。其中，62%拥有本科学历，18%拥有硕士及以上学历；从外语技能看，英语占 67%、日语占 11%、韩语占 9%；从人员层次看，高层领军人物、中高层技术骨干分别占比 10. 3%和 15. 3%，优势明显。

（3）服务外包离岸业务的规模。从图 5-11、5-12 中可以看出，2008 年，成都市实现服务外包离岸合同签约金额 7934 万美元，离岸执行金额 2000 万美元。而到了 2012 年，成都市实现外包离岸合同签约金额 9. 07 亿美元，同比增长 48%；离岸执行金额 6. 98 亿美元，同比增长 47%。2012 年成都服务外包离岸合同金额与执行金额比 2008 年分别增长了 10. 43 倍和 12. 96 倍。离岸业务的主要来源地为：美国、欧洲、非洲、亚洲等地。

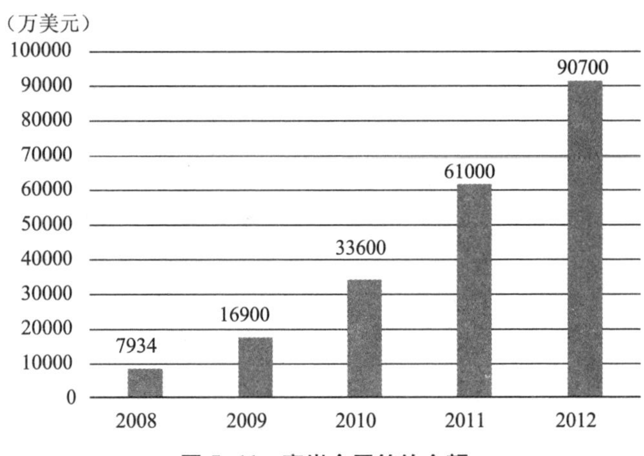

图 5-11　离岸合同签约金额

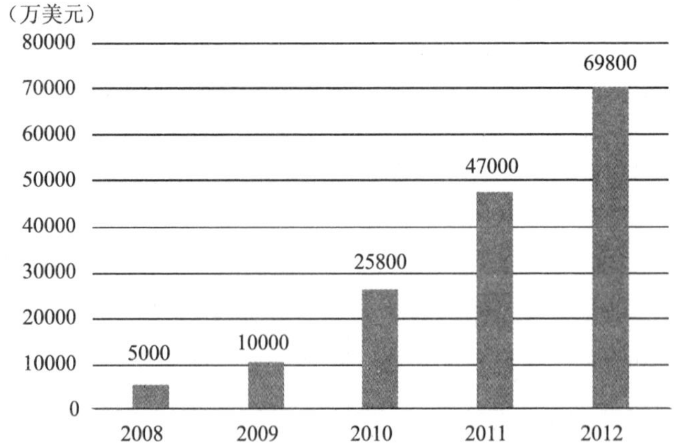

（万美元）
80000
70000
60000
50000
40000
30000
20000
10000
0
5000
10000
25800
47000
69800
2008
2009
2010
2011
2012

图 5-12　离岸合同执行金额

（4）服务外包离岸业务的发包地分布。2012 年，美国成为了成都承接离岸外包业务中的最大发包国，2012 年来自美国市场的外包业务约占成都市离岸服务外包合同金额的 35.82%。欧洲为 10.39%，日韩市场仅为 7.60%；亚洲地区（不含日韩、中国港澳台地区、印度）约占全市离岸业务的 20.65%，非洲市场占比约为 15.18%，非洲市场成为了成都开展国际离岸外包业务的重要新兴目标市场。

（5）服务外包离岸业务构成。根据成都市商务局网站发布的数据显示，在 2012 年的离岸业务构成中，成都 ITO 业务约占离岸合同金额的 49.61%，BPO 业务约占全市离岸合同金额的 5.93%，KPO 业务约占 44.46%，KPO 业务几乎与 ITO 业务并驾齐驱，KPO 业务迅速成长，得益于成都市政府对人力资源储备的高度重视。其中，动漫游戏外包、工程设计外包、工业设计外包、生物医药外包业务对 KPO 业务的增长做出的贡献尤为突出。

2. 成都市发展服务外包产业优势分析

成都是一座发展软件产业有独到优势的城市，主要反映在“人才、人居、人文”优势方面。在人才方面，成都周边聚集了全国顶尖的电子工业企业，具备了坚实的 IT 产业基础，拥有丰富的 IT 人才资源，电子科大、川大、西南交大等高校源源不断地为成都软件产业发展输送着优秀人才。在人居方面，成都是公认的全国幸福指数最高的城市，这对软件人才有巨大的吸引力。同时在人文方面，作为一个拥有 2000 多年历史文化名城，成都深厚的文化底蕴让人心态平和，人才流动率远低于全国的平均水平。正是因为拥有上述的三大优势，成都被认为是中国发展软件产业最具潜力的城市。

据第三方咨询公司调研显示，成都是大学毕业生继北京、上海、广州后第四个最理想就业城市，成都成为已就业人士最不愿离开的城市。加上成都拥有高等学府 50 所，在校学生 61.7 万人，全市初步形成以政府政策引导，高等院校、职业技术学院、企业培训组成的服务外包人才培训体系，而且成都的服务外包人员稳定性比其他大中城市高，所以人才对成都发展服务外包行业来说已经是不可动摇的优势。目前来看，成都综合成本较一线城市已具备一定的竞争力。加上入围中国最适宜退休城市，可见成都的人文、人居环境认可程度之高。

3. 成都市服务外包产业发展特点

（1）国家服务贸易创新发展试点成效显著。2016年年初，成都市获批西部地区唯一国家服务贸易创新发展试点城市。经过一年的改革创新发展，当年全市服务贸易总额同比增长20%。2017年一季度，全市金融服务、知识产权使用费等高附加值服务进出口额增长30%，以航空维修为主的维修服务增长61.7%。

自贸试验区服务贸易稳步推进。围绕加快服务贸易创新发展、促进服务要素自由流动两项重点工作，形成了《2017年服务贸易建设试验任务清单》，统筹做好顶层设计。国家知识产权服务业集聚发展试验区综合服务平台、“一带一路”法律联盟服务中心正式运行。对欧服务贸易水平不断提升，以“Icon云端”为载体，加快“中国—欧洲中心”建设。在全国率先创新国际展会海关监管新模式，积极推动“会展+旅游”的服务贸易新模式。

（2）国际市场开拓取得新成效。与“一带一路”沿线国家服务贸易日益密切。我省服务出口前十位的国家或地区中，50%来自于“一带一路”沿线国家，分别是越南、老挝、新加坡、巴基斯坦、埃及，出口额占比21.4%，主要由对外工程承包、计算机信息服务等带动。与传统市场合作服务贸易不断深化。美国、中国香港是我省最重要的服务贸易伙伴，贸易额占比超四成。通过深入推进“万企出国门”，组织逾百家企业参加中国香港授权展、美国E3展、德国科隆游戏展、东京电玩展等国际性服务贸易展会，达成意向合作协议70余项。2016年，我省成功举办“创新升级香港博览”，促进我省企业与香港服务业在新科技应用、创新商业模式、金融服务、设计创意、品牌发展、市场营销等方面的先进理念对接。

（3）计算机信息服务全国领先。充分发挥成都市作为国家服务外包示范城市和国家软件出口基地的带动作用，加快发展围绕电子产品的设计测试维修、互联网游戏研发营运以及承接离岸服务外包等业务，涌现出英特尔、戴尔、长虹电器、鸿富锦精密电子等国内外知名的龙头企业。信息技术外包由 2011 年的 46.6% 上升到 2016 年的 70%，从业人员近 20 万人。2016 年，全省电子信息服务贸易额 14.3 亿美元，持续名列全国前茅。

（4）旅游服务贸易异军突起。立足于建设世界重要旅游目的地，着力提升旅游服务的水平。经过持续不断地改善旅游软硬件环境，全省旅游服务贸易快速增长，“十二五”期间成为四川服务贸易的支柱行业。“十三五”期间，将大力拓展入境旅游市场，实施国际旅游合作计划，开展全球系列营销活动。

（5）文化贸易领域亮点纷呈。近年来，四川文化贸易快速发展，重点领域影响力增强。2016 年，文化产品和服务进出口总额达到 10 亿美元。自贡彩灯的国际影响力不断扩大，“川灯耀丝路”活动将在海外 100 座城市举办；融合传统文化与现代科技的手机游戏产业发展迅猛，出口额超过 2 亿美元，尼毕鲁、风际网络等企业位居世界前茅。

（6）运输服务行业蓬勃发展。四川正加速构建现代综合交通运输体系。双流机场通航航线 270 条，其中国际及地区航线数达 100 条；中欧班列（蓉欧快铁）2017 年共开行 261 列，位居中欧班列各条线路之首；全省进出川大通道达 29 条。2016 年，全省社会物流总费用与 GDP 的比率同比降低 0.4 个百分点，物流运行效率不断提升；运输服务贸易同比增长 40%。

4. 成都市发展服务外包经验总结

成都以优良的人居环境、充足的人力资源、较低的综合商务成本以及政府的优质服务等，成为国内外服务外包产业转移的重点目的地，成为中西部首选城市。

（1）产业升级——促进现代服务业发展。服务外包是信息产业的核心，是信息社会的基础性、战略性产业。它不仅能创造十分可观的经济效益，还对经济结构的调整优化、传统产业的改造提升有渗透和辐射作用，因此服务外包也被称为国民经济和社会发展的“倍增器”。自 2007 年起，成都政府每年安排不低于 2 亿元资金用于软件与服务外包产业发展，对财税优惠、人才奖励、培训支持、国际资质认证、市场拓展等方面进行资金补贴，并大力推动强有力的载体和平台支撑。根据规划，成都服务外包产业要保持约25%的年复合增长率，截至2014年，成都市服务外包产值达到840亿元，占服务业增加值比重达23%。力争到2014年进入全国服务外包示范城市综合竞争力前六名，成为“国际知名、中西部领先的服务外包中心城市之一”。

（2）集聚发展——形成特色产业集群。目前，全球服务外包前100强已有21家落户成都，IBM、埃森哲、维普罗3家在成都设立研发中心。中国服务外包10大领军企业有6家在成都设立分支机构，近50家跨国集团企业在成都设立了全球交付中心、共享服务中心或研发中心。在“2013中国服务外包百家成长型企业”评选中，成都颠峰软件有限公司、成都维纳软件有限公司、音泰斯计算机技术（成都）有限公司、成都迈思信息技术有限公司、日本兼松电子（成都）有限公司五家企业分别获得中国服务外包成长型百强企业称号，逐步形成知名跨国企业、国内领军企业以及本土企业聚集发展的格局。

以成都高新区为代表的成都软件及服务外包产业迅速崛起，让身居中国内陆的成都，真正找到了与世界最前沿产业“对话”的切口，并成为这座城市优化产业结构、提升城市竞争力的产业“绿色引擎”。

（3）高端延伸——推动产业结构调整。近两年来，随着国际金融大环境及市场形势的变化以及中国内部成本不断攀升的压力挑战，成都市服务外包产业开始由简单的低成本服务向具有更高服务价值的研发设计和整合服务提升，推动了服务外包产业结构调整升级和相关行业发展。成都凭借高素质的人力资源储备优势，在动漫游戏外包、工程设计外包、工业设计外包、生物医药外包等KPO领域发展迅速，且在全国的示范城市中成为KPO占比较高的城市。

在成都市服务外包离岸业务的构成中，知识流程外包业务（KPO）已超过信息技术外包业务（ITO），成为成都市服务外包业务的优势领域。从2013年1—8月的统计情况看，ITO业务合同金额25878.2万美元，占全市离岸合同金额的比重从 2012 年年末的 49. 61%下降到 32. 23%；KPO 业务合同金额 52143. 17 万美元，占全市离岸合同金额的比重从 2012 年末的 44. 46%上升到 64. 94%，成为成都服务外包面向国际市场极具竞争力的新兴领域，充分体现出服务外包产业向价值链高端延伸的重要趋势。

（4）本土企业发力——成都服务走向国际。在外资企业相继落户成都的同时，成都本土的企业，也积极“走出去”。作为成都本土服务外包企业的代表，颠峰软件集团是一家从事软件及信息服务外包的专业 IT 服务公司，几乎全程记录了成都服务外包产业发展历程。通过近 10 年的探索与发展，在迅速成长为西部最大规模的软件及服务外包企业的同时，在海外市场拓展中尝试用资本手段来进行参股、控股等方式整合有市场资源的当地公司，最大化利用好了中国的平台资源同全球市场资源进行对接，促进海外市场的稳步发展。目前已经在美国纽约、日本东京设立了子公司，并在欧洲、东南亚等地发展了多个市场渠道。该公司近年来一直保持中国西部对欧美软件出口的首位，目前已经成为中国西部最大规模的软件及服务外包公司。

同样作为本土企业的代表，维纳软件在 2007 年重新整合后，借鉴日本的综合商社模式，创造了先通过引进创新带来软件产品本土化的外包订单，再利用日本成熟的解决方案为国内各行业的信息化服务的对日外包新模式，也在此过程中发展为了以成都为总部，在北京、大连、东京、冲绳设有分支机构的 IT 综合商社。

第六章　河南发展服务外包的路径选择

一、河南省服务外包发展现状

随着2006年10月商务部促进服务外包发展“千百十工程”的实施，中国服务外包进入快速发展阶段，河南省服务外包发展也随之全面展开。截至2016年12月底，河南省全省服务外包企业累计接包合同签约额28.91亿美元，接包合同执行额20.36亿美元，较2015年同期累计数分别增加5.06亿美元和2.32亿美元，增幅为21.22%和12.86%。目前，郑州市被认定为国家服务外包示范城市，郑州市、洛阳市被认定为省级服务外包示范城市；郑州软件园、郑州金水科教园区、洛阳恒生科技园、洛阳国家大学科技园、焦作市城乡一体化示范区、许昌市城乡一体化示范区、郑州国际物流园区、国家知识产权创意产业试点园区、河南省电子商务产业园、洛阳863创智广场、洛阳信息科技城、洛阳浙大科技创意园、南阳高新技术产业开发区服务外包园区等13个园区被认定为省级服务外包示范园区。

伴随服务外包发展而来的是路径选择的问题，中国应该走什么样的服务外包发展道路，河南应该选择什么样的服务外包方式？这些都是必须应该面对和解决的。目前国际上较为流行的服务外包模式是以印度为代表的信息技术外包（ITO）。由于中国与印度在信息产业发展和吸引外资方面存在较大差距，中国不可能照搬印度发展信息技术外包（ITO）的成功模式。那么，印度发展信息技术外包（ITO）的模式对中国有什么启示？中国发展服务外包又该做怎样的路径选择呢？在中国所选择的服务外包发展路径下，河南具体应该选择什么样的方式？本章探讨中国（包括河南）发展服务外包的路径选择。

二、信息技术外包模式的缺陷：缺乏自主创新，增长空间有限

信息技术外包（ITO）模式是利用本国的人力资源优势承接发达国家的非核心软件项目，而发达国家发包的这些非核心软件项目基本上属于为主机系统服务的小型应用程序、为现成系统和客户服务系统提供升级服务的程序等应用型软件，技术含量低，在软件产业链中处于低端。因此，以软件服务外包为基础形成的软件产业也相应处于下游。这种处于产业链下游的低端服务外包，附加值低，难以形成自主品牌。2005 年，印度拥有 100 万名软件人员，创造了 234 亿美元的出口总额，但与 IBM 和微软相比，却是“不可同日而语”的：IBM 软件部门只有 3 万名员工，年营业额却是 170 亿美元，接近于整个印度；而微软只有 6 万名员工，年销售额为 400 多亿美元，几乎相当于两个印度。[①] 印度软件外包的这种低附加值的“来料加工”模式，是以发包国家的系统软件作为平台的，其软件业发展的结构和水平受发包企业的需求约束，缺乏自主品牌，失去了发展的自主创新性。

ITO 模式下的服务外包业务由于过于集中在软件外包上，造成业务结构单一、增长空间受限。尽管当前的软件外包是服务外包中的最主要构成，更是印度服务外包的命脉，但是，软件外包毕竟只是众多服务外包业务中的一种业务形式。从发展趋势看，随着经济全球化的发展，商品、金融、生产等全球联系的进一步加深，服务外包的其他业务形式如 IT 系统操作服务、IT 系统应用与技术支持管理服务、金融与财务分析服务、保险服务、呼叫中心、客户服务、采购与运输服务、市场调查与分析服务、旅游服务等都在不断增加，并且正逐渐构成服务外包的主要内容。在服务外包业务向多元化发展的背景下，印度的这种“单一软件外包”的模式将面临

① 计红梅．软件业：中国如何赶超印度［ON］．科技网，2006.10.18.

着越来越严峻的挑战。首先，是来自竞争对手的挑战。近几年来，印度软件外包“一枝独秀”的格局逐渐被打破，东欧、拉美、东南亚国家和地区正在不断加入国际服务外包的竞争行列，软件外包的市场“份额单位”越来越小。其次，是来自印度软件外包企业自身的挑战。软件的研发是一项高智力的活动，从事软件研发的人员需要严格的专门培训，因而研发人员的能力结构存在单一性倾向；同时，软件外包企业的基础设施投入也多具有软件研发的特性。这就造成了印度软件外包具有较强的“资产专用性”，从而限制了其从事其他外包服务的灵活性，限制了服务外包的未来发展。

三、BPO与中国发展服务外包的合意性

服务外包是与加工外包相辅相成的一种业务外包形式。中国在承接加工外包方面已经取得了成功，但在发展服务外包尤其是软件外包方面，与印度等国相比却存在着相当差距。根据赛迪顾问股份有限公司最新发布的《2005—2006年中国软件外包服务市场研究年度报告》，2005年中国的软件外包额虽然增速较快达到9.2亿美元，但全球占比也只有1.1%，是印度的3.9%；东软集团外包收入虽然增长了90%达到6270万美元，但其外包收入额也只有印度塔塔咨询服务公司同期的4.7%。中国服务外包与国际服务外包之间的巨大差距引起了中国政府的高度重视。2006年9月，在厦门召开的“中国国际投资贸易洽谈会”上，国务院副总理吴仪在接见跨国公司代表时就表示，承接以跨国公司为主的各类服务外包将成为中国吸引外资新的领域，中国将积极创造条件承接国际服务外包。

中国与印度在信息技术产业发展模式和吸引外资方面存在较大差距，中国软件产值的90%来自国内，而印度的80%~90%则来自国外[①]；2004年和2005年中国吸引外资分别为606亿美元和724亿美元，是全球第三大外国直接投资东道国，而印度同期吸引外资则分别只有53亿美元和65亿

① 于欣烈．完全复制印度模式会失去我们的优势［J］．环球企业家（印度特辑十五），2006，(7)．

美元[①]；中国2006年上半年吸引外资为285亿美元[②]，而印度2006—2007年吸引外资目标只是100亿美元[③]。因此，在发展服务外包方面，中国不可能走与印度相同的道路。参考印度的ITO模式，结合中国自身优势，我们认为，中国发展服务外包的条件不适宜ITO模式，而与BPO模式具有较强的合意性。BPO模式的业务涉及到生产、采购、销售等商务流程的各个环节，其发展要求以加工制造业的充分发展为支撑，而中国吸引的巨额国际直接投资则可以满足这一要求。

四、促进河南服务外包长期增长的对策

河南发展服务外包起步较晚，业务量较少。为了保持BPO业务的长期稳定持续增长，今后在发展服务外包方面应采取以下对策。

（1）延长在豫跨国公司业务链，发展"全程式"服务外包。实行服务外包是跨国公司实施归核化战略的具体业务体现，跨国公司转移出去的非核心业务将构成今后BPO的主要内容。目前，世界500强跨国公司大多已在中国投资，现存外资企业数十万家，并且这些跨国公司的投资越来越朝着有利于服务外包的方向发展。根据《全球500大公司在华投资企业概览》[④]的统计资料，1983—2003年间全球500大公司在中国投资设立的企业，按行业属性划分，就显示了两种有利于BPO的发展趋势：一是服务业跨国公司进入中国的数量越来越多。位列全球500强首位的Wal-Mart Stores从1999年3月开始进入中国至2003年4月，共在中国设立了各类分支结构43家；1990—2003年间Citigroup共在中国设立各种分支机构10家，其中大部分设立于2000年之后。其他诸如商业服务、金融保险、电讯、软件、高技术研发、运输等行业的投资企业在总投资中所占比重也是

① 联合国贸发会议.2006年世界投资报告［M］.北京：中国财政经济出版社，2006.

② 从2006年上半年全国吸引外资数据看发展趋势及特点［OL］.www.investment.gov.cn，2006-09-20.

③ 观察家报（英）.世界在敲印度的大门［OL］.www.21our.com，2006-03-01.

④ 王志乐.2005跨国公司在中国报告［M］.北京：中国经济出版社，2005.

越来越高。二是在非服务业跨国公司在中国设立的企业中，从事商业、金融保险、资产管理、研发、咨询、技术培训等服务业务的越来越多。如 Exxon Mobil、Royal Dutch/Shell、General Motor、Ford Motor、Daimler Chrysler 等都设立有类似的分支机构，有些公司甚至将研发中心迁到中国，把中国作为其全球业务的研发服务中心。已有在华投资的跨国公司的业务特点为我们发展“全程式”服务外包提供了有利条件：既可以从服务业跨国公司的“归核化”战略中获得商机，也可以延长制造业跨国公司的产业链，向制造业跨国公司提供相关的商务服务，① 全方位发展 BPO 业务。

（2）以承接日韩服务外包为突破口，逐步开拓欧美服务外包市场。日本和韩国都是国际上服务发包较多的国家，无论在文化渊源、地理位置，还是人脉关系方面，中国都具有承接这两个国家服务外包的先天优势。同时，这两个国家在中国的制造业投资也较多，均居中国吸引外资前列。以大连为例，截至 2005 年 12 月底，日本在大连的企业共有 3184 家，美国 1407 家，欧洲总共只有 644 家。较多的制造业投资也为开展 BPO 业务提供了业务潜力。实际上，包括大连、北京、上海、深圳等在内的中国承接服务外包较为发达的城市已经形成了承接日韩服务外包的服务外包中心。大连在开拓日本服务外包市场方面表现尤为突出，“在日本，有 23%与 IT 领域相关的贸易组织在享受由国外特别是中国提供的离岸外包服务……一些日本公司已经将其呼叫中心和后台业务办公室建在了大连……”② 而呼叫中心和后台服务正是 BPO 的内容。这种现象表明，我国在承接日本 ITO 业务的基础上，BPO 业务也开始发展。尽管日韩市场在中国服务外包中占据重要位置，但日韩市场毕竟在全球服务外包市场中所占份额较小，只有

① 詹晓宁，邢后媛．服务外包：发展趋势与承接战略［J］．国际经济合作，2005（4）：11-16.

② 联合国贸发会议．世界投资报告 2004：转向服务业［M］．北京：中国财政经济出版社，2004.

10%左右，更大的市场在美国和欧洲。随着促进服务外包发展的“千百十工程”① 的实施，中国对外承接服务外包业务必将不断扩大。为了避免重蹈印度因市场过于集中而风险较大、增长空间有限的覆辙，在稳步发展日韩服务外包市场的同时，还要积极开拓欧美服务外包市场，以分散风险，不断扩展市场空间。

（3）培养复合型服务外包人才，为全程承接服务外包储备人才资源。印度服务外包业务之所以存在“囿于低端”“结构单一”的问题，关键原因就在于，其培养的服务外包人才大都只适合做“低端的软件蓝领工作”，也就是只能从事一些非核心的软件业务。固然，这种人才在低端服务外包市场上具有明显的竞争优势，但随着服务外包市场竞争的加剧以及服务外包由单纯的软件外包向软件开发和商务流程等纵深方向发展，其适应性和竞争力将会越来越减弱。因此，我们要吸取印度在人才培养方面的教训，从一开始就注重培养既能承接“来料加工”业务，又能从事独立开发尤其是嵌入式软件开发业务，既可以从事信息技术服务外包，又能够承接商务流程服务外包的复合型服务外包人才。

（4）加快河南省服务贸易发展。2016 年，全省服务贸易额为 69.46 亿美元，同比增长 18.9%，比上年增长 10%以上。服务外包示范城市建设取得重大进展，推动郑州市被商务部、发改委、教育部等九部委命名为国家服务外包示范城市。全省技术进出口合同登记备案 56 项，合同总金额 6079.44 万美元，备案合同总金额较上年同比增长 50.6%；文化贸易取得积极进展，9 个项目分别申报中医药服务贸易重点项目、骨干企业、重点区域；6 家企业成为文化服务贸易重点企业，中国少林大成（柏林）健康中心、中国非洲电影频道等两个项目被评为“2015—2016 年度国家文化出口重点项目”。大力发展文化贸易，积极组织省文化企业申报国家文化出

① 商务部会同信息产业部和科技部于 2006 年上半年开始实施的促进服务外包发展的“千百十工程”是指，“十一五”期间，在全国建设 10 个具有一定国际竞争力的服务外包基地城市，推动 100 家世界著名的跨国公司将其服务外包业务转移到中国，并培育 1000 家取得国际资质、具有发展潜力的优秀服务外包企业，全方位承接国际服务外包业务。

口重点企业、重点项目，积极扩大中医药服务贸易，开展了中医药服务贸易骨干企业、重点项目、重点区域评审申报工作，洛阳正骨医院、河南宛西制药股份有限公司、南阳市等9个项目分别申报中医药服务贸易重点项目、骨干企业、重点区域；打造会展登记“云平台”，加强会展统计工作，为制定符合我省会展业发展的政策提供数据支撑。印发了《河南省商务厅河南省财政厅关于做好2017年促进会展业发展资金申报工作的通知》（豫商服贸〔2016〕9号），对河南省展会项目给予资金支持；积极参加服务贸易交易会，组团参加了第四届中国（上海）国际技术交易会和第四届北京国际服务贸易交易会（京交会）。企业通过参加“上交会”“京交会”，利用国际展会平台，举办多种经贸洽谈活动，搭建与国内外企业交流合作的平台，开拓了国际市场，为开展服务外包业务奠定了坚实的基础。

（5）着力推进重点工作。①实施服务外包示范工程。加强对示范城市发展服务外包产业的指导和支持，充分发挥郑州市作为中国服务外包示范城市的示范和带动作用，培育一批省级服务外包示范城市，命名一批省级服务外包示范园区，发展一批服务外包重点企业，形成服务外包产业集群。支持郑州航空港经济综合实验区、中国（郑州）跨境电子商务综合试验区、经济技术开发区、高新技术产业开发区、产业集聚区、服务业“两区”（商务中心区、特色商业区）、电子商务园区、品牌消费集聚区、特色出口基地等发展服务外包。2015年，郑州市、洛阳市被认定为省级服务外包示范城市；郑州软件园、郑州金水科教园区、洛阳恒生科技园、洛阳国家大学科技园、焦作市城乡一体化示范区、许昌市城乡一体化示范区等六家园区被认定为省级服务外包示范园区。2017年，为推进河南省服务外包示范工程建设，加快发展服务外包产业，打造外贸竞争新优势，郑州国际物流园区、国家知识产权创意产业试点园区、河南省电子商务产业园、洛阳863创智广场、洛阳信息科技城、洛阳浙大科技创意园、南阳高新技术产业开发区服务外包园区被认定为第二批省级服务外包示范园区。

②拓展离岸、在岸服务外包业务。支持企业开拓境外新市场、投资设立境外分支机构，搭建具有国际先进水平的外包产业平台，面向欧美、日

韩等重点区域举办服务外包主题招商和项目对接活动。大力推动与“一带一路”沿线国家和地区合作。组织服务外包企业参加国际性服务外包论坛、展会、洽谈会，联合境外企业、境内外商投资企业开展离岸业务，努力扩大金融、科技、信息技术、动漫、物流等领域合作规模，争取境外客户服务、呼叫中心、电信服务、金融服务、文化创意和影视制作等外包业务向我省转移。充分挖掘内需市场潜力，推动批发零售、教育、文化、医疗、旅游、养老健康、人力资源等服务领域释放外包需求。提倡在豫金融、保险机构将非核心业务外包，促进金融在岸外包业务发展。鼓励省内电子商务企业与专业服务机构开展合作，提升电子商务企业经营和管理效率。支持信息网络设施、信息技术咨询、运营维护、系统集成、软件开发和部署测试、大数据云计算服务、公共平台与应用等服务外包，加快信息化集约、节约建设和应用普及。鼓励省内制造业企业与专业服务机构开展合作，分离产品设计、电子商务、物流、精密仪器设备维修等服务业务，提升供应链管理效率和水平。支持省内制造企业承接外包业务，实现由原始设备、设计制造商向原始品牌制造商转型，提高产品设计、生产和销售一体化水平，积极打造自有品牌。推行政府向社会力量购买服务，扩大购买服务领域，促进社会管理和公共服务信息资源共建共享和开放。

③加快培育服务外包企业。推动我省服务外包重点企业提升创新能力、竞争能力和集成服务水平，扶持一批“专、精、特、新”中小型企业。积极引进产业龙头企业、产业链配套企业，推动重点企业发挥示范作用，提高我省承接服务外包业务的层次和能力，扩大业务规模。开展服务外包企业和技术先进型服务企业认定工作，促进服务外包企业规范发展。

④加强服务外包产业基地通信基础设施建设，优化宽带网络环境。加大政府支持力度，充分调动电信运营企业、服务外包示范园区、服务外包示范企业及所在城市积极性，加大宽带网络建设投入，落实“宽带中原”战略，开展提速降费行动，开通国际通信专用通道，着力打造园区宽带网络设施优越、资费优惠、国际和国内宽带网络出口通畅的网络环境，达到国内领先水平。

⑤加强服务外包人才队伍建设。以我省高校为依托，推动服务外包人才培养机构建设，认定一批服务外包人才培训基地和实训基地，加快培养各类实用型服务外包人才。支持高校进行服务外包专业课程设置改革试点，引导大学生创新创业。选拔一定数量的本地服务外包人才到欧美等发包地学习和深造。鼓励服务外包企业引进海外高端技术和管理人才，吸引海外留学人员来豫创业，为高端人才创业提供良好的政策环境。

（6）制定切实可行的扶持政策。①加大财税支持力度。省级财政统筹相关资金对省级服务外包示范城市（示范园区）和服务外包人才培训基地、实训基地及服务外包企业实施的符合政策支持条件的项目予以支持。中国服务外包示范城市，享受现有服务外包示范城市的中央财政专项资金、技术先进型服务企业税收优惠政策。落实离岸服务外包增值税零税率优惠政策。

②加强金融服务。鼓励金融机构按照风险可控、商业可持续原则，创新符合监管政策、适应服务外包产业特点的金融产品和服务，推动开展应收账款质押业务。鼓励保险机构创新保险产品，提升保险服务水平，扩大出口信用保险规模和覆盖面。利用现有资金政策，引导融资担保机构加强对服务外包中小企业的融资担保服务。支持符合条件的服务外包企业进入中小企业板、创业板、中小企业股份转让系统、区域性股权交易市场融资及通过发行企业债券、公司债券、中小企业私募债、非金融企业债务融资工具等方式扩大融资，实现融资渠道多元化。

③提升便利化水平。推进境外投资便利化，实行备案为主的管理方式。进一步提升通关便利化水平，创新服务外包海关监管模式。落实外汇管理便利化措施，鼓励在跨境贸易和投资中使用人民币结算。依法为开展国际服务外包业务的外籍中高端管理和技术人员提供出入境和居留便利。

④培育行业中介组织。积极培育服务外包行业协会、产业促进会等中介机构，推动行业信用管理，促进行业自律，规范服务外包市场秩序，引导建立诚信、规范、统一，与国际接轨的市场环境和运行规则。鼓励政府向行业协会等中介机构购买调研分析、标准制定、数据统计、行业宣传等

公共服务。

⑤建设法治化营商环境，加强统计监测体系建设。依法加强服务外包领域版权、专利、商标、技术秘密等知识产权与信息安全的保护和执法监管力度，为服务外包企业发展营造良好的知识产权保护环境。建立健全服务外包统计指标体系、统计制度和服务外包信息共享机制。

第七章　附录

第一部分：世界部分国家发展服务外包政策梳理——2011 年

附录一：印度发展服务外包政策

（一）产业政策

1986 年，印度政府就推出了《计算机软件出口、软件发展的软件培训政策》，在该政策中明确指出印度软件产业发展战略目标，并对从事 IT 出口的企业给予诸多政策上的优惠政策。1998 年，来自政府、业界和学术界的有识之士组成了国家信息技术和软件特别工作组以及信息技术部，他们向总理提交了“信息技术行动报告”，里面涵盖了发展信息服务业的 108 条措施，目标是使印度软件出口到 2008 年达到 500 亿美元，成为世界上最大的软件生产和出口大国之一。

（二）基础建设

针对印度薄弱的基础设施建设，印度政府积极实施了“电信港”计划，投入巨资建成了由高宽带通信设备、数字交换与传输设备、跨国通信网络以及卫星地面站组成的网络系统，为国内软件企业和海外的研发机构提供了可靠的数据通信连接。

（三）税收优惠

为了提高印度服务外包企业的竞争力，印度政府对从事 IT 行业的企业实施了所得税的减免政策。在 1986 年颁布的政策中，印度政府推出了 5 年减免 5 年减半，再投资部分 3 年减免等一系列的措施。20 世纪 90 年代，该国政府又进一步提出了“零赋税”，政策规定在 2010 年以前，对从事软件及信息服务出口企业免征出口关税，对生产软件产品免征流转税。2000年3月起，印度政府在全国批准设立140个经济特区，企业在10年期满后还可通过经济特区政策延续享受税收优惠。这些政策的执行在很大程度上形成了印度承接服务外包的成本优势。

1991年印度税法规定，软件及信息服务出口企业2010年前免征所得税，免征出口关税，对生产软件产品免征流转税。2000年3月起，印度政府又在全国批准设立140个经济特区，10年期满后，企业还可通过经济特区政策延续享受税收优惠。

（四）法制建设、知识产权保护

1994年，印度议会对1957年的版权法进行了彻底的修订，于1995年5月10日正式生效。该法向国际惯例和WTO的有关协议靠拢。2005年，印度开始实施新的专利法，知识产权制度与国际体系全面接轨。在20世纪末，相继通过了《版权法》《信息技术法》和《半导体集成电路设计法》。

（五）园区建设

1991年，印度政府提出了“软件技术园区（STP）计划”，目前已在其国内设立十多个国家级软件技术园区。2000年，印度在软件园建了美国硅谷。这样做一方面方便了中小企业对美国的出口，另一方面也为印度企业建立与美国金融、投资、贸易机构间的沟通提供了方便。此外，软件园在税收方面还实施减免政策，如在进口关税、所得税、劳务税等税种上实行减免。而且，在外资引入方面，印度政府规定可设立外资独资企业，且合法利润可自由汇出。由此可以看出，印度政府对外包企业采取了不干预的政策，最终有效地支持了服务外包业的发展。

除了完善的政策支持和税收优惠，政府推动下的科技园建设和服务外包行业组织的成立也为印度发展服务外包提供了重要支撑。在科技园内设立的管理中心，能为企业提供包括快速审批、简化出口手续和低价出租基础设施与公共服务设施等一系列服务。园区内企业还能享受到进口关税、所得税、地方税等一系列税收减免政策。20世纪90年代初，印度的第一个计算机软件技术园在班布加罗建立，经过十几年来的发展，该科技园已成为了世界第五大信息科技中心，被誉为“印度硅谷”。迄今，印度国内建成的大大小小的软件园共20多个，园内企业共6000多家，并涌现了如TCS咨询服务公司、ZARAPP公司等在内的知名企业。

附录二：俄罗斯发展服务外包政策

（一）产业政策

2002年，俄罗斯发布了《IT产业及服务外包报告》，将信息通信产业作为10年内优先发展的领域，同时推出的还有“电子俄罗斯”联邦专项规划，规划中指出软件出口已成为俄罗斯信息产业的重要组成部分。为了进一步挖掘俄罗斯在信息技术方面的潜力，推动俄罗斯信息产业的发展，从2002—2010年，俄罗斯中央和地方政府将从预算内外资金中拨出770亿卢布用于支持信息产业发展，同时，该国还将以政府采购的形式促进国内信息技术企业的发展，拉动国内需求。

（二）税收优惠

尽管俄罗斯政府的规划雄心勃勃，但与此相关的财政和税收优惠等配套政策似乎还比较滞后。在该国现行的税收体制下，从事IT行业的企业往往面临着18%增值税加上26%统一社会税的双重税赋，即使是在经济特区之内，统一的社会税也高达14%，这对于许多IT企业是难以承受的负担。虽然目前IT行业也可以享受增值税出口退税待遇，但由于软件及其IT服务型产品因自身的特点难以在数量上进行准确的计量，因此在出口退税方面难以登记和核实，对于许多IT企业来说，他们很难享受到这一鼓励出口政策的实质性实惠，因而，在很大程度上影响了IT企业的经营利润。

关税全额免除；IT出口无需交增值税；IT器材进口无需交进口税。

（三）园区建设

位于新西伯利亚的科学城被人们形象地称之为俄罗斯的“硅森林”。该地区始建于赫鲁晓夫时代，曾经汇集了苏联顶尖的几十所研究院，并拥有6500多名科研人员。苏联的解体曾一度让该地区经济陷入低迷，但随着俄罗斯经济的复苏以及信息技术在世界范围内的兴起，这座沉淀已久的人才宝库焕发出了新的活力。许多曾经的物理学家、数学家、化学家等科技人才为了适应信息时代的需要，选择了与商业有关的编程、软件开发等实用技术领域，理论知识与应用技术的完美结合为俄罗斯向高端外包业务发展提供了能与印度相媲美的尖端复合型人才。与此同时，俄罗斯雄厚的科技实力也在源源不断地为软件外包市场输送新鲜血液。据调查，俄罗斯每年有大约 25 万受过 IT 专业高等教育的人才进入市场，同人口是它 5 倍的印度一样多。在这些毕业生中，88%的人拥有 5 年教育的专科学位，66%的人拥有 6 年教育的研究生学位。联合国教育科学文化组织（UNESCO）的调查报告中说俄罗斯的高校毕业生 50%与科学专业相关，这个比例在软件出口国家中是最高的。随着 IBM、Intel 等世界著名的 IT 企业和大量中小型技术公司的进驻，俄罗斯的“硅森林”将在世界外包舞台上大放异彩。

（四）法制建设、知识产权保护

俄罗斯的政治经济体制脱胎于前苏联的国有制，没有私人所有权的传统，受此影响，该国在知识产权的保护问题上也一直不尽如人意。在 A. T. Keamey 的评估中，俄罗斯排在倒数第二位，且仅比中国高 0. 3 分。2007 年，俄罗斯与中国一道被列入美国贸易代表知识产权保护观察名单的优先监视对象中。俄罗斯现代知识产权保护体系的建立始于 20 世纪 90 年代。1991 年 12 月，俄联邦与亚美尼亚、塔吉克斯坦、哈萨克斯坦、乌克兰、白俄罗斯、摩尔多瓦等 7 国签署了知识产权保护的临时条约；1992 年 9 月，俄联邦杜马通过了包括计算机软件与数据库保护法在内的 4 个知识产权保护法律法规；1993 年，该国通过继承前苏联签订的多边知识产权保护条约，成为了伯尔尼公约、马德里协定、世界版权公约、巴黎公约的成员国。

附录三：巴西发展服务外包政策

（一）产业政策

2004 年，巴西政府科技部提出将软件与软件服务作为优先发展的战略领域之一，并承诺自 2006 年起，全国每年培养的博士生要达到 1 万人。2005 年，巴西政府与软件生产私营行业签订了鼓励软件生产协议，协议中以增加中小软件生产企业的生产和出口竞争力为目标，通过实施市场调研、组建贸易委员会、组织博览会和行业展览会、推动跨国公司向该行业投资和融资等一体化计划促进本国软件的出口。2008 年，该国的工业与外贸发展部颁布了《促进 IT 产业发展政策》，具体措施包括加强 IT 行业基础设施建设、扩大 IT 产品产业链等，目标是在将 IT-BPO 出口由 220 亿美元提高到 2010 年的 350 亿美元，同时在 IT 行业创造 10 万个就业岗位。

国家科技发展《战略计划》主要涉及领域之一是软件与软件服务。

2004 年，科技部又扩大四项新的优先发展战略领域，即软件、制药与药品、半导体与微电子、机械设备与交通工具。这四项战略领域将与生物技术、纳米技术及生物制药这些具有发展前景的领域并驾齐驱。

巴西信息和通信技术协会（BRASSCOM）是产业的重要推动力量。

2005 年，巴西政府与软件生产私营行业签署鼓励软件生产协议。根据该协议，在 IT 行业实施软件出口服务一体化计划，计划以增加中小软件生产企业生产和出口竞争力为目标。主要行动包括进行市场调研、组建贸易委员会、组织博览会和行业展览会、推动跨国公司向该行业投资和融资，软件出口目标市场确定为美国、德国、日本、中国、西班牙、法国、墨西哥、阿根廷，以及沙特、俄罗斯、智利和安哥拉等。

（二）税收优惠

与此同时，巴西政府还制定了《信息产业法》为从事信息产业的企业提供税收优惠。《产业法》中规定，凡是用于科技创新的投资达到当年产值 5%的企业，可减免 50%所得税并免缴工业产品税，而信息处理机器用的软件 CD 或 DVD 母片出口可减免商品流通服务税（ICMs）。

其他如《私人企业投资科技税收鼓励法》《政府高技术含量产品采购法》等，既保证了政府对科技的投入，也鼓励了私人企业投资科技事业。

阿根廷、巴西、乌拉圭和巴拉圭南方共同体成员从 2006 年 1 月 1 日起，免征部分资本产品和软件产品等的工业产品税。

巴西制定并实施了新生产发展政策（New Productive Development Policy（PDP）），IT 企业将享受 10%与雇佣劳动力有关的税收减免。中央和地方政府将给予设备和基础设施领域的税费减免，税费激励政策加上其他的激励政策，使得巴西成为很富吸引力的服务外包基地。

（三）法制建设、知识产权保护

20 世纪 70 年代以后，巴西政府相继出台了《工业产权法》（1971 年）（包括商标和专利）、《信息产业法》（1984 年）、《著作权法》（1998 年）、《计算机程序著作权保护法》（1998 年）、《生物安全法》（1995 年）、《种子法》（1997 年）等法律法规，保护和激励知识创新。1996 年，巴西引进新的工业产权制度，同时，修改了《工业产权法》，新法于 1997 年 5 月 15 日生效。

作为拉美地区最大的服务外包接包国，巴西历届政府均非常重视知识产权的法律制度建设。早在 20 世纪 70 年代，巴西就通过了《工业产权法典》，对商标和专利保护做出了法律上的规定。1987 年，巴西国民议会又通过了《计算机软件保护法》，成为世界上第一个动用专门的法律法规来保护计算机软件的国家，目前用版权法来保护计算机软件已成为国际上的主要倾向。1994 年 4 月 1 日，巴西签署了关贸总协定乌拉圭回合谈判中与贸易有关的知识产权协议，成为世界知识产权组织的成员国，同时，也成为了华盛顿专利合作条约和保护知识产权巴黎公约的成员国。1996 年，该国对原有的工业产权法进行了修改，并对泄露商业秘密做了特别的规定，规定中认为对于泄露已获得专利的商业秘密也可以追究刑事责任，同时，处以 3 个月到 1 年的有期徒刑或者罚款。该规定比世界贸易组织与贸易有关的知识产权协议中的规定更为严格。尽管在巴西也存在着不少盗版现象，但该国知识产权的保护水平总体来说还比较让人满意。在上述 A. T. Keamey 所做的调查中，巴西的知识产权保护水平得分排名第二，仅次于智利。

（四）人才培养

为了实施科技发展《战略计划》，巴西科技部确定加大人力资源投入。

国家科技发展理事会制定了各项奖学金计划。联邦政府承诺，自 2006 年起，全国每年培养的博士生要达到 1 万人。近几年，每年培养博士生 6000 人。

（五）园区建设

巴西软件企业主要分布在圣保罗、坎皮纳斯河、里约热内卢，以及东北部的利沙福，并以中小型软件企业作为发展的主要特色。根据巴西科技部的统计，2001 年，巴西拥有的约 400 家软件企业中，87.8%为中小型企业，而人员在 50 人以下的小型、微型企业占据总数 64.1%的比例。如今，巴西一共拥有 5800 个软件企业，中小企业仍占据大部分份额。但是软件企业质量管理水平普遍较高，通过 ISO9001/2 认证的企业超过 35%，约 20%的软件企业达到 CMM2 级以上水平。

附录四：菲律宾发展服务外包政策

（一）产业政策

菲律宾政府“投资优先计划”，将软件与信息服务外包纳入优先发展产业领域。

（二）税收优惠

外国公司在菲律宾经济特区开展业务，可享受 4~8 年的免税期。即使免税过后仍然可以继续持有优惠待遇，如只交 5%的营业税，外国公司进口特殊材和设备时可减免税费、码头使用费免缴、托运设备使用、雇用外籍职员等 121 项。

（三）法制建设、知识产权保护

菲律宾政府为建立较完善的知识产权保护法律体系及信息保密制度，制定《数据安全和隐私法》。

（四）人才培训

菲律宾政府为了增强本地人才的竞争力，专门拨款 5 亿比索（相当于 1000 万美元）设立面向服务外包企业的“应用型人才培训基金”，为达不到公司录用标准的求职者发放培训券，免费提供各种技能培训，还承诺将经过培训就业的人员所新增的个人所得税再用于补充培训基金。

附录五：马来西亚发展服务外包政策

（一）园区建设

早在20世纪90年代中期，马来西亚就投巨资，兴建多媒体超级走廊（MultimediaSuper Corridor，MSC），现今，多媒体超级走廊已经逐渐成为地区性的外包中心，尤其是信息技术产业的外包，吸引了包括日本电话电报、富士通、三菱、美国电信、北美电讯、西门子、住友、声宝、诺基亚、西门子多媒体、摩托罗拉多媒体、阿尔卡特网络、朗讯技术、壳牌国际信息技术、IBM、INTEL、微软和康柏多媒体等国际大公司入驻。

2004年7月，马来西亚开始第二阶段的多媒体超级走廊建设。据估计，自1996年多媒体超级走廊建立以来，已经吸引了数千家的IT公司的超过17亿美元的软件业投资，有超过400家外国公司获得“多媒体超级走廊地位”，并享受各种特殊优惠待遇。国际数据公司（IDC）的市场研究表明，从2004—2008年，由马来西亚公司承接的外包总额将以每年27.2%的速度增长，预计到2008年，ITO外包市场总量将达到3.5亿美元。

（二）税收优惠

投资税返还最高达100%。企业税从27%降低到25%。

（三）制度建设、知识产权保护

制定、修改、完善知识产权保护法、信息安全法。

附录六：爱尔兰

（一）产业政策

1981年，爱尔兰政府制定和实施了“国际服务业鼓励计划”；1991年，爱尔兰成立“国家软件发展指导委员会”，制定科技发展计划，设立专项研究基金。

（二）税收优惠

爱尔兰经欧盟同意作为后起国家，仅实行12.5%的企业所得税，增值税为零，在加工过程中进口货物免征关税，对研发活动提供20%的税收信用金，并与44个国家有税收协定，因而长期以低税率吸引外资，素有欧洲低税港之称。

对1998年7月31日前在当地注册的制造业公司，在2010年前最高只征收10%公司所得税，2011年提高至12.5%；对1998年7月31日前在当地注册的国际服务企业（如金融、批发、咨询），在2005年前最高只征收公司所得税10%，2006年提高至12.5%；对工厂、建筑和设备给予折旧补贴，不扣赋税；在爱尔兰获得专利并开发的产品免征所得税；公司利润可以自由汇出爱尔兰；在自由贸易区内注册的公司进口物品（包括主要设备）免征增值税；从非欧盟国家进口的用于储存、处理和加工的物品免征关税；出口到非欧盟国家的物品免征关税；对进入自由贸易区的物品处理没有时间限制；对从非欧盟国家进口的民用飞机配件免征关税。

（三）法制建设、知识产权保护

1997年发布《信息自由法》，2003年进行了修订。

1988年及2003年的《数据保护法》为处理个人数据时所必须依从的保护原则提供了法律框架。

《2000年版权及相关权利法案》大幅度修订了爱尔兰版权及相关权利的立法，而且首次把道德权利、表演者权利、租赁及出租权利、数据库权力列入爱尔兰法律，使其版权法可和其他欧盟国比拟。爱尔兰立法还明确将计算机软件作为文学作品来保护其版权。

《2001年工业设计法案》大幅修订了爱尔兰有关工业设计保护的法律，使它们与欧洲设计法律接轨。

2002年通过《通信管理法》。

（四）园区建设

爱尔兰香侬开发区始建于1959年，是全球最早的经济开发区，并先后设立了世界上第一个免税工业区和第一个自由贸易区。该开发区以大量吸引外资为主要手段，使一个过去经济相对落后的区域得到整体发展，且发展速度大大高于全国平均水平。香依开发区现有本土公司 610 多家，国外公司 120 多家，英特尔、GE、汉莎技术、赛门铁克、戴比尔斯等 10 余家全球 500 强企业或知名公司均在区内投资设立大规模研发、服务企业，所涉行业包括航空业、信息通讯技术、计算机软件和电子产品、国际服务、工程配送、化学及制药等。香依开发区在吸引外国高科技研发及服务外包企业上取得的成功，使该区不仅成为全球最重要的服务外包基地之一，也成为爱尔兰最大的外商直接投资聚集地。

爱尔兰政府向香依开发公司投入资金，由该公司以 100~130 年长期租赁方式，向政府支付较低租金取得建设用地，然后低价转租给开发区企业，保证了开发区地价既平稳又颇具竞争力。

附录七：埃及发展服务外包政策

（一）产业政策

埃及政府制定《埃及 IICT 产业发展战略 2007—2010》（Egypt’s IICT Strategy 2007—2010），其中重要一条是大力发展出口导向的 IT 服务产业。

（二）税收优惠

1997 年开始，计算机程序、系统的制造、程序设计和电子产品生产是 25 个《投资保护鼓励法》的重要组成部分。这些领域享受十年免税，不进行外汇管制，自由汇入汇出，可以保留现汇，不强制结汇。同时，企业可以享受到所得税及其他税收优惠，部分城市免土地租金，新员工招聘培训补贴。

（三）法制建设、知识产权保护

积极推动网络犯罪、知识产权、和电子签名等相关立法工作。

（四）园区建设

完善基础设施，“Smart Village” 建设计划，建立 Damietta 新技术园区、

Maadi 呼叫中心园区，确保低成本高效率的服务宽带连接，开展国内外推介活动（埃及国家外包品牌的宣传和推广）。

附录八：墨西哥发展服务外包政策

（一）产业政策

政府通过 PROSOFT（Program for the Development of the Software Industry）项目来推动近岸外包产业。México IT 是墨西哥的一个国家产业推动机构，主要推动该产业的出口和投资。

（二）税收优惠

出口退税制度。国外公司在墨建立软件与信息服务外包企业，能够得到最多达 50%的项目投资返还，最高达 30%研发投资返还。各地政府还出台工资和遗产税减免，优先购买或租赁土地等进一步的优惠政策。到 2008 年 9 月，共有 69 个项目获得共计 2000 万美元的支持。

（三）法制建设、知识产权保护

《电子签名法》《数据保护法》及《知识产权保护法》等，法律框架与美国基本一致。

附录九：罗马尼亚发展服务外包政策

（一）产业政策

企业投资超过 4000 万美元，新增 300 个就业岗位，可以获得国家最高 50%的投资返还，或最高不超过 3550 万美元的投资返还。资助最多 20%的员工培训。

（二）法制建设、知识产权保护

2001 年发布《关于个人数据处理和这些数据自由流通的个人保护法》；2003 年进行了修订；2004 年通过《个人数据处理和电子通讯部门隐私保护法》。

第二部分：中国国家发展服务外包的有关政策、法规

附录十：振兴软件产业行动纲要（2002—2005 年）（国办发【2002】47 号）

软件产业是国民经济和社会发展的基础性、战略性产业。近年来，我国软件产业的政策环境不断改善，增长速度明显加快，软件产业对经济社会发展的作用逐步增强。但总体上看，我国软件产业规模偏小、技术创新能力不强、缺乏国际竞争力。为认真贯彻落实《国务院关于印发鼓励软件产业和集成电路产业发展若干政策的通知》（国发〔2000〕18 号，以下简称《通知》），进一步明确发展目标，采取切实有效措施，尽快提高我国软件产业的总体水平和国际竞争力，特制定《振兴软件产业行动纲要（2002—2005 年）》（以下简称《行动纲要》）。

一、 指导思想和目标

振兴软件产业指导思想：贯彻“以信息化带动工业化”的方针，以市场为导向、以企业为主体，充分利用国内外两种资源、两个市场，优化产业发展环境，努力满足国内市场需求，积极扩大出口。依靠体制创新和技术创新，加大人才培养力度、推进结构调整、壮大产业规模、提升国际竞争力，逐步形成具有自主知识产权的软件产业体系，实现我国软件产业的跨越式发展。

发展目标：到 2005 年，软件市场销售额达到 2500 亿元，国产软件和服务的国内市场占有率达到 60%；软件出口额达到 50 亿美元；培育一批具有国际竞争力的软件产品，形成若干家销售额超过 50 亿元的软件骨干企业；软件专业技术人才达到 80 万，人才结构得到优化；在国民经济和社会发展的关键领域大力发展具有自主知识产权的软件产品和系统。

二、 发展思路和工作重点

实现 2005 年软件产业发展目标，要针对我国软件产业发展的制约瓶颈，采取有效措施，把政府的引导、扶持作用与市场在资源配置中的基础

性作用结合起来，把满足国内市场需求与积极扩大出口结合起来，把培养人才、完善人才激励机制与引进国外高层次人才结合起来，推进软件产业更快更好地发展。

（一）鼓励应用，内需拉动，促进软件产业发展

发展软件产业必须坚持以应用为主导。我国国内市场潜力巨大，随着信息化进程的不断加快，这一优势将更加明显。在国民经济和社会发展的各个领域广泛应用信息技术，是拉动软件产业发展的重要动力，也是促进软件产业发展的着力点。

充分发挥政府的带头、引导和组织作用。政府部门要率先垂范，带动企事业单位和全社会使用正版软件和国产软件。对使用财政性资金的软件产品和信息化系统工程实施政府采购。通过电子政务、现代远程教育、农业信息化、制造业信息化、数字电视、“数字奥运”等一批国家重大信息化应用工程，组织实施软件产业化示范项目。

通过制定利用信息技术提升传统产业的鼓励政策和技术装备政策，促进传统行业、骨干企业在结构调整和产品升级中积极采用信息技术。在机械、化工、冶金、有色、石油、电力、造船、轻工、纺织、汽车、制药等行业中，选择一批重点企业，建立信息技术应用示范工程和示范生产线。鼓励和引导软件企业与应用行业建立长期合作关系，重点开发大型行业应用软件、行业应用中间件、工业自动化软件、嵌入式软件等产品。

促进服务业大力采用软件产品和服务。金融、旅游、商贸、社区服务等行业要通过采用软件产品和服务，丰富服务内容、提高服务质量。培育和发展文化、娱乐软件市场，用健康向上的娱乐软件占领文化阵地，满足城乡居民不同层次文化生活需求，促进社会主义精神文明建设。

（二）坚持开放，扩大出口，积极参与国际合作与竞争

要充分利用我国加入世界贸易组织的机遇，以更加积极的姿态，扩大开放，大胆吸收和借鉴符合国际惯例的生产经营方式和管理方法，增强软件产业创新能力和国际竞争力。

完善政策，促进出口。利用国家软件产业基地和其他软件园区的现有条件，建立若干个软件出口基地。实施适合软件交易特点的出口管理办法，为软件企业扩大出口创造条件。支持软件企业承担委托加工项目，逐步提高出口软件的技术含量和附加值，逐步把我国软件出口拓展到应用服务、系统工程承包和自主知识产权的软件产品。推行软件工程过程管理，提高软件产品质量和企业管理水平，增强开拓国际市场的能力。加快软件出口服务体系建设，研究建立与重点市场国家和地区的相关行业组织的信息交换机制，研究分析国际软件市场和技术发展动态，为企业提供市场信息服务。

改善投资环境，加大利用外资力度。吸引海外创业投资基金投资于我国软件产业，鼓励跨国公司在我国设立软件研究开发机构和生产企业。通过与国际著名信息企业合资、合作，壮大我国软件产业规模，培养高层次的系统分析、设计和管理人才，提高我国软件企业的管理水平和出口能力。

把“引进来”和“走出去”结合起来，在鼓励有条件的软件企业对外投资的同时，支持有竞争力的企业跨国经营，到境外设立研究开发、市场营销和服务机构。

（三）深化改革，鼓励竞争，形成一批软件骨干企业

发展壮大软件企业特别是骨干企业，是满足国内市场需求的基础，也是开拓国际市场、提高国际竞争力的关键。要在体制创新、技术创新和市场体系建设等方面，为软件企业发展创造条件。

深化体制改革，整合软件产业资源，形成符合市场经济要求和软件产业发展规律的企业成长机制。充分发挥市场在资源配置中的基础性作用，规范软件行业竞争秩序，打破部门、行业垄断和地区封锁，为企业发展创造良好的市场环境。以行业应用为重点，引导软件企业通过改组、联合、兼并以及上市发行股票等多种方式，发展专业性产品和增值服务，加快形成一批具有行业特色、产业优势、规模效应和品牌形象的龙头企业。支持和发展系统集成、集成电路设计、网络服务、信息系统咨询和维护、外包等信息服务业，逐步完善软件产业体系，培育专业化的软件服务企业。鼓励各行业内的软件开发部门转变经营机制，走社会化、专业化、企业化的发展道路。

加强技术创新和管理创新，增强企业发展后劲。加强产学研用结合，研究开发具有自主知识产权的软件产品与技术，提高软件骨干企业的研究开发能力，力争在关系国民经济命脉和信息安全的关键技术领域取得突破。推行软件开发过程管理、项目管理、人力资源管理，重视标准化和质量体系建设，推广应用软件构件和复用技术，提高企业工程化管理能力，实现软件工业化生产。

（四）面向需求，培养人才，为软件产业发展提供智力支持

要把人才队伍建设、营造用好人才、吸引人才和培养人才的良好环境，作为发展软件产业工作的重中之重。加强制度创新，完善人才激励机制，稳定和扩大高级管理人才队伍，造就一批技术骨干和项目管理人才。面向企业和市场需求，通过学历教育、职业教育、继续教育和培训等多种形式，加快培养软件经营管理人才、国际市场开拓人才、精通行业应用的高级软件人才，改善软件人才结构。大规模培养软件初级编程人员，满足软件工业化生产的需要，扩大就业。加强国际合作，采取多种措施吸引海外高层次人才。

三、 主要政策措施

继续全面深入贯彻落实《通知》精神，认真解决制约我国软件产业发展的矛盾和问题，营造良好的发展环境。各有关方面要充分发挥作用，通力合作，加大对软件产业发展的支持力度。

（一）提高企业技术创新能力

以软件产业化为目标，以重大软件技术创新为重点，以骨干企业为主体，建立一批国家软件工程中心，继续加强软件产业基地建设。国家科技经费向软件产业倾斜，重点支持面向产业化的基础性、战略性、前瞻性和重大关键共性软件技术研究开发，主要包括操作系统、大型数据管理系

统、网络平台、开发平台、信息安全、嵌入式系统、大型应用软件系统、构件库等基础软件和共性软件。鼓励跨国公司与我国企业、大学、科研机构等联合设立研究开发机构，共同研究开发基础软件、工具软件等方面制约软件产业发展的关键技术。加强软件标准的研究与制定，逐步完善软件标准化体系，重视软件评测工作，促进企业提高质量管理能力。

（二）优先采用国产软件产品和服务

制定政府采购软件产品和服务的目录及标准，政府采购应当采购本国的软件产品和服务。利用财政性资金建设的信息化工程，用于购买软件产品和服务的资金原则上不得低于总投资的30%。国家重大信息化工程实行招标制、工程监理制，承担单位实行资质认证。鼓励企事业单位在信息化建设中，与软件企业合作开发或积极采购国产软件产品和服务。

（三）加大对软件出口的扶持力度

针对软件贸易特点，进一步完善软件出口管理办法，为软件企业出口提供便捷服务。软件出口基地内的软件出口企业可以开立经常项目项下的外汇账户，账户的收入范围为经常项目项下的外汇收入，支出为经常项目项下的外汇支出及经批准的资本项下的外汇支出。支持符合条件的软件出口企业在境外设立研究开发机构、市场营销及服务机构，并在用汇上给予支持。中国进出口银行通过提供出口信贷方式，支持软件产品出口，开拓国际市场。把软件工程国际合作纳入我国同有关国家的双边合作谈判，发挥双边经贸联委会的作用，推动形成软件产业双边合作框架协议。发挥软件行业协会和进出口商会等中介组织的作用，支持软件出口企业在境外开展宣传、推介和参展活动。

（四）落实投融资政策，加大对软件产业的投入

以软件产业为试点，逐步建立健全产权交易市场，实现非上市软件企业的资本流动，吸引社会资本增加对软件产业的投入。通过多种方式拓宽软件产业融资渠道，促进建立软件产业风险投资机制，鼓励对软件产业的风险投资。经审核，符合境外上市资格的软件企业，均可允许到境外申请上市筹资。为保证资金来源，“十五”期间，中央财政预算内资金向软件产业的投入不少于40亿元。其中，电子信息产业发展基金、“863”专项经费、国家科技攻关计划经费、产业技术研究与开发资金、科技型中小企业技术创新基金等可用于软件产业发展的资金，通过调整结构，向软件产业倾斜，集中不少于30亿元的资金专项用于软件产业；同时，为了确保软件产业发展目标的实现，体现国家政策的导向和扶持作用，2003—2005年，中央政府再安排10亿元，专项用于支持软件产业发展。

（五）落实软件税收优惠政策

对增值税一般纳税人销售其自行开发生产的软件产品，按17%的法定税率征收增值税，对实际税负超过3%的部分即征即退，由企业用于研究开发软件产品和扩大再生产。在我国境内新创办的软件企业经认定后，自获利年度起，享受企业所得税“两免三减半”的优惠政策。加快国家规划布局内的重点企业认定，切实保证软件企业所得税退税工作的顺利进行。软件企业人员薪酬和培训费用可按实际发生额在企业所得税税前列支。

（六）整顿软件市场秩序，加强行业管理

认真贯彻落实《中华人民共和国著作权法》和《计算机软件保护条例》，坚决打击软件走私和盗版活动。各级政府和财政拨款事业单位要为购买自用正版软件提供必要的资金支持。发挥行业协会在行业自律和规范市场秩序中的作用，协助政府加强反垄断、反倾销、反盗版工作，制止不正当竞争。加强软件产业统计指标体系研究，尽快建立软件产业统计指标体系，为宏观管理和科学决策提供依据。建立软件产业现状和政策执行情况的定期评估机制，对软件产业运行情况和相关产业政策执行情况进行定期评估，引导软件产业发展。

（七）加速软件人才队伍建设

加快国家示范性软件学院和职业技术学院建设，扩大招生规模，改善办学条件，加强师资队伍、课程和教材建设。积极开展与国外教学机构、国际著名软件企业和国内软件企业的联合办学，多模式、多渠道培养软件

人才。做好智力引进工作，重点引进软件高级管理人才、系统分析和设计人才。通过简化出入境审批手续，适当延长有效期等方式，方便企业高中级管理人员和高中级技术人员参与国际交往。大量吸引海外优秀留学人员回国。鼓励国外留学生和外籍人员在国内创办软件企业。

（八）进一步做好《通知》的落实工作

各部门、各地区要认真履行职责、狠抓落实、相互配合、增强合力，推动我国软件产业持续、快速、健康发展。

（发布日期：2002 年 7 月 24 日）

附录十一：商务部关于实施服务外包“千百十工程”的通知（商资发（2006）556 号）

服务外包产业是现代高端服务业的重要组成部分，具有信息技术承载度高、附加值大、资源消耗低、环境污染少、吸纳就业（特别是大学生就业）能力强、国际化水平高等特点。当前，以服务外包、服务贸易以及高端制造业和技术研发环节转移为主要特征的新一轮世界产业结构调整正在兴起，为我国发展面向国际市场的现代服务业带来新的机遇。牢牢把握这一机遇，大力承接国际（离岸）服务外包业务，有利于转变对外贸易增长方式，扩大知识密集型服务产品出口；有利于优化外商投资结构，提高利用外资质量和水平。

根据《国民经济与社会发展第十一个五年规划纲要》关于“加快转变对外贸易增长方式，……建设若干服务业外包基地，有序承接国际服务业转移”的要求，为促进服务外包产业快速发展，优化出口结构，扩大服务产品出口，商务部决定实施服务外包“千百十工程”。服务外包“千百十工程”的工作目标和主要政策措施如下：

一、服务外包“千百十工程”的工作目标

“十一五”期间，在全国建设 10 个具有一定国际竞争力的服务外包基地城市，推动 100 家世界著名跨国公司将其服务外包业务转移到中国，培育 1000 家取得国际资质的大中型服务外包企业，创造有利条件，全方位承

接国际（离岸）服务外包业务，并不断提升服务价值，实现2010年服务外包出口额在2005年基础上翻两番。

本通知“服务外包企业”系指根据其与服务外包发包商签订的中长期服务合同向客户提供服务外包业务的服务外包提供商；“服务外包业务”系指服务外包企业向客户提供的信息技术外包服务（ITO）和业务流程外包服务（BPO），包括：业务改造外包、业务流程和业务流程服务外包、应用管理和应用服务等商业应用程序外包、基础技术外包（IT、软件开发设计、技术研发、基础技术平台整合和管理整合）等；“国际（离岸）服务外包”系指服务外包企业向境外客户提供服务外包业务。

二、 实施服务外包“千百十工程” 人才培训计划

（一）在商务领域人才培训资金中，安排服务外包公共培训专项资金，实施“千百十工程”人才培训计划。

（二）服务外包公共培训专项资金主要用于支持大学生（含大专，下同）增加服务外包专业知识和技能，鼓励服务外包企业新增大学生就业岗位的各类人才培训项目，重点培训大学应届毕业生和尚未就业的大学毕业生，以及服务外包企业新入职员工，力争在五年内培训30~40万承接服务外包所需的实用人才，吸纳20~30万大学生就业，有效解决服务外包产业人才短缺和大学生就业问题。

（三）服务外包培训内容包括：服务外包企业人才定制培训、从业人才资质培训、国际认证培训、行业标准及相关知识产权培训、大学生实习项目及勤工俭学培训、企业新入职人员岗前业务技能培训、服务外包产业储备人才培训等。

服务外包“千百十工程”人才培训计划具体方案根据《商务部关于做好服务外包“千百十工程”人才培训有关工作的通知》［（附件一）］实施

三、 支持服务外包企业做强做大

（一）鼓励服务外包企业取得国际认证。根据《商务部关于做好服务

外包“千百十工程”企业认证和市场开拓有关工作的通知》［（附件二）］的有关规定，对符合条件且取得行业国际认证的服务外包企业给予一定的奖励，并采取有效措施支持其国际认证的维护和升级，力争五年内促进700家企业取得CMM/CMMI3级认证，300家企业取得CMM/CMMI5级认证。国际认证包括：开发能力成熟度模型集成（CMMI）认证、开发能力成熟度模型（CMM）认证、人力资源成熟度模型（PCMM）认证、信息安全管理标准（ISO27001/BS7799）认证、IT服务管理认证（ISO20000）、服务提供商环境安全性认证（SAS70）。

（二）为服务外包企业发展提供政策性贷款和相关服务。国家开发银行与商务部合作，为符合条件的服务外包企业采购设备、建设办公设施、开展服务外包业务、开拓国际市场扩大出口等提供政策性贷款。中国出口信用保险公司与商务部合作，为符合条件的服务外包企业提供信用保险及相关担保服务，并协助服务外包企业建立信用风险管理机制。

（三）支持服务外包企业大力开拓国际市场承接国际（离岸）服务外包业务。对符合条件的服务外包企业进行国际市场开拓活动可根据《中小企业国际市场开拓资金管理办法》的相关规定给予资金支持。

四、大力开展“中国服务外包基地城市”建设

（一）商务部、信息产业部将选定一批具有服务外包发展基础和增长潜力的中心城市为“中国服务外包基地城市”（以下简称基地城市），在宏观政策、规划设计、人才培训、招商引资、综合协调等方面给予支持，并设立专项资金，支持基地城市的建设。开展“中国服务外包基地城市”建设按照《商务部、信息产业部关于开展“中国服务外包基地城市”认定工作有关问题的通知》［（附件三）］实施。

（二）国家开发银行与商务部合作，对基地城市根据服务外包产业发展需要进行的服务外包技术支撑公共服务平台建设、公共信息网络建设、基础设施和投资环境建设提供政策性贷款。技术支撑公共服务平台的建设应着力于为服务外包企业提供基于技术研发、质量保证、测试、演示、验证、培训、项目管理、知识产权保护等公共服务，基础设施和投资环境建

设应涵盖数据存储、信息传输、电力保障、后勤服务等共用设施的建设和改善。

五、创建中国服务外包信息公共服务平台

商务部牵头，以各基地城市、跨国公司、服务外包企业和服务外包知名机构、相关研究部门为支持单位，建立中国服务外包信息公共服务网站，为服务外包企业、国内外服务外包发包企业、相关政府部门和研究机构，以及高等院校、大学/大专毕业生等提供与服务外包相关的各类信息，建立服务外包业务交易平台，为服务外包企业人才招聘和大学/大专毕业生在服务外包行业就业提供公共服务，并加大对外宣传力度，打造“中国服务”良好形象。

六、鼓励和支持中西部地区发展服务外包业务

充分发挥中西部地区、东北等老工业基地人才资源优势，在认定基地城市的工作中，优先考虑高等院校科研院所相对集中的中西部城市，适当降低认定条件；采取有效措施，鼓励东部基地城市与中西部基地城市进行战略合作；对中西部地区国家级经济技术开发区为承接服务外包进行基础设施和完善投资环境建设予以贷款贴息支持。

七、完善服务外包知识产权保护体系

在基地城市建立知识产权投诉中心，严厉打击各类侵权行为，加大对知识产权保护的力度。各基地城市应根据服务外包产业的特殊需求进一步完善保护知识产权法规体系，制定服务外包数据保密相关规则，建立服务外包产业知识产权保护综合评价体系，并在全社会营造诚信为本的良好氛围。

八、积极有效开展服务外包投资促进工作

认真研究全球服务外包发展的最新趋势，借鉴其他国家的成功经验，拟定符合中国国情的投资促进政策，提高我国承接服务外包的国际竞争力。在商务部指导下，统筹规划，形成合力，积极有序开展服务外包投资促进工作。充分发挥中国国际投资促进会、商务部投资促进局、各地投资

促进机构等中介组织的作用，针对跨国公司外包服务战略和具体意向，制定专项工作方案，通过多元化定制服务，积极有效开展投资促进工作，大力推进跨国公司将其具有一定规模的服务外包业务转移到中国。

九、 做好服务外包业务的统计工作

进一步完善现有服务贸易统计制度，将国际（离岸）服务外包业务纳入服务贸易统计，建立科学、全面、系统的服务外包全口径统计规范；商务部将加强与各级商务部门的合作，建立有效的数据采集渠道，及时了解服务外包“千百十工程”的实施情况，评估工作成效。

各地商务主管部门要统一认识，高度重视实施服务外包“千百十工程”的重要性，并结合本地区的实际情况，做好相关落实工作，积极营造服务外包产业发展的良好环境。在实施过程中发现的问题，及时向商务部报告。

发布日期：2006-10-16

［附件一］：商务部关于做好服务外包“千百十工程”人才培训有关工作的通知（商资函［2006］111号）

为促进我国服务外包产业健康快速发展，加强行业的能力建设，加大对服务外包人才培养的支持力度，根据《商务领域人才培训专项资金使用管理暂行办法》（商财发［2006］281号，以下简称“暂行办法”）以及商务部服务外包“千百十工程”工作的要求，现就规范和加强服务外包“千百十工程”人才培训有关工作通知如下：

一、本通知知所称服务外包“千百十工程”人才培训资金（以下简称“服务外包人才培训资金”）系指为实施服务外包“千百十工程”人才培训计划，在商务领域人才培训资金中专项安排的服务外包公共培训资金。

二、使用服务外包人才培训资金的地方政府在已有的财政专项资金中安排相同金额的资金，作为服务外包人才培训配套资金。

三、服务外包人才培训资金的使用必须遵守国家的有关法律、法规和财务制度，严格按照《暂行办法》的要求，坚持科学立项、专家评审、择优支持、公正透明、非营利性的原则。

四、服务外包人才培训资金主要用于促进我国服务外包产业发展，解决服务外包企业人才短缺，支持大学生（含大专，下同）增加服务外包专业知识和技能，鼓励大学生在服务外包企业就业的各类人才培训项目。重点培训对象为大学应届毕业生和尚未就业的大学毕业生，以及服务外包企业新入职员工。

五、服务外包人才培训重点项目包括：根据服务外包企业承接服务外包业务的需求或服务外包发包商提出的承接其发包业务的需求进行的人才定制培训；跨国公司服务外包业务从业人才资质培训；服务外包企业国际认证知识培训、服务外包企业国际认证人才培训、发展服务外包产业急需的储备人才培训；服务外包企业大学生实习项目及勤工俭学培训；服务外包相关法律、行业标准及相关知识产权培训；服务外包企业新入职人员岗前业务技能培训等。

六、对大学应届毕业生和尚未就业的大学毕业生服务外包从业技能培训的资金支持，不超过培训费用的85%；对服务外包企业新入职员工岗前业务技能培训的资金支持，不超过培训费用的50%。属于人才定制培训的，学员培训合格并被服务外包企业录用，由服务外包企业返还给学员由其个人承担的培训费用。

七、各地商务主管部门应严格按照《暂行办法》第六条规定的程序，在对企业的申请或当地服务外包产业发展需求进行调研、论证的基础上，确定具体培训项目，形成年度培训计划。年度培训计划应包括如下内容：培训岗位、培训对象、培训内容、培训方式、培训周期、师资来源、培训人数、费用预算等。

八、各地商务部门应本着竞争、择优的原则，选择具体培训项目承办单位，负责培训项目的具体执行。承办单位应具备如下条件：

（一）具有人才培训的从业资格；

（二）具有符合条件的场地、设施和师资力量；

（三）有为承接服务外包企业提供培训的经验；

（四）具有健全的财务制度和合格的财务管理人员。

九、各地商务主管部门应与项目承办单位签订委托培训协议，并就每个培训项目签订合同，规定培训项目的具体要求，明确双方的责任、义务，实行合同制管理。各地还可以制定奖励制度，对公信度好、就业率高的项目承办单位给予奖励。

十、各地商务主管部门应商地方财政主管部门同意后，于每年三月底之前将本年度服务外包人才培训计划和具体项目建议书报商务部、财政部。经商财政部同意后，商务部、财政部共同下发服务外包人才培训项目计划通知，并由财政部将培训项目所需资金拨付至省级财政部门。2006 年度第四季度的培训计划于十月十日以前上报商务部。

十一、各地商务主管部门应根据《商务领域人才培训专项资金使用管理暂行办法》和本通知的要求，制定资金管理和使用办法实施细则，并报商务部（外资司）备案。细则的主要内容应包括：培训机构的选择标准、培训项目的基本条件、培训费用返还的具体操作办法、资金申报和拨付的时间、程序和方法、对培训机构的监督检查办法等。

十二、本通知自发布之日起实施。

［附件二］：商务部关于做好服务外包“千百十工程”企业认证和市场开拓有关工作的通知（商资函［2006］110 号）

为加快我国服务外包产业的发展，支持服务外包企业做强作大，积极承接国际（离岸）服务外包业务，促进外贸增长方式的转变，根据《中小企业国际市场开拓资金管理办法》和《中小企业国际市场开拓资金管理办法实施细则》（以下简称“开拓资金办法”）以及商务部服务外包“千百十工程”工作的要求，现就使用中小企业国际市场开拓资金（以下简称“开拓资金”）支持服务外包企业国际认证和国际市场开拓工作通知如下：

一、国家鼓励并支持服务外包企业取得国际认证，开拓国际市场，承接国际（离岸）服务外包业务，并不断提升服务价值。

二、服务外包企业系指根据其与服务外包发包商签订的中长期服务合同向客户提供服务外包业务的服务外包提供商。

服务外包业务系指服务外包企业向客户提供的信息技术外包服务（ITO）和业务流程外包服务（BPO）。包括：业务改造外包、业务流程和业务流程服务外包、应用管理和应用服务等商业应用程序外包、基础技术外包（IT、软件开发设计、技术研发、基础技术平台整合和管理整合）等。国际（离岸）服务外包系指服务外包企业向境外客户提供服务外包业务。

三、本通知所称国际认证包括：开发能力成熟度模型集成（CMMI）认证、开发能力成熟度模型（CMM）、人力资源成熟度模型（PCMM）认证、信息安全管理（ISO27001/BS7799）认证、IT 服务管理（ISO20000）认证、服务提供商环境安全性（SAS70）认证等。

四、服务外包企业取得相关国际认证，包括当年获得国际认证或认证升级、随后两年维护并进一步完善该项认证，可根据“开拓资金办法”以及本通知的相关规定，申请“开拓资金”的支持。有关商务主管部门应统筹安排，优先考虑。

五、使用“开拓资金”的地方政府在已有的财政专项资金中安排至少相同金额的配套开拓资金（以下简称配套开拓资金），支持服务外包企业维护和进一步完善已取得的国际认证。

六、符合条件且取得 CMM、CMMI 认证的服务外包企业，取得每级认证后可申请“开拓资金”奖励，奖励金额按“开拓资金办法”的规定，原则上不超过认证费用的 50%，最高不超过 50 万元。随后两年企业维护并使该项认证得到进一步完善，由地方政府用配套开拓资金奖励，奖励金额不低于“开拓资金”奖励金额。取得 PCMM 等其他国际认证的服务外包企业，可参照上述办法提出申请，“开拓资金”奖励金额由商务部根据国际认证类别的合理认证成本确定，随后两年每年地方政府奖励金额不低于“开拓资金”奖励金额。当年取得多项国际认证和认证升级的服务外包企业，可提出最多不超过三项申请。

七、符合条件且取得国际认证的服务外包企业进行国际市场开拓活动，或取得本通知第三项所述范围以外的其他认证，可根据“管理办法”和“实施细则”的相关规定申请资金支持。

八、符合下列条件的服务外包企业可提出申请：

（一）有进出口经营权或对外经济合作经营资格；

（二）近两年在进出口业务管理、财务管理、税收管理、外汇管理、海关管理等方面无违法行为；

（三）已与一家或多家服务外包发包商签订中长期提供服务外包业务合同，企业提供服务外包业务年收入不低于150万美元（离岸服务外包业务收入占70%以上）；

（四）具有服务外包承接能力及服务外包市场开拓和项目管理人员，大学（含大专）毕业及以上学历员工占公司员工总数70%以上。

九、“开拓资金”的使用必须遵守国家有关法律、法规和财务制度，商务主管部门要按照国家相关规定和“管理办法”“实施细则”及本通知要求，严格把关，做好服务外包企业认证奖励及支持其国际市场开拓工作。

十、本通知自发布之日起实施。

［附件三］：商务部、信息产业部关于开展“中国服务外包基地城市”认定工作有关问题的通知

为加快我国承接离岸服务外包业务，提高我国服务外包企业国际竞争力，商务部、信息产业部将选择一批中心城市作为开展承接离岸服务外包业务的基地城市，在宏观政策、规划设计、招商引资、综合协调等方面给予支持，并通过专项扶持基金，用于公共信息平台建设、基地内人力资源培养、基础设施和投资环境建设等方面。目标是在三到五年内建设10个中国承接离岸服务外包业务的基地，推动100家跨国公司将其一定规模外包业务转移到中国，并培养1000家承接离岸服务外包业务的大中型企业，全方位接纳离岸服务外包业务。现就开展“中国服务外包基地城市”认定工作的有关问题通知如下：

一、“中国服务外包基地城市”采取“基地城市+示范区”模式，由商务部、信息产业部和当地省级人民政府（计划单列市）共建。

“基地城市”是指符合地区国民经济和社会协调发展总体规划、立足区域和行业特点、能够起到有效的示范和带动作用的以承接离岸服务外包

业务为主的中心城市。

“示范区”是指在“基地城市”内，服务外包重点企业相对集中，已初步形成一定规模效益，在引导和带动“基地城市”及周边地区开展承接服务外包业务方面具备一定基础的区域（一般为“基地城市”内的国家级经济技术开发区、国家软件产业基地、国家软件出口基地及软件园区等特定经济功能区）。

二、申请认定为基地城市，应具备下列条件：

（一）地方政府已将承接离岸服务外包纳入“十一五”规划发展方案并制定明确目标，推进发展服务外包业的思路明晰，规划切实可行，中远期发展目标明确；制定的鼓励承接服务外包发展的政策及具体措施切实有效并具有可操作性。

（二）当地政府承诺从财政预算中安排一定资金与中央扶持基金配套，用于基地建设（包括但不限于完善必要设施、人才引进与培养、服务外包职业培训、外包企业相关认证等，及与服务外包配套服务及特定环境改善相关事宜）。

（三）“基地城市”已有具备条件的示范区。

（四）“基地城市”的建设及发展环境优越，基础设施较好，交通便利，污染指数较低，适宜居住，具有良好的国际投资和合作的环境。

（五）“基地城市”产业特色鲜明，重视知识产权保护，服务体系健全，投融资便利，运营成本具有竞争力，且具备在3~5年内培育承接服务外包业务的大型骨干企业（3000~5000人）和孵化中小企业的条件，对本地区及周边地区开展承接服务外包业务具有带动作用。

（六）“基地城市”内已有50家以上具备一定规模的从事承接服务外包业务的企业，具有良好的服务基础和承接服务外包业务的经验，承接的服务外包业务以离岸服务外包为主。

（七）该地区高等院校和科研院所集中，学科与服务外包需求相适应，服务外包人力资源储备充足，具备根据外包产业需求进行定向培训的各种条件。

（八）具有良好的国际投资和合作的环境。

（九）“基地城市”的建设由有关市领导分管，有专门的管理机构负责服务外包基地的规划及建设。

三、申请认定为示范区，应具下列条件：

（一）符合“基地城市”发展规划和功能定位（不存在土地管理等遗留问题）。

（二）具有开展承接服务外包业务的基础，并已有可适用于承接服务外包业务企业的具体扶持政策。

（三）区内已开展的服务外包业务以离岸业务为主，区内从事承接服务外包业务的企业不少于25家且发展势头良好。

（四）有精简高效的管理机构。

四、请你省（市）进一步了解本行政区域内服务外包业的开展情况，其中符合要求、希望成为中国服务外包基地城市的中心城市，应按下列要求向商务部、信息产业部提交申请材料：

（一）基地应由省或计划单列市人民政府向商务部、信息产业部推荐，并按要求填写《中国服务外包基地城市推荐表》（附件一）；

（二）根据基地城市内服务外包业的实际开展情况，填写《基地城市已设立从事承接服务外包业务的企业一览表》（附件二）；

（三）按照《中国服务外包基地城市基地推荐表》的结构，提交详实的申请报告。

五、商务部、信息产业部将共同组织评审，并对经评审认定的基地城市和基地城市内的示范区联合授牌。

附录十二：工信部关于鼓励服务外包产业加快发展及简化外资经营离岸呼叫中心业务试点审批程序的通知（工信部通字（2010）550号）

为贯彻落实《国务院办公厅关于鼓励服务外包产业加快发展的复函》（国办函［2010］69号）和《国务院办公厅关于同意简化外资经营离岸呼

叫中心业务试点审批程序的复函》（国办函［2010］127号），做好离岸呼叫中心业务试点工作，现通知如下：

一、 试点地区

本次试点的地区包括北京、天津、上海、重庆、大连、深圳、广州、武汉、哈尔滨、成都、南京、西安、济南、杭州、合肥、南昌、长沙、大庆、苏州、无锡、厦门21个服务外包示范城市。

二、 试点业务

本次试点的业务为离岸呼叫中心业务，即该业务的最终服务对象和委托客户均在境外

三、 试点主体

试点主体为外商独资或中外合资电信企业，外资股权比例不设限制。

四、 试点审批部门

试点由服务外包示范城市所在省、直辖市通信管理局和示范城市的商务主管部门根据各自职责进行审批。

五、 试点审批程序

（一）申请在服务外包示范城市设立外商投资电信企业经营离岸呼叫中心业务的主要投资者，直接想示范城市所在省、直辖市通信管理局提出申请，并参照《外商投资电信企业管理规定》第十二条、《电信条例》第十四条等相关法律法规的规定报送如下材料：公司法定代表人签署的经营业务申请；公司的企业法人营业执照副本及复印件；公司概况包括拟从业人员、场地、设施情况；公司股权结构及股东情况；业务发展的主要计划；信息安全保障措施；证明公司信誉的有关材料；公司法定代表人签署的依法经营承诺书等材料。

（二）省、直辖市通信管理局核准后发放经营离岸呼叫中心业务的试点批文，并报工业和信息化部备案。

（三）企业的主要投资者凭省、直辖市通信管理局批文按照外商投资的法律法规到示范城市主管部门办理申请设立外商投资企业相关手续，并

领取《外商投资企业批准证书》。

（四）对于一家企业以总分公司的形式在多个试点城市开展离岸呼叫中心业务，由总公司向其注册地所在的省、直辖市通信管理局和商务部门办理，各分公司不需另行办理申请手续，企业获得经营试点批文和《外商投资企业批准证书》后，各分公司在经营业务前到所在省、直辖市通信管理局备案。

六、对试点工作的跟踪总结及其他省、直辖市通信管理局应当积极支持经营离岸呼叫中心业务企业的发展，对出现的问题和困难积极予以研究解决。

已开展离岸呼叫中心业务的外资或中外合资企业应向所在省、直辖市通信管理局提出申请，按程序补办批文。

获得批文的各企业应积极配合当地通信管理局的试点管理工作，每年12月根据要求将试点情况报所在省、直辖市通信管理局。

相关通信管理局在每年1月份将上年度的试点总结情况及时报部，内容包括离岸呼叫中心业务的服务对象（终端用户）和委托客户所在国家和地区、主要行业应用类别、企业租用的国际专线方向和境外业务接入号码等。

各省、直辖市通信管理局应积极发挥行业协会的作用，组织研究呼叫中心的服务质量标准认证，引导市场逐步建立相应的标准体系，促进呼叫中心行业服务水平提升。

发布日期：二〇一〇年十一月十日

附录十三：中国国际服务外包产业发展规划纲要（2011—2015）

前　言

国际服务外包产业是全球产业分工加快深化之下产生的一种智力密集型现代服务业，具有低能耗、低污染、高附加值、高成长性等特点，对我国转变经济发展方式，提升城市能级，缓解就业压力，倡导低碳绿色发展理念具有重大意义。“十一五”期间，我国国际服务外包产业以示范城市为依托，紧紧把握全球新一轮产业结构调整趋势，依靠市场、环境和基础设施等优势，探索创新，快速发展。

“十二五”时期（2011—2015 年）是我国占据国际服务外包市场有利地位的关键时期，为更好地抓住全球经济一体化不断深化，全球资源加速向中国集聚的历史性机遇，进一步发挥其在转变经济发展方式、推动产业结构调整、提升企业创新能力、扩大就业方面的重要作用，实现我国国际服务外包产业质和量的突破，为社会经济发展作出更大贡献，特制定本规划。

一、 发展回顾

“十一五”期间，我国国际服务外包产业坚持科学发展，着力发挥示范城市辐射带动作用，大力推动产业集聚，形成了一些各具产业特色的园区，服务外包企业逐步发展壮大，国际竞争力和创新能力不断提高，“中国服务”品牌效应日益显现，一支国际化、专业化、高素质的国际服务外包人才队伍逐渐形成，为“十二五”期间我国国际服务外包产业快速发展奠定了良好基础。在党中央、国务院的正确领导下，“十一五”期间我国国际服务外包产业发展取得重大成就。

（一）综合实力跻身世界前列

业务规模总量增长迅速。“十一五”期间，我国服务外包产业快速增长。截至 2010 年年底，服务外包企业超过 1 万家，国际（离岸）服务外包合同执行金额 301. 3 亿美元，其中，2010 年完成国际（离岸）执行金额 144. 5 亿美元，占当年服务贸易出口比重由 2007 年年末的 2% 大幅提高到 8. 5%，成为全球第二大离岸外包目的地国家。

国际市场开拓不断突破。“十一五”期间，我国国际服务外包市场加速拓展，在国际金融危机冲击之下，我国承接国际服务外包依然逆势上扬，业务类型和国别呈现多元化趋势，美国、日本、欧盟和我国香港成为我国开拓国际市场的主要地区。

人才队伍建设初现成效。“十一五”期间，服务外包企业、园区、培训机构、行业协会以及高等院校等各类主体积极参与人才培训工作，目前受训人数已达 86.9 万人，多层次、多渠道的服务外包人才培训体系基本形成。依靠国内培养和海外引进，服务外包人才素质快速提升，高级经营人员和专业技术人员规模不断扩大，有力改善了人力资源结构。

企业竞争能力大幅提高。我国服务外包企业积极参与国际分工，不断积累行业经验，大幅提升承接、交付和管理流程能力。截至 2010 年年底，服务外包企业共获得六类国际资质认证达 2810 个（包括 CMMI、CMM、PCMM、ISO2001、SAS70、ISO27001），并涌现出一批营业额超亿美元、员工数超万人的服务外包领军企业。

（二）产业发展水平全面提升

产业结构调整步伐加快。我国国际服务外包业务逐步由低端服务向价值链高端延伸，产业咨询、软件与信息系统架构设计、服务外包研发等高附加值、高技术含量的业务比重不断上升。2010 年，知识流程服务外包（KPO）的合同执行金额达 20.2 亿美元，同比增长 254.2%。

创新能力逐步增强。顺应国际发包商服务模式不断创新的新趋势，依靠国内鼓励创新扶持政策，我国服务外包企业加大技术研发投入，组建高素质的研发团队，大幅提升创新能力，服务外包企业软件著作权数、申请专利数大幅增加。截至 2010 年年底，经认定的技术先进型服务企业近 800 家。

对外开放水平显著提升。“十一五”期间，国际服务外包产业对外开放进一步扩大，对外贸易结构持续优化，占服务贸易出口份额不断提高，国际服务外包产业吸收外资规模和水平进一步提升，成为我国“引智”的重要渠道。服务外包企业“走出去”迈出坚实步伐，产业国际化程度进一步提高。

（三）示范带动效应初步显现

集聚发展效应日渐释放。“十一五”期间，21 个服务外包示范城市建设取得明显成效，在市场导向和政府推动的共同作用下，要素资源集聚，规模效应显现，示范城市主要发展指标增幅均超过全国平均水平，对全国国际服务外包合同执行额贡献度达95%，示范城市的引领带动作用不断增强。

辐射带动效应持续扩大。服务外包示范城市周边地区凭借区位优势，积极承接外包业务，与示范城市共享发展成果。长三角、珠三角、环渤海等地区已初步形成了以示范城市为核心的服务外包产业集聚带，对中西部地区的产业辐射效应逐步凸显，并通过跨区域分工协作，推动了中西部地区服务外包产业加快发展。

（四）整体发展环境日益优化

政策支持体系日趋完善。我国陆续出台了包括财税、人才培训、大学生就业、特殊工时、海关监管、电信服务、金融支持、知识产权保护、投资促进等20多项国际服务外包产业支持政策，政策落实力度持续加大，各级政府的服务意识不断增强，有效减轻了企业负担，为承接国际服务外包产业转移和加快产业发展创造了良好的政策环境。

综合服务体系逐步建成。公共培训平台、公共技术平台、公共信息平台、公共研究平台等各类公共服务平台陆续建成，网络、电力等基础设施进一步完善，国际服务外包产业的专业会展、发展论坛、交易平台、服务网络等加快推进，服务外包投资促进力度不断加强，服务外包研究机构和服务外包行业协会的研究和服务功能进一步增强。

特色外包园区稳步发展。围绕各地发展目标，结合当地产业发展基础，稳步发展产业集聚度高、人力资源充沛、基础设施完善、商业环境优越的服务外包特色园区。通过加强园区规划、完善配套设施、加快公共平台建设，注重专业化招商和园区管理，形成了呼叫中心、数据中心、企业孵化、研发设计、动漫创意等一批各具特色的服务外包园区，并已成为国际服务外包产业发展的重要载体和企业成长的培育平台。

（五）推动科学发展贡献突出

积极助推经济结构调整。“十一五”期间，国际服务外包产业对转变经济发展方式、调整产业结构的助推作用明显增强，逐渐成为各地发展低碳经济、实现节能减排的重要抓手，成为部分城市和开发区突破发展瓶颈、实现产业转型的重要手段，成为推动特大城市形成以服务经济为主的产业结构的重要途径。

就业促进作用日益凸显。国际服务外包产业的发展，为促进我国大学生就业、保障和改善民生、维护社会和谐稳定作出了重要贡献。到“十一五”末，我国服务外包产业从业人员达到232.8万人，其中70%以上为大学毕业生。2010年，吸纳大学生就业48.56万人，占当年大学毕业生人数的7.7%。

带动作用逐步加强。“十一五”期间，我国国际服务外包产业快速发展加快了国内信息化建设进程。同时，产业内技术进步产生的外溢效应逐步显现，带动传统产业、先进制造业和现代服务业等关联发包产业发展水平持续提升。

但同时，我们也应当认识到，我国国际服务外包产业尚处于起步成长阶段，对其发展模式和规律仍在努力探索，产业发展规模和质量与国际服务外包先进国家相比还存在较大差距，产业分工仍位于国际产业链相对低端，整合全球业务资源能力明显不足，“中国服务”品牌尚未被全球业界广泛认知，产业国际话语权依然偏弱；符合产业发展需要的创新型、实用型、复合型人才供给存在缺口，提升创新能力的要求日益提高，部分地区间存在一定程度的产业发展同质化现象，产业综合发展环境有待进一步完善。我们必须科学判断和准确把握发展趋势，充分利用各种有利条件，加快解决突出矛盾和问题，集中力量推进国际服务外包产业实现规模效应和结构优化的重大突破。

二、 发展环境

“十二五”期间，全球服务外包产业进入新一轮快速增长期，国际市场竞争更加激烈，产业发展呈现更多新特点，我国国际服务外包产业发展的有利条件明显增多，机遇与挑战进一步凸显。

（一）国际环境

全球专业化分工深化，为国际服务外包产业加速发展提供新空间。以服务业转移为主要特征的新一轮世界产业结构调整加速推进，全球国际服务外包市场规模不断扩大。由于成本、环境和配套设施等优势，全球服务业加快向我国转移，为我国积极参与全球产业分工，进一步发展国际服务外包产业带来更大机遇。

科技革命孕育新突破，为国际服务外包产业创新发展提供新动力。全球科技发展正进入一个前所未有的创新密集期，特别是以云计算为代表的新一代信息网络技术发展，直接推动国际服务外包在交付模式、服务模式与合作模式等方面的创新，助推我国国际服务外包产业的持续蓬勃发展。

低碳经济成为全球关注重点，为国际服务外包产业发展营造新环境。全球资源环境承载压力日益凸显，发展循环经济、推广低碳技术、积极应对气候变化、走可持续发展之路成为全球共识，国际服务外包产业作为新兴产业具有技术先进、清洁安全、附加值高等特点，已经成为突破能源、资源和环境对经济社会发展瓶颈制约的重要途径，必将获得广阔的发展空间。

全球市场格局出现新变化，对国际服务外包产业发展提出新挑战。国际金融危机影响深远，全球经济格局加速调整，发达国家各种形式的贸易保护主义抬头，市场的不确定性因素增加。新兴接包国家迅速崛起，围绕市场、资源、人才、技术、标准等的竞争将更加激烈。传统发包地需求逐步复苏，新兴国家发包需求显现，发包企业对高端服务的需求进一步增加，促使国际服务外包产业价值链不断升级。我国国际服务外包产业发展必须顺应发展趋势，扬长避短，才能适应未来市场需求的变化。

（二）国内环境

国民经济平稳较快发展，为国际服务外包产业发展提供坚实的基础。“十二五”期间，我国工业化、信息化、城镇化、市场化、国际化深入发展，市场需求潜力巨大，资金供给充裕，科技和教育整体水平提升，劳动力素质改善，基础设施日益完善，社会保障体系逐步健全，体制活力显著增强，政府宏观调控和应对复杂局面能力明显提高，为国际服务外包产业的发展提供了更加有利的环境。我国加快经济结构转型，大力发展国际服务外包产业将成为现代服务业发展的重要驱动力。

缓解大学生就业压力，对国际服务外包产业发展提出新要求。国际服务外包产业属于人力资源和知识密集型产业，已成为吸纳大学生就业的新渠道，未来几年，随着我国大学毕业生逐年增多，就业压力将持续增大，要求国际服务外包产业不断提升吸纳就业的能级，继续发挥缓解大学生就业压力的重要作用。

区域发展格局调整，对国际服务外包产业发展提出新的需求。“十二五”期间，深入推进西部大开发，全面振兴东北地区等老工业基地，大力促进中部地区崛起，积极支持东部地区创新发展，需要国际服务外包产业充分融入国家区域发展战略和主体功能区战略，进一步发挥示范城市带动引领作用，推动东、中、西部地区协调发展。

三、 发展目标

“十二五”期间，国际服务外包产业要立足当前发展阶段，把握未来发展趋势，创新发展思路，明确发展目标，实现我国国际服务外包产业的跨越发展。

（一）指导思想

“十二五”时期是我国国际服务外包产业发展的战略机遇期，必须高举中国特色社会主义伟大旗帜，以邓小平理论和“三个代表”重要思想为指导，深入贯彻落实科学发展观，以积极开拓国际市场为主线，以提高创新能力为动力，坚持示范引领、产业集聚，进一步加强人才队伍建设、创新和集成政策，积极发挥产业和区域优势，着力培育新兴增长点，将中国发展成为全球国际服务外包产业强国，为中国经济社会的全面协调、可持续发展提供强劲动力。

（二）发展原则

“十二五”期间，国际服务外包产业发展要遵循以下原则：

市场导向，推动发展。发挥市场对资源配置的基础性作用，充分调动企业作为市场主体的主观能动性，借鉴国际经验，探索建立政府与市场高效互动的新机制，加大对企业的培育和扶持力度，不断优化市场发展环境。

示范引领，联动发展。继续发挥中国服务外包示范城市在龙头企业培育、高端人才培养、创新技术研发等方面的引领作用，加强分类指导，立足于资源的优化配置，打造特色产业高地，形成产业集群，推动国际服务外包产业在国内的梯度转移，进一步延伸完善产业链，促进东中西部地区联动发展、协调发展。

培育品牌，创新发展。坚持把品牌建设作为发展的重要任务，把创新作为发展的战略基点，大力推进国家品牌建设，鼓励创建行业品牌、企业品牌，营造创新环境，培育创新主体，完善鼓励创新的体制机制，大力开展技术创新、模式创新，全面提高产业创新能力，推动产业逐步向高技术含量、高附加值的高端业务攀升。

以人为本，协调发展。坚持把人才队伍建设作为产业发展的核心动力，创新人才培养体制，拓宽人才培训渠道，创造宜于人才发展的环境，大力引进高端技术人才和管理人才，壮大创新型人才队伍，注重发挥产业对构建和谐社会的积极作用，努力扩大吸纳大学生就业规模，带动相关制造业、服务业水平提升。

内外并举，全面发展。以大力承接国际服务外包业务为导向，积极开拓国际市场，提高全球交付能力和产业成熟度。切实把握国内产业结构优化升级契机，挖掘在岸服务需求，充分利用“两个市场，两种资源”，实现国际国内服务外包协调发展、互动发展。

（三）发展目标

“十二五”期间，我国国际服务外包产业要努力实现以下发展目标：

产业规模进一步扩大。产业总量持续高速增长，承接离岸外包业务执行额年均增幅保持40%左右，2015年达到850亿美元，占我国服务贸易出口额比重达到28%，形成若干家数万人规模的大型综合服务供应商，在境内外上市的国际服务外包企业达到80家以上。

自主创新能力大幅提高。掌握一批拥有知识产权的核心技术，行业技术能力和企业核心竞争力进一步增强，企业创新能力大幅提高，品牌建设取得突破，企业获得国际资质认证总数达到3000个以上，技术先进型服务企业超过1500家，形成若干创新能力较强、品牌知名度较高的产业集群。

人才队伍建设进一步强化。就业吸纳效果进一步显现，5年共吸纳就业250万人，其中吸纳大学毕业生就业180万人，2015年年末，产业从业人员总数力争突破450万人，从业人员队伍结构不断优化，人才培养体制机制更加完善，宽领域、多层次、多渠道培训体系基本建立，5年累计培训从业人员200万人次，引进一批具有国际市场开拓能力的高端人才，逐步建成一支有活力、有竞争力的高素质人才队伍。

运行环境进一步改善。政策法规体系更加健全，市场规则更加完善，知识产权保护得到加强，科学合理的统计体系和综合评价体系逐步建立，服务外包示范城市、服务外包平台建设水平不断提高，网络通信、电力供应、办公居住用房等基础条件大幅改善，政府服务更加高效，产业基础研究新成果不断涌现。

区域布局更加科学。城市间、地区间联动合作机制基本建立，不同城市和地区的错位发展、东中西部的协调发展局面初步形成，产业集聚度进一步增强，示范城市引领带动作用更加明显，建成若干具备一定规模的特色产业带，打造1~2家全球服务外包交易中心，成为国际服务外包业务的集散平台和产业交流平台。

国际竞争力大幅提升。产业接单能力、海外交付能力、市场开拓能力显著增强，离岸外包业务全球市场份额加速增长，产业国际化程度全面加深，利用外资的规模和水平显著提高，企业跨国经营能力进一步提升，“走出去”步伐逐步加快，“中国服务”品牌得到全球高度认知，产业全球影响力不断增强。

四、 重点领域

紧紧围绕转变经济发展方式与产业优化升级的新要求，把握后危机时期国际服务业转移和全球服务外包离岸发展的新趋势，针对国家重点支持发展的现代服务业和战略性新兴产业，立足我国国际服务外包发展的客观实际，鼓励发展具有高知识含量、高附加值、高创新性的信息技术服务外包（ITO）、业务流程服务外包（BPO）和知识流程服务外包（KPO）。

（一）巩固提升的优势领域

坚持做大规模、做强实力、加强集聚、扩张优势，进一步夯实现有优势行业发展基础，着力提升国际服务外包产业发展能级，“十二五”期间力争在软件和通信、金融、医药研发等国际服务外包领域实现较大发展。

软件国际服务外包。软件国际服务外包发展迅速，规模持续扩大，企业实力不断增强，形成具有雄厚技术基础和规模的国际服务外包产业群。“十二五”期间要大力发展软件开发与测试、运行维护与服务等业务，加快向软件咨询、解决方案等高端环节拓展，不断提升国际分工地位。针对用户的运营、生产、供应链、客户关系、人力资源和财务管理、计算机辅助设计、工程等业务，重点发展定制软件、嵌入式软件、套装软件和软件测试、应用软件集成以及维护管理等国际服务外包，推动承接海内外企业管理系统开发和售后运营服务等业务。不断创新服务模式，以 SaaS 应用为先导，在离岸服务中大力推广云服务。

金融国际服务外包。金融国际服务外包规模大、管理模式成熟、吸纳就业能力强，未来市场需求旺盛，我国在多年承接国际和国内业务的过程中积累了一定的经验，具有较高的国际认知度。“十二五”期间要在扩大我国企业在 IT 相关业务、信用卡业务、人力资源管理、后勤保障等金融外包业务的现有优势基础上，不断向金融咨询和解决方案、中后台数据处理、数据挖掘与分析等高端服务拓展，提高我国金融服务专业化、标准化和国际化水平。

医药研发国际服务外包。我国医药研发产业链日益成熟，医药研发外包市场规模不断扩大，跨国制药公司研发中心加快向中国转移。“十二五”期间要积极参与全球创新药研发服务，不断提升创新能力，完善医药外包服务链，拓展国际服务外包领域和产品。在基础研究、药物发现、临床前研究、临床研究的研发国际服务外包链条上，重点发展符合国际规范的新型药物安全评价、药理药效、药代、新型制剂、临床试验等领域，着力向大分子药物、医疗器械、植物药、食品、农药等更多领域拓展。“十二五”末，初步形成较为完整的医药研发国际服务外包产业链，离岸业务力争达到30亿美元。

通信国际服务外包。随着通信网络规模持续扩大，第三代、第四代移动通信（3G、4G）网络快速发展，各类通信业务的外包比例不断增加。“十二五”期间要重点发展电信业务咨询、系统开发和管理等国际服务外包领域，扩大电信业务运营中的电信IT基础设施服务、电信咨询服务等外包业务规模。发展数据中心相关国际服务外包业务，提升建造绿色节能数据中心的技术能力以及整体解决方案。“十二五”期间，力争实现年均增长50%以上。

（二）重点突破的关键领域

坚持以市场需求为导向，以创新为核心，聚焦我国国际服务外包产业关键领域，“十二五”期间力争在文化创意、商务、物流等领域国际服务外包业务实现较大突破。

文化创意国际服务外包。文化创意服务是全球高速发展的新兴产业，并呈现高速增长、集群化发展的态势。“十二五”期间要充分利用信息全球化所带来的全球数字内容产业快速增长的新机遇，做大做强动漫、游戏、影视和媒体等文化创意国际服务外包。在大力发展国际接包的基础上，注重增强创新和开发设计能力，扶持一批龙头企业，努力形成品牌，着力打造动漫公共服务平台。不断提升动漫、游戏产业的创新研发能力、制作能力和衍生品开发能力，提高手机数字娱乐产品的创新水平，推动影视剧制作外包的规模化发展。重点在动漫游戏、数字娱乐、影视制作等领域，发展三维（3D）模型外包、电脑图形（CG）动画外包、动画开发、特效制作、游戏制作、漫画数字化应用、媒体后台数据库等外包业务。

商务国际服务外包。商务国际服务外包具有较高的成长性和巨大的市场需求，我国人力资源丰富，商务成本具备竞争力，具有良好的发展基础。“十二五”期间，要着力发展具有较高专业要求和技术含量的商务国际服务外包，更加注重专业人才的培训和教育。重点发展市场研究和需求分析、管理咨询、法律咨询、工程咨询、客户管理及客户关怀服务、采购与供应链服务、人力资源咨询及管理、财务咨询及会计审计、垂直行业特色业务服务、认证认可、信用评估等国际服务外包。

物流国际服务外包。物流国际服务外包规模效益好、增长空间大，我国经济的快速增长将带来持续旺盛的物流需求。“十二五”期间，要立足市场需求，进一步拓展物流国际服务外包的领域和规模，积极发展专业物流国际服务外包，加快延伸物流服务产业链，着力搭建第三方物流信息平台、企业对企业（B2B）商务平台，积极培育物流供应链系统集成商（第四方物流）。重点发展物流采购整体解决方案设计、供应链管理系统等高端国际服务外包业务，积极扩大数据处理、订单管理、客户服务中心、物流信息系统维护等外包业务规模，着力扶持在物流国际服务外包中有一定规模、信誉及能力较强的企业，提高物流国际服务外包企业的服务交付水平。

（三）积极培育的新兴领域

紧紧把握全球国际服务外包产业发展的新动向和新趋势，着力培育技术和安全要求高、行业成长性好、国际上已经发展成熟、国内发展潜力巨大的医疗国际服务外包、公共国际服务外包等领域。

医疗国际服务外包。医疗国际服务外包是全球服务外包发展较为成熟的行业，在北美国际服务外包各行业的平均增长速度中排名第一，欧洲和日本等医疗发达国家也有大量的医疗服务业务，巨大的外包业务量为我国承接离岸服务创造了市场条件。“十二五”期间，要重点发展医疗信息化系统和应用的维护外包、远程咨询和远程医疗等国际服务外包业务。

公共国际服务外包。政府的公共服务外包在发达国家已经成熟，有力促进了政府提升服务质量和降低成本，在整个国际服务外包市场中占比最高。“十二五”期间，要积极争取国际服务外包市场，重点发展运营维护、数据处理、培训及租赁等国际服务外包业务。

其他领域。教育、批发和零售等领域的国际服务外包在全球服务外包市场中占据的份额不断上升。“十二五”期间，要积极培育承接相应国际服务外包的能力，重点发展远程教育和培训、批发和零售电子交易平台等国际服务外包。

五、 重点区域

立足现有产业基础、区位优势、资源环境等因素，积极构建以示范城市为主体，辐射带动周边城市发展，分工有序、各具特色的产业发展格局，积极打造服务外包城市集群和国际服务外包产业带。

（一）发挥东部沿海城市的龙头作用

发挥长三角、环渤海、珠三角地区已经形成的国际服务外包产业聚集优势，打造国际化的金融中心、航运服务中心、物流采购中心、研发设计中心、信息服务中心、文化创意中心、商务营运中心、技术交易中心，着力提高全球接单能力，不断提升国际服务外包竞争力，对全国形成强大的辐射带动效应。

长三角地区。依托长三角地区良好的基础设施、丰富的高校、人力资源以及国际化程度高的优势，以上海为龙头，江浙为两翼，构建长三角服务外包城市集群。力争形成以上海、苏州、南京、无锡、杭州为主体，带动宁波、南通、嘉兴等有发展潜力的城市共同发展的格局。发挥浦东新区的辐射带动作用，大力吸引国内外创新资源，积极打造国际服务外包产业发展平台，着力发展信息技术、金融、物流、动漫影视和媒体服务、医药研发、集成电路设计等国际服务外包行业，成为我国国际服务外包产业的主要增长极。

环渤海地区。依托区域科教资源丰富以及靠近东北亚经济圈的优势，力争形成以北京、天津、济南为主体，带动青岛、烟台、石家庄等有发展潜力的城市共同发展的格局。发挥中关村创新示范区、天津滨海新区的辐射带动作用，着力形成软件与信息技术、港口物流、金融、研发等高端国际服务外包产业集群。

珠三角地区。依托珠江三角洲地区产业配套齐全，加工制造业集聚，外向型经济发达，毗邻港澳台、接近东南亚的区位优势，力争形成以广州、深圳为主体，带动佛山、珠海、东莞、顺德等有发展潜力的城市共同发展的格局。着力在工业设计、产品研发、动漫影视服务等国际服务外包行业形成聚集发展。

海峡西岸经济区要力争形成以厦门为主体，带动福州、泉州等有发展潜力的城市，积极承接台湾地区服务外包业务，打造两岸共建服务外包示范城市。

（二）继续鼓励中西部城市加快发展

充分发挥中西部城市智力资源密集，商务成本相对较低的优势，积极发展国际服务外包产业。把推动国际服务外包产业发展作为扩大中西部对外开放，构建内陆地区开放型经济高地的重要突破口。增强承接能力，扩大产业规模，建设面向全球的国际服务外包交付中心。

中部地区。依托区域高校科技资源优势、人力成本优势和制造业优势，力争形成以武汉、合肥、南昌、长沙为主体，带动郑州、太原等有发展潜力的城市共同发展的格局。进一步改善国际服务外包产业基础设施条件，大力集聚国际服务外包发展资源，着力在应用软件、动漫和网络游戏、物流、工程设计等国际服务外包行业取得重大突破。

西部地区。积极承接来自国外以及东部地区的国际服务外包转移，力争形成以西安、成都、重庆为主体，带动兰州、南宁等有发展潜力的城市共同发展的格局。以成都为龙头着力打造西部软件与信息技术国际服务外包高地，以西安为龙头着力打造西部国际服务外包研发设计中心和专业人才高地。发挥两江新区产业聚集优势带动重庆国际服务外包发展。

（三）支持东北城市积极发展

大力支持东北城市紧密结合区位优势、要素优势和产业优势发展国际服务外包产业，立足提升区域创新能力，走差异化、特色化的国际服务外包产业发展道路，不断增强区域产业的整体竞争力，形成合理布局、良性互动、共同发展的分工格局。

依托东北老工业基地科教资源密集、产业体系完整等优势，力争形成以大连、哈尔滨、大庆、沈阳、长春为主体的城市发展格局。不断优化国际服务外包产业的发展环境，加大市场开拓力度，积极发展软件与信息技术、工程设计、地理信息系统服务等国际服务外包行业，为振兴东北老工业基地和资源型城市转型升级提供有力支撑。

（四）推动边境城市稳步发展

适度促进有条件的海南、云南、贵州、广西、内蒙古、新疆等边境省区和口岸城市结合自身特点和优势发展国际服务外包产业，尤其是在软件与信息、人力资源、BPO 行业资讯、呼叫中心、政府外包、边贸物流等领域的国际服务外包，争取在“十二五”期间取得突破性进展。

六、 重点任务

围绕“十二五”时期我国国际服务外包产业发展目标，坚持做大产业规模与增强创新能力并举，加快集中优势资源，推动国际服务外包产业规模和水平再上新台阶。

（一）提高产业国际竞争力

培育国际服务外包领军企业。推动国内大型国际服务外包企业不断做大做强，积极利用兼并、重组、上市等多种方式，整合要素资源，扩大企业规模，提升品牌影响力，增强创新能力，鼓励承接长期服务合约形式的外包业务，加快形成一批具有较强国际竞争力的国际服务外包领军企业。

推动中小企业加快成长。积极营造有利于中小服务外包企业提升、发展、壮大的环境，切实减轻企业负担，加强企业自身建设，引导走特色化、专业化、创新化发展道路，不断提高市场开拓能力，成为参与国际服务外包市场竞争最活跃的力量。

加快产业集群化发展。发挥核心企业引领作用，推动建立企业间联合接包、联合研发等多种形式的国际服务外包产业联盟，聚焦重点领域、重点行业、重点园区，强化基础设施配套，优化产业生态，形成若干具备国际竞争优势的产业集群，提升国际服务外包产业整体竞争力。

（二）大力开拓国际市场

推进“中国服务”品牌建设。增强与全球知名国际服务外包研究机构、中介组织等的沟通与交流，全方位展示中国国际服务外包业务承接能力。全力推广“中国服务”品牌，增强中国国际服务外包产业知名度和美誉度。

优化国际市场结构。进一步巩固日韩等亚洲地区市场，努力拓展欧美市场，积极关注新兴市场，保持多元化的国际服务外包市场结构。探索与周边国家和地区合作，共同开拓第三国市场。

提高产业开放水平。优化外资利用结构，重点引进全球知名国际服务外包供应商，促进跨国公司软件与信息技术、研发、设计、金融、物流采购、咨询等国际服务外包业务向我国转移，推动跨国公司在华设立地区总部、研发中心、共享中心、交付中心等功能性机构。加强海外投资环境研究，引导国际服务外包企业有序到境外开展投资合作，积极发展我国投行机构，增强企业海外市场拓展能力，提高企业国际化经营水平。

增强全球资源配置能力。积极参与全球产业发展的基础研究和标准制订，着力构建以龙头企业为骨干力量的技术标准研究体系，与相关国际行业协会开展合作，推动标准互认，探索建立互利共赢的紧密合作机制。推动有条件的城市率先发展成全球国际服务外包交易中心，不断增强我国在全球国际服务外包产业发展中的资源集聚、信息集散和交易配置功能。

（三）增强企业创新能力

大力优化创新环境。加快公共平台建设，完善创新服务体系，以科研集群基地、孵化基地建设为重点，不断优化软件平台、资源信息库等基础环境。引导服务外包企业开展知识创新和技术创新，推动国际服务外包创新项目列入国家重大科技专项。提升创新服务水平，逐步形成适应服务外包产业创新的专业服务体系，优化制度环境。

健全创新机制。以企业为主体，建设结构合理、功能完备、开放竞争、富有活力的产学研用紧密结合的创新体系。强化企业运营模式、交付模式等产业发展模式的创新，鼓励企业加强原始创新、集成创新和引进消化吸收再创新，加强产学研合作，在重点领域攻克一批核心关键技术，积极申请专利，不断提升产业技术水平。充分发挥领军人才的重要作用，推动服务外包企业通过自建、共建、联建等多种形式建立研发机构，加大技术创新投入，形成一批国际知名的服务外包产业研发机构。引导服务外包企业与高校院所开展深度合作，共同建设重点实验室、工程技术研究中心等创新平台及博士后流动站。建立和完善社会化、网络化、专业化的创新服务体系，重点建设创新资源共享、成果转化、企业孵化、投融资和技术教育等服务平台，创建以企业孵化器为主体的创业服务中心。

（四）优化人力资源结构

建立多层次人才结构体系。扩大国际服务外包产业的专业技术人才、管理人才、中介服务人才规模，优化人才结构，加快形成通晓外语、业务素质较高、专业门类齐全、基本满足产业发展需求的人力资源队伍。

健全多元化人才培养机制。创新培养模式，逐步形成学校、专业培训机构、用人企业相互结合、优势互补、共同推动的良好局面。引导用人企业加大人才培养力度，创新企业与学校联合培养机制，推动建立一批校企共建实训基地。加大力度引进海外国际服务外包人才，积极开展人才培训国际交流，提高人才国际化水平。进一步落实现有推进国际服务外包人才培养各项政策，营造适应人才集聚的社会环境、生活环境和制度环境。

完善多样化人才输送渠道。加强国际服务外包产业宣传力度，提高行业社会知名度，增加就业吸引力。建立完善多层次服务外包企业与高校毕业生就业对接体系，鼓励服务外包企业积极参与高校毕业生就业见习工作，积极推动国际服务外包人才网络招聘等就业服务工作，吸引各类复合型实用人才从事国际服务外包行业。

（五）改善公共服务质量

不断完善政策环境。加强调查研究，进一步在财政税收、金融支持、人才培养、知识产权保护等领域完善扶持政策。鼓励有条件的地区先行先试，加大政策试点和推广力度。支持服务外包企业利用保税和海关特殊监管区域相关政策，创新国际服务外包发展模式。加快综合评价体系等基本制度建设，逐步建立科学可行的服务外包统计体系。

着力优化政府服务。充分发挥政府对产业的宏观指导作用，提升政府服务能力，增强服务意识，不断创新管理和服务方式，做到依法行政，保护服务外包企业的合法权益，切实帮助解决企业经营中遇到的困难和问题。加大扶持政策执行力度，强化政策落实和情况跟踪督查。着力做好政策、市场等公共信息发布工作，为企业发展提供透明、高效的服务环境。充分发挥我国驻外机构的服务功能，建立国际服务外包产业海外扩展体系。

加强载体平台建设。提升国际服务外包产业载体建设水平，进一步推动园区建设，加快完善 IT 基础设施，提高综合保障水平，大力推进公共服务平台建设，吸引各类主体参与投资，整合各种资源，重点推进信息服务、融资担保服务、市场交易服务、知识产权服务、成果展示等各种公共服务平台的建设。

积极开展基础研究。加强国际服务外包研究机构建设，着力开展国际服务外包基础研究，探索国际服务外包发展规律，跟踪国内外产业最新发展动态，研究产业发展趋势，提供权威研究成果。

七、 保障措施

我国国际服务外包产业处于发展初期，实现本规划的目标和任务，需要创新体制机制，强化政策支持，整合国内外资源，加强规划实施，形成长效的产业推进机制。

（一）加强体制机制保障

完善组织协调机制。充分发挥促进国际服务外包产业发展部际合作机制，加强跨部门间的沟通和协调，研究出台相关政策措施，形成推动我国国际服务外包产业发展的合力。支持组建各类服务外包协会组织，建立政府主管部门与行业协会间的沟通与预警机制，发挥行业协会在投资促进、信息交流、行业自律、知识产权保护等方面的作用。

深化“部省市”合作机制。加强国务院各部门与地方政府间的沟通和合作，适时修订部省市推动国际服务外包产业发展的共建协议，明确发展目标，集中部、省、市资源，在产业政策、产业规划、园区建设、人才培训、促进就业、鼓励创新、信息化基础设施建设等方面，共同推动示范城市国际服务外包产业的发展。

建立区域合作机制。以示范城市为主要承载地，增强一线城市国际服务外包接包能力，努力提升二三线城市国际服务外包交付水平。加快推动不同城市、区域在资本、管理、人才等领域开展多种形式的合作，逐步建立区域间国际服务外包产业转移、承接、拓展的促进机制；构建区域合作组织框架，举办区域合作发展交流活动，为区域合作搭建平台；积极研究区域合作中长期发展战略，促进东中西部地区产业协调发展。

（二）加大政策支持力度

优化多层次的支持政策体系。全面贯彻落实国家关于鼓励国际服务外包产业发展文件精神，积极制定配套措施，加快落实财税、金融、劳动工时、电信、人才培训等支持政策。采取园区、示范城市先行先试，逐步推广等方式，加快出台扶持政策措施。加大对中西部地区发展国际服务外包产业的政策支持力度。鼓励各地政府、开发区、园区根据当地国际服务外包产业发展情况，不断修订和完善地方性鼓励措施。

完善财政税收扶持体系。集成各部门现有国际服务外包优惠政策，加大现有财政税收优惠政策的落实力度。根据产业发展的趋势和要求，进一步加大对服务外包企业人才培养、国际资质认定、市场开拓等领域的资金支持。鼓励开展国际服务外包业务模式创新，加大对符合条件的示范性创新项目的资金支持。

健全高效投融资体系。积极改进和完善对国际服务外包产业的金融服务。鼓励金融机构创新符合国际服务外包产业特点的金融产品，拓宽抵押担保物范围。推动各类投资担保机构为服务外包企业提供贷款担保。大力支持符合条件的服务外包企业发行债务融资工具和在境内外特别是创业板上市，拓宽服务外包企业融资渠道。引导社会资本进入服务外包创业投资领域和新兴国际服务外包发展领域。鼓励金融机构积极开展适合服务外包企业特点的金融产品和服务方式创新，加大对中小服务外包企业的金融扶持力度。

加大服务外包知识产权保护力度。健全与知识产权保护相关的配套法律法规，依法打击侵犯知识产权的行为，建立公平、公正、公开的市场竞争环境。加强对服务外包业务信息安全的保护力度，支持服务外包企业不断改进内部信息安全体系。

（三）提升人才队伍素质

抓好高校育人环节。继续抓好高等院校计算机科学与技术、软件工程和网络工程等专业试点，为国际服务外包产业发展提供人才智力支撑，建立加强师资队伍培训的联合工作机制。加强对高校发展目标、专业设置、教育模式等方面的整体规划和指导，鼓励高校增设服务外包相关专业和课程。推动高校与服务外包企业开展双向交流，提高教学质量。推动有条件的服务外包企业、社会培训机构和高校建设服务外包大学生实训实习基地，鼓励服务外包企业支持高校学生实习和社会实践活动。

加大在职培训力度。整合社会各种资源加大对企业的培训服务，引导高等院校、科研院所、职业院校及相关社会培训机构建立服务外包人才培训机构，开展相关培训。推动国际交流，积极引进国外优质培训力量，加大对企业项目经理等中高端人员培训力度。

积极引进高端人才。充分利用国际国内两个人才市场、两种人才资源，鼓励从海外引进市场开拓、流程管理、技术创新等各类国际服务外包产业高端人才，享受出入境、长期居留、子女入学等优惠政策。支持海外人才回国创办服务外包企业。

（四）支持企业开拓海外市场

加强对服务外包企业对外投资的宏观指导和支持服务，充分发挥我国驻外机构的服务功能，鼓励服务和支持有实力的服务外包企业走出去，通过新建、并购、参股、增资、助资等方式开展境外投资，有效整合利用国际资源。积极参与国际服务外包论坛、会展，逐步扩大国际影响力。支持服务外包企业和行业组织参与制订国际服务外包产业国际标准，增强国际话语权。推动与跨国公司的合作，鼓励跨国公司在我国开展国际服务外包业务。

（五）建立评估指导体系

完善服务外包统计制度。根据国际国内服务外包发展趋势，深度把握内涵，建立真实反映服务外包产业发展特点的统计标准。加强数据采集工作，运用信息化手段，全面、准确、及时、充分的报送相关数据，提高数据质量，为宏观决策服务。

建立综合评价制度。按照科学性与可行性相结合，质量和规模相结合，定量与定性相结合等原则，加快制定中国服务外包示范城市综合评价办法，逐步形成较为完善的中国服务外包示范城市认定、评价、考核综合体系。

加强分类指导评估。引导各地依据当地情况，建立符合当地实际的地方性城市、园区等综合评价制度，强化对各地的分类指导，鼓励各地根据自身发展条件，走差异化、特色化、内涵式发展道路。

（六）推进规划组织实施

加强组织领导。加强对规划纲要实施的组织领导，制定切实可行的规划实施方案，编制有关重点领域的专项指导意见，明确工作分工，完善工作机制，落实工作责任。

加强统筹协调。在规划编制、政策实施、项目安排、体制创新等方面给予各地积极支持，做好组织协调工作。加强国务院有关部门之间的沟通和协调，指导和帮助各地落实规划纲要实施中各项工作和任务。

加强监督检查。加强对本纲要实施情况的跟踪分析，做好各项工作和政策措施落实的督促检查工作。按照国家“十二五”规划检测和考核评估的统一安排，组织开展规划实施情况的评估。完善社会监督机制，鼓励公众积极参与规划的实施和监督。

八、 名词解释

（一） 服务外包

服务外包指客户单位（可以是企业、政府、学校、医院、军队等各类机构）依托于信息技术将原在内部完成的某些流程或职能转移给外部的服务提供商去完成，并以合同形式为这些服务支付相应的费用。服务外包按交付方式可分为国内外包和国际（离岸）外包两类。按照国家统计局批准的《服务外包统计报表制度》，目前服务外包的统计范围为跨境服务外包。

（二） 技术先进型服务企业

财税［2009］63号文中对符合相关标准的企业认定为技术先进型服务企业，该类企业享有的有关税收优惠政策最早在苏州工业园区进行试点，并经国办函［2009］9号确定，推广到所有示范城市。即自2009年1月1日起至2013年12月31日止，在示范城市的技术先进型服务企业，在企业所得税征收、职工教育经费的税前扣除、营业税免征等方面享受相应的优惠政策。

（三） 信息技术外包

英文为Information Technology Outsourcing，简写ITO，指企业向外部寻求并获得包括全部或部分信息技术类的服务。服务内容包括软件研发及外包、信息技术研发服务外包、信息系统运营维护外包。

（四） 业务流程外包

英文为Business Process Outsourcing，简写BPO，指企业将自身基于信息技术的业务流程委托给专业化服务提供商，由其按照服务协议要求进行管理、运营和维护服务等。服务内容包括企业内部管理服务、企业业务运作服务、供应链管理服务等。

（五） 知识流程服务外包

英文为Knowledge Process Outsourcing，简写KPO，属于BPO的高端层

次，指位于发包商流程价值链高端的高知识含量的外包业务。具体包括知识产权研究、医药和生物技术研发和测试、产品技术研发、工业设计、分析学和数据挖掘、动漫及网游设计研发、教育课件研发、工程设计等领域。

（六）国际服务外包主要业务范围

1. 信息技术外包服务（ITO）

软件研发及外包

类 别	适用范围
软件研发及开发服务	用于金融、政府、教育、制造业、零售、服务、能源、物流和交通、媒体、电信、公共事业和医疗卫生等行业，为用户的运营/生产/供应链/客户关系/人力资源和财务管理、计算机辅助设计/工程等业务进行软件开发，定制软件开发，嵌入式软件、套装软件开发，系统软件开发软件测试等
软件技术服务	软件咨询、维护、培训、测试等技术性服务

信息技术研发外包

类 别	适用范围
集成电路设计	集成电路产品设计以及相关技术支持服务等
提供电子商务平台	为电子贸易服务提供信息平台等
测试平台	为软件和集成电路的开发运用提供测试平台

信息系统运营维护外包

类 别	适用范围
信息系统运营和维护服务	客户内部信息系统集成、网络管理、桌面管理与维护服务；信息工程、地理信息系统、远程维护等信息系统应用服务
基础信息技术服务	基础信息技术管理平台整合等基础信息技术服务（IT 基础设施管理、数据中心、托管中心、安全服务、通讯服务等）

2. 技术性业务流程外包服务（BPO）

类别	适用范围
企业业务流程设计服务	为客户企业提供内部管理、业务运作等流程设计服务
企业内部管理数据库服务	为客户企业提供后台管理、人力资源管理、财务、审计与税务管理、金融支付服务、医疗数据及其他内部管理业务的数据分析、数据挖掘、数据管理、数据使用的服务；承接客户专业数据处理、分析和整合服务
企业运营数据库服务	为客户企业提供技术研发服务、为企业经营、销售、产品售后服务提供的应用客户分析、数据库管理等服务。主要包括金融服务业务、政务与教育业务、制造业务和生命科学、零售和批发与运输业务、卫生保健业务、通讯与公共事业业务、呼叫中心等
企业供应链管理数据库服务	为客户提供采购、物流的整体方案设计及数据库服务

3. 技术性知识流程外包（KPO）

适用范围
知识产权研究、医药和生物技术研发和测试、产品技术研发、工业设计、分析学和数据挖掘、动漫及网游设计研发、教育课件研发、工程设计等领域

（七）服务外包示范城市

由国家认定，开展承接国际服务外包业务、促进国际服务外包产业发展，并享受相关优惠政策的试点城市。截至 2011 年 1 月，共认定北京、天津、上海、重庆、大连、深圳、广州、武汉、哈尔滨、成都、南京、西安、济南、杭州、合肥、南昌、长沙、大庆、苏州、无锡、厦门 21 个城市为中国服务外包示范城市。

（八）服务外包企业六类国际资质认证

六项国际资质认证包括：开发能力成熟度模型集成（CMMI）、开发能力成熟度模型（CMM）、人力资源成熟度模型（PCMM）、信息安全管理（ISO27001/BS7799）、IT 服务管理（ISO20000）、服务提供商环境安全性

(SAS70)。

附件五：关于做好2013年度承接国际服务外包业务发展资金申报管理工作的通知（财企［2013］52号）

各省、自治区、直辖市、计划单列市财政厅（局）、商务主管部门，新疆生产建设兵团财务局、商务局，有关中央管理企业：

为落实国务院关于促进服务外包产业发展的精神，加快我国服务外包产业发展，支持服务外包企业做大做强，积极承接国际服务外包业务，促进外贸增长方式转变，财政部、商务部决定继续安排承接国际服务外包业务发展资金（以下简称发展资金），对2013年度承接国际服务外包的相关业务予以支持。现就有关事项通知如下：

一、 2013年资金支持的领域和重点

根据《2013年度承接国际服务外包业务发展资金管理指南》（详见附件，以下简称《管理指南》）的适用范围，2013年发展资金支持的领域和重点如下：

（一）支持示范城市公共服务平台建设。

（二）支持服务外包企业取得国际通行的资质认证。

（三）支持承接国际服务外包业务企业的人才培训。

（四）支持培训机构（含大专院校，以下统称培训机构）培训承接国际服务外包人才。

二、 申请资金支持的企业和培训机构、 示范城市需具备的条件

（一）服务外包企业应当具备下列条件：

1. 属于在中国境内注册、具有企业法人资格、依法备案登记的对外贸易经营者，且如实填报《服务外包统计报表制度》中规定的报表；

2. 近两年未因在进出口业务管理、财务管理、税收管理、外汇管理、海关管理等方面受到处理处罚；

3. 已与服务外包发包商签订中长期提供服务外包业务合同，且满足以下条件之一：

（1）企业 2012 年提供服务外包业务额不低于 50 万美元，其中向境外最终客户提供服务外包业务额占本企业服务外包业务额 50%以上；

（2）企业 2012 年提供服务外包业务额不低于 500 万美元，其中向境外最终客户提供服务外包业务额占本企业服务外包业务额 35%以上。

4. 具有服务外包承接能力及服务外包市场开拓和项目管理人员，大学（含大专，下同）毕业及以上学历员工占员工总数 70%以上。

（二）培训机构应当具备下列条件：

1. 具有服务外包人才培训的从业资格；

2. 具有符合条件的场地、设施、专业教材和师资力量；

3. 具有为服务外包企业提供定制培训的经验；

4. 具有健全的财务制度和合格的财务管理人员；

5. 所申报的培训项目原则上为非盈利培训；

6. 上年度培训机构无虚报、瞒报等违规行为。

各省、自治区、直辖市、计划单列市（含示范城市）商务主管部门应当根据上述条件制定培训机构管理办法并报商务部备案，对培训机构进行规范化管理和指导，对符合规定的培训机构进行备案。

（三）示范城市应为经国家批准的 21 个示范城市，申请 2013 年度资金支持前，已制定并公布了示范城市服务外包公共服务平台建设资金使用管理办法。

三、 支持的标准和支持方式

对 2012 年 7 月 1 日—2013 年 3 月 31 日期间的服务外包业务予以支持：

（一）给予示范城市 500 万元的定额支持，专项用于公共技术服务平台、公共信息服务平台和公共培训服务平台所需设备购置、运营及维护费用；建立服务外包信息安全及知识产权保护体系、国际市场品牌推广、开展产业研究等。

（二）对服务外包企业取得的开发能力成熟度模型集成（CMMI）、开发能力成熟度模型（CMM）、人力资源成熟度模型（PCMM）、信息安全管理（ISO27001/BS7799）、IT服务管理（ISO20000）、服务提供商环境安全性（SAS70）、国际实验动物评估和认可委员会认证（AAALAC）、优良实验室规范（GLP）、信息技术基础架构库认证（ITIL）、客户服务中心认证（COPC）、环球同业银行金融电讯协会认证（SWIFT）、质量管理体系要求（ISO9001）、业务持续性管理标准（BS25999）等相关认证及认证的系列维护、升级给予支持，每个企业每年最多可申报3个认证项目，每个项目不超过50万元的资金支持。

（三）服务外包企业每新录用1名大学以上学历员工从事服务外包工作并签订1年以上（含1年，下同）劳动合同的，给予企业每人不超过4500元的定额培训支持（定向用于上述人员的培训）。对被录用人员提前解除合同，并在原合同规定的1年期内，与其他服务外包企业或原企业签订新的劳动合同的不再予以资金支持。

（四）服务外包培训机构培训的从事服务外包业务人才（大学以上学历），通过服务外包业务专业知识和技能培训考核，并与服务外包企业签订1年以上劳动合同的，给予培训机构每人不超过500元的定额培训支持。

四、 资金的申请和拨付

发展资金的申请、拨付和跟踪问效，严格执行《管理指南》的有关规定。

请各省、自治区、直辖市、计划单列市商务和财政主管部门按照规定审核、汇总相关申请材料，于2013年6月10日前上报到商务部、财政部，逾期不予受理。

各地区（单位）在工作中如发现问题，请及时向财政部（企业司）、商务部（财务司、服务贸易和商贸服务业司）反映。

特此通知。

财政部 商务部

2013年4月9日

［附件］：2013年度承接国际服务外包业务发展资金管理指南

第一章　总则

第一条　依据《国务院办公厅关于促进服务外包产业发展问题的复函》（国办函，［2009］9号）、《国务院办公厅关于鼓励服务外包产业加快发展的复函》（国办函，［2010］69号）和《国务院办公厅关于进一步促进服务外包产业发展的复函》（国办函，［2013］33号），中央财政安排承接国际服务外包业务发展资金（以下简称发展资金）。为保证发展资金使用的科学、规范、安全、有效，制定本指南。

第二条　服务外包是指机构将由内部完成的非核心业务剥离出来，通过签订合同的方式，外包给外部专业服务提供商提供的有偿服务。服务外包业务范围详见附表1。

本指南所指承接国际服务外包业务是指境内企业与境外客户签订服务外包合同，向境外客户提供的国际（离岸）外包服务并从境外取得收入的服务外包业务。

第二章　支持范围

第三条　发展资金应专款专用，主要用于鼓励示范城市的公共服务平台建设；提高服务外包企业的国际竞争力；优化从业人员结构。

第四条　根据服务外包产业发展需要，商务部会同财政部每年确定年度发展资金的支持领域和重点、支持额度、标准和方式。

第三章　资金申请

第五条　申请服务外包平台资金支持的示范城市应当提交以下材料：

（一）《服务外包示范城市公共平台支持资金申请报告》，包括本城市和重点园区的外包产业发展概况，以及重点外包行业、企业基本情况和发展概况等；

（二）本地区服务外包公共平台资金使用管理办法；

（三）服务外包平台建设的可行性研究报告、建设报告、验收报告和专项审计报告；

（四）其他有关材料。

第六条　申请国际资质认证补助的企业应向所在地商务主管部门提交以下材料：

（一）《国际资质认证补助申请报告》，包括企业基本情况，开展服务外包情况，以及获得资质认证情况等；

（二）国际资质认证证书复印件；

（三）与相关国际认证评估顾问公司签订的合同协议复印件；

（四）缴纳认证费用凭证的复印件，包括认证费用发票和相对应的银行出具的支付凭证；

（五）包括认证内容的审计报告，或专门针对认证内容的审计报告；

（六）其他有关证明材料。

第七条　申请人才培训补助的企业应向所在地商务主管部门提交以下材料：

（一）《服务外包人才培训资金补助申请报告》，包括企业基本信息及相关发展情况，以及《服务外包人才培训资金补助申请表》（详见附表2）；

（二）营业执照复印件，地税、国税登记证复印件；

（三）相关资质证书复印件；

（四）2012年7月1日—2013年3月31日期间新录用人员身份证明，大学以上学历证明，以及签订1年以上的《劳动合同》的复印件；企业为新录用人员在申报期间所缴纳的社会保险证明的复印件；

（五）经会计师事务所审计的企业2012年度财务会计报告；

（六）包括服务外包业务培训内容的审计报告，或专门针对服务外包业务培训内容的审计报告；

（七）服务外包合同或协议的复印件。

附录十四：国务院办公厅关于进一步促进服务外包产业发展的复函（国办函［2013］33号）

商务部、发展改革委、教育部、科技部、工业和信息化部、财政部、税务总局、知识产权局、外汇局：

你们关于进一步促进服务外包产业发展的请示收悉。经国务院批准，现函复如下：

一、 延续并完善示范城市发展服务外包的政策措施

（一）2013—2015年，中央财政继续安排示范城市各500万元资金，用于服务外包公共服务平台建设。资金支持范围增加示范城市建立服务外包信息安全及知识产权保护体系、国际市场品牌推广、开展产业研究等。

（二）将示范城市离岸服务外包业务免征营业税和技术先进型服务企业减按15%的税率征收企业所得税、职工教育经费不超过工资薪金总额8%的部分税前扣除两项政策延续至2018年年底。

（三）中央财政继续对地方安排补助资金，对符合条件的企业、单位开展服务外包人才培训、资质认证等给予补助。各地方可结合本地实际情况，优化操作模式，简化申报程序，调整申报条件，确定支持重点和支持标准。要加强制度建设和绩效评估，确保资金使用安全有效。

（四）积极推动服务外包企业提高技术创新和集成服务水平，通过国家科技计划（专项）等引导和支持企业开展集成设计、综合解决方案及相关技术项目等研发。进一步放宽技术先进型服务企业认定条件，将离岸外包业务收入占企业总收入的比例由50%调整为35%，先在苏州工业园区试点，根据试点情况适时研究推广。

（五）完善服务外包中高端人才鼓励政策，科学界定中高端人才标准，对中高端人才培训加大补助力度。总结江苏、浙江两省高校服务外包人才培养试点经验，逐步在示范城市推广。建立包括高等学校、社会培训机构和企业基地等在内的社会化开放式服务外包人才培养体系，继续深化校企合作，重点支持一批办学规范、实力强、效果好的高等学校和社会培训机构。

二、 加快国际营销网络建设

支持服务外包企业通过境外并购建立营销和交付网络，吸纳境外中端

人才，符合条件的企业可申请对外经济技术合作专项资金支持和出口信贷优惠利率。进一步简化服务外包企业境外并购核准程序，提高工作便利化程度。加大国际市场开拓力度，打造中国服务外包产业整体形象，树立“中国外包”品牌。

三、 促进服务外包离岸在岸协调发展

进一步研究在岸与离岸服务外包协调发展政策措施，支持有条件的服务外包企业承接国内服务项目。积极培育服务外包在岸市场，鼓励政府机构和各类企业创新管理运营理念，购买专业服务。

四、 完善服务外包产业发展环境

加强服务外包信息安全法律法规体系建设，推动示范城市所在省（区、市）尽快研究出台服务外包知识产权和信息安全保护等方面的地方法规。开展服务外包信息安全认证评估，引导和支持企业建立内控机制。继续加强服务外包产业基础研究，出台相关行业标准。鼓励地方政府在员工住宿、物业租赁等方面对服务外包企业给予支持。

五、原则同意《中国服务外包示范城市综合评价办法》，由商务部会同相关部门组织实施，并在实践中不断完善。

六、商务部要会同相关部门进一步加强对地方发展服务外包产业的指导与服务，对相关政策措施落实情况进行督促检查，切实推动我国服务外包产业健康发展。

二〇一三年二月五日

附录十五：教育部 商务部关于创新服务外包人才培养机制提升服务外包产业发展能力的意见（教高［2014］2号）

各省、自治区、直辖市教育厅（教委）、商务主管部门，新疆生产建设兵团教育局、商务局，教育部直属有关高等学校，中国服务外包示范城市教育局、商务主管部门：

为深入贯彻党的十八届三中全会精神，落实《国家中长期教育改革和发展规划纲要（2010—2020年）》，创新高校、培训机构和有关企业服务

外包人才培养机制，提高人才培养质量，为服务外包产业提供人才和智力支撑，促进服务外包产业健康发展，根据《国务院办公厅关于进一步促进服务外包产业发展的复函》（国办函［2013］33号）要求，现提出如下意见。

一、优化服务外包专业和人才结构。服务外包产业涉及信息技术外包服务、业务流程外包服务、知识流程外包服务等。高校要根据产业发展需要，积极创造条件，增设服务外包相关专业，或在现有计算机类专业等相关专业中开设服务外包方向。加快产业急需的应用型、复合型、创新型人才培养，地方所属高校的服务外包相关专业要以培养实践能力强的应用型人才为主；示范性软件学院要加强服务外包中高端人才培养；示范性软件职业技术学院要把服务外包实用技术技能人才培养作为重要任务。高校要根据服务外包产业的发展变化，建立人才培养结构动态调整机制。有条件的高校要与中国服务外包示范城市开展合作，组织开展订单培养或开设非学历研修班，建立面向市场的开放式教学体系。

二、完善服务外包人才相关标准。教育部组织制订并发布服务外包相关本科专业类教学质量国家标准和高职专业教学标准。商务部支持行业组织研究服务外包初、中、高级人才标准，支持服务外包企业结合标准和自身发展实际，构建国际化、梯队式的内部培训体系。有关高校、培训机构和服务外包企业依照标准进行人才培养培训，建立健全面向市场的开放式教学体系。引导社会机构依照标准进行评价，促进服务外包人才培养质量持续改进。

三、深化服务外包人才培养机制改革。高校要积极与服务外包企业合作，校企共同制订培养目标、共同开发课程体系和教学内容、共同实施培养过程、共同评价培养质量；加大对实践教学的投入，完善实习实训基地管理和运行机制；有计划地组织青年教师赴服务外包企业进行挂职锻炼，聘请实践经验丰富、综合素质好的服务外包企业专家担任兼职教师，提升教师队伍的工程实践能力；充分利用国家留学基金优秀本科生国际交流项目，加强服务外包国际化人才培养。服务外包企业要深度参与人才培养，通过共同实施“卓越工程师教育培养计划”、共建实践教育基地、共同完成科研项目和人才相互交流等，促进高校人才培养与企业需求紧密结合。支持高校和企业不断创新合作模式，重点支持企业录用合作项目中的大学毕业生。中国服务外包示范城市要积极推动校企合作，加强对校企联盟的政策支持，根据国际服务外包业务发展资金管理要求和本地区服务外包公共平台资金使用管理办法，建立健全公共信息服务平台和公共培训服务平台，为大学生和服务外包从业人员实习实训，加强能力建设等提供良好的条件和环境。

四、引导服务外包相关专业大学生创新创业。充分利用服务外包产业知识密集的特点，为大学生创新创业提供支持和服务。高校要把创业教育纳入人才培养方案，使学生掌握创业所需的基本知识，培养创业精神，锻炼创业能力。通过“大学生创新创业训练计划”，支持学生开展服务外包领域的创新创业实践。通过举办中国大学生服务外包创新创业大赛等，搭建大学生创新和创业能力展示平台，促进兼备外语和相关专业能力的复合型人才培养。鼓励服务外包企业向大学生提供创业指导。中国服务外包示范城市要结合本地实际，制定相关促进政策，帮助扶持大学生创办服务外包企业。

五、推动高校毕业生到服务外包企业就业。积极举办服务外包人才招聘活动，搭建服务外包企业和高校毕业生之间的交流和双选平台。组织中国服务外包示范城市和高校积极参与，鼓励服务外包重点联系企业根据岗位空缺和需求情况及时做好招聘工作。各地要及时发布服务外包企业招聘信息和接收实习实训信息，增加各类人才到服务外包企业的就业机会。高校要主动对接服务外包企业的人才需求，加强对毕业生的就业指导和宣传引导。

六、健全服务外包人才培养政策和组织保障。教育部、商务部共同成立服务外包人才培养工作组和专家组，协调相关政策，组织研究人才标准，宏观指导服务外包人才培养工作。加强政策扶持，对符合条件的服务外包企业，每录用 1 名大专以上学历员工从事服务外包工作并签订 1 年以上劳动合同的，给予企业不超过每人4500元的培训支持；对符合条件的培训机构培训的从事服务外包业务人才（大专以上学历），通过服务外包业务专业知识和技能培训考核，并与服务外包企业签订1年以上劳动合同的，给予培训机构每人不超过500元的培训支持。通过“高等学校本科教学质量与教学改革工程”项目，支持高校开展服务外包相关专业综合改革、建设校外实践教育基地、促进课程建设与开放共享。通过“卓越工程师教育培养计划”，支持服务外包相关专业的人才培养模式改革。

各地教育、商务部门要根据经济转型升级的要求，结合当地服务外包产业发展需要，按照上述意见出台具体办法，推动服务外包人才培养机制改革创新，提升服务外包人才培养能力，促进我国服务外包产业健康发展。

附录十六：国务院关于促进服务外包产业加快发展的意见（国发［2014］67号）

各省、自治区、直辖市人民政府，国务院各部委、各直属机构：

近年来，我国服务外包产业规模迅速扩大，结构不断优化，以中国服务外包示范城市为主体的产业聚集效应日益增强。坚持改革创新，面向全球市场，加快发展高技术、高附加值服务外包产业，促进大众创业、万众创新，推动从主要依靠低成本竞争向更多以智力投入取胜转变，对于推进结构调整，形成产业升级新支撑、外贸增长新亮点、现代服务业发展新引擎和扩大就业新渠道，具有重要意义。为促进我国服务外包产业加快发展，推动“中国服务”再上台阶、走向世界，现提出以下意见：

一、 总体要求

（一）指导思想。以邓小平理论、“三个代表”重要思想、科学发展观为指导，全面贯彻落实党的十八大和十八届二中、三中、四中全会精神，认真落实党中央、国务院的决策部署，以拓展国际国内市场为导向，围绕培育竞争新优势和营造良好发展环境，坚持改革创新、突出重点、分步实施、示范集聚的原则，着力激发企业创新动力和市场活力，尽快将服务外包产业提高到一个新水平。

（二）发展目标。今后三年，培养一批中高端人才、复合型人才和国际型人才，培育一批具有国际先进水平的服务外包知名企业，建设一批主导产业突出、创新能力强、体制机制先行先试的服务外包产业集聚区；人才队伍规模和素质进一步提高，吸纳大学生就业的数量大幅增长；服务外包产业规模持续快速增长，国际服务外包业务规模年均增长25%以上；产业结构进一步优化，高技术含量、高附加值的服务外包业务占比不断提高；区域布局明显改善，特色鲜明、优势互补、协调有序的良性发展格局初步形成；服务外包企业的专业服务能力和水平显著提高，中国服务外包示范城市的辐射带动作用进一步增强；服务外包产业政策体系和服务保障体系进一步完善。

到2020年，服务外包产业国际国内市场协调发展，规模显著扩大，结构显著优化，企业国际竞争力显著提高，成为我国参与全球产业分工、提升产业价值链的重要途径。

二、 培育竞争新优势

（三）明确产业发展导向。同步推进信息技术、业务流程和知识流程外包服务，着力发展高技术、高附加值服务外包业务，促进向产业价值链高端延伸。定期发布《服务外包产业重点发展领域指导目录》，加强对服务外包产业发展指导。积极拓展服务外包行业领域，大力发展软件和信息技术、设计、研发、互联网、医疗、工业、能源等领域服务外包；加快发展文化创意、教育、交通物流、健康护理、科技服务、批发零售、休闲娱乐等领域服务外包；积极发展金融服务外包业务，鼓励金融机构将非核心业务外包。

（四）实施国际市场多元化战略。适应全球服务业加速跨国转移新趋势，进一步扩大与有关国家和地区服务外包交流与合作。巩固和加强与发达国家合作，着力提高服务外包高端业务比重；积极开拓新兴市场，不断拓展新业务和营销网络；深化与周边国家合作，推动服务标准出口；密切与丝绸之路经济带和21世纪海上丝绸之路沿线国家和地区的联系，构建多元化市场新格局。

（五）优化国内市场布局。立足服务外包产业现有基础和发展趋势，深度挖掘国内服务外包市场潜力，构建以中国服务外包示范城市为主体，结构合理、各具特色、优势互补的产业发展格局。发挥长三角、珠三角、环渤海及京津冀等区域已形成的产业集聚优势，积极吸引国内外创新资源，搭建具有国际先进水平的服务外包产业平台，不断提升产业竞争力，率先达到国际先进水平，加快带动全国服务外包产业发展。发挥中西部地区的区位优势，进一步加强服务外包产业基础设施建设，将推动服务外包产业发展作为产业转型升级、构建内陆地区开放型经济新高地的重要突破口，有序承接东部地区和国际产业转移。发挥东北地区工业体系完整的优势，不断优化发展环境，加大市场开拓力度，为振兴东北老工业基地和资源型城市转型发展提供有力支撑。

（六）培育壮大市场主体。支持各类所有制企业从事服务外包业务，鼓励服务外包企业专业化、规模化、品牌化发展。推动服务外包企业提升研发创新水平，通过国家科技计划（专项、基金等）引导和支持企业开展集成设计、综合解决方案及相关技术项目等研发。鼓励服务外包企业加强商业模式和管理模式创新，积极发展承接长期合约形式的服务外包业务。培育一批创新能力强、集成服务水平高、具有国际竞争力的服务外包龙头企业。支持一批“专、精、特、新”的中小型服务外包企业。鼓励企业特别是工业企业打破“大而全”“小而全”的一体化格局，购买非核心业务的专业服务。引导服务外包企业通过兼并重组，优化资金、技术、人才等资源要素配置，实现优势互补。政府部门要不断拓宽购买服务领域，将可外包业务委托给专业服务企业。

（七）加强人才队伍建设。充分利用国际国内两种资源，加强服务外包各类人才培养培训。采取引进和培养相结合的方式，加强中高端人才队伍建设。支持高校以人才需求为导向调整优化服务外包专业和人才结构，依照服务外包人才相关标准组织实施教学活动，进行课程体系设置改革试点，引导大学生创新创业。鼓励高校和企业创新合作模式，积极开展互动式人才培养，共建实践教育基地，加强高校教师与企业资深工程师的双向交流。全面提升从业人员能力和水平，支持符合条件的服务外包企业通过开展校企合作录用高校毕业生，建立和完善内部培训体系。

三、 强化政策措施

（八）加强规划引导。全面客观评估服务外包产业“十二五”规划实施情况，研究制订《中国国际服务外包产业发展“十三五”规划》，明确提出“十三五”服务外包产业的重点领域、主要任务和保障措施等。科学谋划服务外包产业集聚区布局，尽快形成产业集聚，发挥引领带动作用。有关部门要将服务外包产业集聚区的教育资源，物联网、大数据、云计算和移动互联及新技术应用的基础设施，以及企业的技术、管理和商业模式创新项目等纳入“十三五”相关规划。

（九）深化国际交流合作。提升双边经贸合作质量，在现有机制框架下有序推进服务外包产业务实合作，营造有利于共同发展的国际环境。加大支持服务外包企业参加国际展会、项目洽谈等活动。结合实施“走出去”战略和对外援助，综合运用贸易、出口信贷、对外投资合作和对外援助等多种措施，支持有条件的服务外包企业“走出去”，开展研发外包、知识流程外包和业务流程外包等高附加值项目合作。鼓励企业和机构在国际市场购买技术含量高、业务模式新的高端服务，引进先进技术、先进经营方式和管理经验，加快推动国内服务外包产业转型升级。

（十）加大财政支持力度。完善现有财政资金政策，优化资金安排和使用方向，改进支持方式，加大对国际服务外包业务的支持，鼓励开展国际服务外包研发、人才培训、资质认证、公共服务等。充分发挥财政资金的杠杆引导作用，通过设立国际服务外包产业引导基金等市场化支持方式，引导社会资金加大对承接国际服务外包业务企业的投入，促进扩大服务出口。

（十一）完善税收政策。从区域和领域上扩大对技术先进型服务企业减按15%税率缴纳企业所得税和职工教育经费不超过工资薪金总额8%部分税前扣除的税收优惠政策实施范围。根据服务外包产业集聚区布局，统筹考虑东、中、西部城市，将中国服务外包示范城市数量从 21 个有序增加到 31 个。实行国际服务外包增值税零税率和免税政策。

（十二）加强金融服务。拓宽服务外包企业投融资渠道。鼓励金融机构按照风险可控、商业可持续原则，创新符合监管政策、适应服务外包产业特点的金融产品和服务，推动开展应收账款质押、专利及版权等知识产权质押。支持政策性金融机构在有关部门和监管机构的指导下依法合规创新发展，加大对服务外包企业开拓国际市场、开展境外并购等业务的支持力度，加强服务外包重点项目建设。鼓励保险机构创新保险产品，提升保险服务，扩大出口信用保险规模和覆盖面，提高承保和理赔效率。利用现有资金政策，引导融资担保机构加强对服务外包中小企业的融资担保服务。支持符合条件的服务外包企业进入中小企业板、创业板、中小企业股份转让系统融资。支持符合条件的服务外包企业通过发行企业债券、公司债券、非金融企业债务融资工具等方式扩大融资，实现融资渠道多元化。

（十三）提升便利化水平。深化境外投资审批制度改革，推进境外投资便利化，实行备案为主的管理方式，最大限度缩小核准范围，简化审批手续。进一步提升通关便利化水平，创新服务外包海关监管模式。创新服务外包检验检疫监管模式，对承接国际服务外包业务所需样机、样本、试剂等简化审批程序，实施分类管理，提供通关便利。加快落实外汇管理便利化措施，具备条件的服务外包企业可申请参与服务外包境外投资外汇管理改革试点，根据试点情况及时研究推广。鼓励在跨境贸易和投资中使用人民币结算。为从事国际服务外包业务的外籍中高端管理和技术人员提供出入境和居留便利。提高国际通信服务水平，支持基础电信运营商为服务外包企业网络接入和国际线路租赁提供便利。

四、 健全服务保障

（十四）建设法治化营商环境。研究完善服务外包产业的法律体系，促进产业发展和规范经营行为。切实保障国家安全，对故意或者过失泄露国家秘密、危害国家安全等违法行为，要依法追究法律责任。加大服务外包领域版权、专利、商标等知识产权的执法监管力度。建立服务外包企业信用记录和信用评价体系，惩戒失信，打击欺诈，完善服务外包企业诚信体系建设。鼓励条件成熟的地方开展地方性立法，适时出台有关服务外包产业的地方性法规和政府规章。

（十五）提高公共服务水平。驻外使（领）馆要加大对服务外包企业境外开展合作的指导协调力度，主动加强与国内主管部门的沟通配合，及时提供有效信息和政策建议。发挥行业协会的作用，提高服务和促进水平，加强行业自律，研究制订服务和人才标准，树立“中国服务”品牌。充分利用现有服务外包交流合作平台，吸引跨国公司转移国际服务外包业务，鼓励研究机构、商协会、高校和企业开展多种形式的务实合作。加强对服务外包公共信息服务，及时发布国际国内市场动态和政策信息。

（十六）加强统计分析体系建设。科学界定服务外包产业内涵和外延，健全服务外包统计指标体系和统计制度。加强服务外包统计信息系统建设。强化统计监测功能，推动服务外包产业监测预警体系建设。建立健全有关部门服务外包信息共享机制。加强与国际组织、研究机构和行业协会的数据信息交流与合作，按月度发布服务外包统计数据。

各地区、各部门要充分认识促进服务外包产业加快发展的重大意义，加强组织领导，建立工作机制，强化部门协同和上下联动，切实将本意见的各项任务落到实处、取得实效。商务部要加强统筹协调，会同有关部门科学评估服务外包产业发展情况，对本意见落实情况进行跟踪分析和监督检查，每年向国务院报告一次落实情况，重要问题及时报告。

附件：1. 重点任务分工及进度安排表

2. 21 个中国服务外包示范城市

国务院

2014 年 12 月 24 日

（此件公开发布）

[附件 1]：重点任务分工及进度安排表

序号	工作任务	负责单位	时间进度
1	定期发布《服务外包产业重点发展领域指导目录》	商务部牵头，财政部、海关总署参加	2015 年 1 月启动
2	积极发展金融服务外包业务，鼓励金融机构将非核心业务外包	人民银行牵头，商务部、银监会、证监会、保监会参加	持续实施
3	推动服务外包企业提升研发创新水平，通过国家科技计划（专项、基金等）引导和支持企业开展集成设计、综合解决方案及相关技术项目等研发	科技部	持续实施
4	政府部门要不断拓宽购买服务领域，将可外包业务委托给专业服务企业	财政部	持续实施
5	支持高校以人才需求为导向调整优化服务外包专业和人才结构，依照服务外包人才相关标准组织实施教学活动，进行课程体系设置改革试点，引导大学生创新创业。鼓励高校和企业创新合作模式，积极开展互动式人才培养，共建实践教育基地，加强高校教师与企业资深工程师的双向交流	教育部牵头，商务部参加	持续实施
6	研究制订《中国国际服务外包产业发展“十三五”规划》。有关部门要将服务外包产业集聚区的教育资源，物联网、大数据、云计算和移动互联及新技术应用的基础设施，以及企业的技术、管理和商业模式创新项目等纳入“十三五”相关规划	商务部牵头，发展改革委、教育部、科技部、工业和信息化部参加	2015 年 1 月启动
7	加大支持服务外包企业参加国际展会、项目洽谈等活动	商务部牵头，财政部参加	持续实施
8	完善现有财政资金政策，优化资金安排和使用方向，改进支持方式，加大对国际服务外包业务的支持，鼓励开展国际服务外包研发、人才培训、资质认证、公共服务等。充分发挥财政资金的杠杆引导作用，通过设立国际服务外包产业引导基金等市场化支持方式，引导社会资金加大对承接国际服务外包业务企业的投入，促进扩大服务出口	财政部牵头，商务部参加	持续实施

续表

序号	工作任务	负责单位	时间进度
9	从区域和领域上扩大对技术先进型服务企业减按15%税率缴纳企业所得税和职工教育经费不超过工资薪金总额8%部分税前扣除的税收优惠政策实施范围	财政部牵头，发展改革委、科技部、商务部、税务总局参加	持续实施
10	将中国服务外包示范城市数量从21个有序增加到31个	商务部牵头，发展改革委、教育部、科技部、工业和信息化部、财政部、人力资源社会保障部、税务总局、外汇局参加	2015年1月启动
11	实行国际服务外包增值税零税率和免税政策	财政部牵头，商务部、税务总局参加	持续实施
12	鼓励金融机构按照风险可控、商业可持续原则，创新符合监管政策、适应服务外包产业特点的金融产品和服务，推动开展应收账款质押、专利及版权等知识产权质押	人民银行牵头，财政部、商务部、银监会参加	持续实施
13	支持政策性金融机构在有关部门和监管机构的指导下依法合规创新发展，加大对服务外包企业开拓国际市场、开展境外并购等业务的支持力度，加强服务外包重点项目建设	商务部牵头，财政部、人民银行、银监会参加	持续实施
14	鼓励保险机构创新保险产品，提升保险服务，扩大出口信用保险规模和覆盖面，提高承保和理赔效率	保监会牵头，财政部、商务部参加	持续实施
15	利用现有资金政策，引导融资担保机构加强对服务外包中小企业的融资担保服务	财政部牵头，工业和信息化部、商务部参加	持续实施
16	支持符合条件的服务外包企业进入中小企业板、创业板、中小企业股份转让系统融资。支持符合条件的服务外包企业通过发行企业债券、公司债券、非金融企业债务融资工具等方式扩大融资，实现融资渠道多元化	证监会牵头，发展改革委、财政部、商务部、人民银行参加	持续实施
17	进一步提升通关便利化水平，创新服务外包海关监管模式	海关总署牵头，财政部、商务部参加	持续实施
18	创新服务外包检验检疫监管模式，对承接国际服务外包业务所需样机、样本、试剂等简化审批程序，实施分类管理，提供通关便利	质检总局牵头，商务部、海关总署参加	持续实施

续表

序号	工作任务	负责单位	时间进度
19	加快落实外汇管理便利化措施，具备条件的服务外包企业可申请参与服务外包境外投资外汇管理改革试点，根据试点情况及时研究推广	外汇局牵头，商务部参加	持续实施
20	为从事国际服务外包业务的外籍中高端管理和技术人员提供出入境和居留便利	外交部、公安部牵头，人力资源社会保障部、商务部、质检总局参加	持续实施
21	提高国际通信服务水平，支持基础电信运营商为服务外包企业网络接入和国际线路租赁提供便利	工业和信息化部	持续实施
22	建立服务外包企业信用记录和信用评价体系，惩戒失信，打击欺诈，完善服务外包企业诚信体系建设	商务部牵头，人民银行、工商总局、外汇局参加	2015 年 1 月启动
23	科学界定服务外包产业内涵和外延，健全服务外包统计指标体系和统计制度	商务部、统计局牵头	2015 年 1 月启动
24	加强服务外包统计信息系统建设。强化统计监测功能，推动服务外包产业监测预警体系建设	商务部牵头，统计局参加	持续实施
25	建立健全有关部门服务外包信息共享机制	商务部牵头，教育部、人民银行、统计局、银监会、证监会、保监会、外汇局参加	2015 年 1 月启动

［附件 2］：21 个中国服务外包示范城市

北京、天津、上海、重庆、大连、深圳、广州、武汉、哈尔滨、成都、南京、西安、济南、杭州、合肥、南昌、长沙、大庆、苏州、无锡、厦门。

另，2016 年 5 月 6 日，商务部发布了《商务部 发展改革委 教育部 科技部 工业和信息化部 财政部 人力资源社会保障部 税务总局 外汇局关于新增中国服务外包示范城市的通知》（商服贸函［2016］208 号），《通知》提出根据服务外包产业集聚区布局，统筹考虑东、中、西部城市，将中国服务外包示范城市数量从21个有序增加到31个。

《通知》中将沈阳市、长春市、南通市、镇江市、宁波市、福州市（含平潭综合实验区）、青岛市、郑州市、南宁市和乌鲁木齐市等10个城市确定为中国服务外包示范城市，并将享受现有服务外包示范城市同等的专项扶持与支持政策。

第三部分：中国省（自治区、直辖市）发展服务外包有关政策、意见

附录十七：北京市人民政府办公厅转发市商务委关于促进本市服务外包产业发展若干意见的通知（京政办发［2009］27号）

各区、县人民政府，市政府各委、办、局，各市属机构：

市商务委《关于促进本市服务外包产业发展的若干意见》已经市政府同意，现转发给你们，请认真贯彻落实。

北京市人民政府办公厅

二〇〇九年五月八日

关于促进本市服务外包产业发展的若干意见

（市商务委　二〇〇九年五月）

为贯彻落实国务院办公厅有关促进服务外包产业发展的文件精神，优化本市经济结构，转变经济发展方式，加快推进服务外包产业发展，重点提升承接离岸服务外包的能力和水平，强化本市在国内服务外包产业的领先地位，现就促进本市服务外包发展提出如下意见：

一、 对技术先进型服务外包企业实行税收优惠政策

服务外包企业经认定为技术先进型服务企业后，自2009年1月1日起至2013年12月31日止，减按15%的税率征收企业所得税；职工教育经费按不超过企业工资总额8%的比例据实在企业所得税税前扣除；对离岸服务外包业务收入免征营业税。技术先进型服务企业的认定按国家财政部等部门公布的具体标准执行。

二、 对技术先进型服务外包企业及培训机构人才培养给予资金支持

按照中央财政支持政策的有关规定，对符合条件的技术先进型服务外

包企业，每新录用1名大专以上学历员工从事服务外包工作并签订1年以上劳动合同的，给予企业不超过4500元的培训支持；对符合条件的培训机构培训的从事服务外包业务人才（大专以上学历），通过服务外包专业知识和技能培训考核，并与服务外包企业签订1年以上劳动合同的，给予培训机构每人不超过500元的培训支持。

三、 对拓展本市服务外包领域的相关工作给予资金支持

按照中央财政支持政策的有关规定，对我市服务外包公共服务平台设备购置及运营、服务外包企业创建品牌、知识产权保护、参加境内外各类相关展览和国际推介会、取得国际资质认证等方面给予资金支持。

四、 设立本市服务外包产业发展配套资金

该资金作为中央财政对本市服务外包人才培养等资金支持的地方配套资金，额度不少于本年度中央支持资金的2倍，重点用于扩大本市离岸服务外包业务，支持服务外包示范区建设各类公共服务平台等。本市服务外包产业发展配套资金使用办法由市商务委会同市财政局研究制定。

五、 增强服务外包企业融资能力

拓宽服务外包企业融资渠道，扩大融资能力。加大对服务外包企业的信贷支持力度，创新信贷支持模式，鼓励银行、担保机构、再担保机构向服务外包企业融资担保业务倾斜；推动各类与政府引导基金合作的社会投资机构加强和服务外包企业的对接交流，鼓励创业投资向服务外包企业倾斜；支持服务外包企业境内外上市，促进符合条件的非上市服务外包企业进入中关村代办股份转让系统融资和转让股份。

六、 实行与服务外包企业特点相适应的特殊工时制度

对符合条件且劳动用工管理规范的技术先进型服务外包企业，确因生产特点无法实行标准工时工作制的部分岗位，经企业注册地的区县人力资源和社会保障部门行政许可后，可以实行特殊工时工作制。

七、 进一步完善对服务外包企业的外汇管理制度及通关监管模式

服务外包企业因服务贸易、收益和经常转移需对外支付外汇资金的，

在一定额度以下无需向外汇指定银行提交《服务贸易、收益、经常转移和部分资本项目对外支付税务证明》；采取多种方式对符合条件的服务外包企业发展离岸服务外包业务给予账户开立、资金汇兑等方面的政策便利。建立和完善与服务外包产业特点相适应的通关监管模式，提供相应的通关便利。

八、 优化服务外包产业发展环境

支持服务外包企业自主品牌建设；加大对服务外包产业的知识产权保护力度；为服务外包企业提供高质量的电信等基础服务；强化服务外包示范区产业聚集效应，鼓励和吸引各类国际服务外包人才在京创业和就业，建立服务外包业务人才库和服务外包人才网络招聘长效机制；加强服务外包产业研究；发挥北京服务外包企业协会产业促进功能。

九、 建立促进服务外包产业发展的长效协调工作机制

为切实提高政府部门对服务外包企业的服务水平和服务效率，及时协调解决企业面临的困难和问题，促进服务外包产业健康、快速发展，建立本市服务外包产业发展联席会议制度。市商务委、市发展改革委、市经济信息化委、市科委、中关村科技园区管委会、市教委、市人力社保局、市财政局、市统计局、市地税局、市金融局、北京海关、国家外汇管理局北京外汇管理部等部门为成员单位，联席会议的日常工作由市商务委负责。

附录十八：北京市服务外包发展配套资金管理办法（暂行）

第一章 总则

第一条 为进一步巩固我市服务外包领军城市地位，促进我市服务外包产业快速健康发展，提升我市承接国际服务外包的能力和水平，根据国务院办公厅“关于促进服务外包产业发展问题的复函”（国办函［2009］9号）、市政府办公厅转发市商务委关于促进本市服务外包产业发展若干意见的通知（京政办函［2009］27号）以及有关财政专项资金管理规定，特制定本办法。

第二条 北京市服务外包发展配套资金（以下简称“配套资金”）是市财政专项安排用于支持我市服务外包产业发展的资金。配套资金的管理和使用应遵守公开透明、定向使用、科学管理、加强监督的原则。

第三条 配套资金由市商务委员会和市财政局负责管理，各司其职。市商务委负责配套资金的业务管理，市财政局负责配套资金的预算和财务管理。

第二章 支持范围及支持标准

第四条 支持服务外包企业开拓国际市场。

（一）鼓励服务外包企业以承接国际服务外包业务为目的设立境外分支机构或办事机构。对服务外包企业设立的境外分支机构或办事机构，给予企业不超过30万元的市级资金支持。

（二）支持服务外包企业参加境内外国际性专业展会。对服务外包企业参加的由市商务部门牵头组织或其委托中介机构统一组织的服务外包专业国际市场开拓活动、展览展示活动给予市级资金支持。企业自行开展的国际市场拓展活动，按照《中小企业国际市场开拓资金管理办法》的相关规定予以市级资金支持。

（三）支持服务外包企业开展国际认证。对服务外包企业通过开发能力成熟度模型集成（CMMI）、人力资源成熟度模型（PCMM）认证、信息安全管理标准（ISO27001/ BS7799）认证、IT服务管理（ISO20000）认证、服务提供商环境安全（SAS70）认证等服务外包相关认证及认证维护费用，按照《中小企业国际市场开拓资金管理办法》的相关规定予以市级资金支持。

第五条 支持服务外包公共平台建设。

（一）支持服务外包示范区在技术服务、公共服务等方面的平台建设和运营维护。对经市商务委和市财政局审定的公共平台的设备购置费给予50%、累计不超过200万元的资金支持；对公共平台的运营维护费用，按照年度实际发生情况给予50%、最高不超过50万元的资金支持。公共平台的建设和运营维护费用由市、区政府按1∶1比例分级负担。

（二）鼓励服务外包示范区开展业务模式创新。对经市商务委和市财政局认定的示范性创新项目予以资金支持。支持总额由市、区财政按照一定比例分级负担。

（三）支持北京服务外包企业协会建设，充分发挥协会产业促进作用。重点在服务外包产业整体形象宣传、品牌推广、产业研究、知识产权保护等方面给予市级资金支持。

第六条 引导和鼓励服务外包企业做大做强。

（一）对骨干服务外包企业在租赁、自建或购买办公用房方面给予资金支持。对骨干服务外包企业开展离岸外包业务办公用房，给予企业不超过20元/每平方米/月的租房补贴，年最高补贴金额不超过300万元；自建或购买办公用房建筑面积超过15000平方米的，按照实际贷款利息的50%予以贴息，贴息年限不超过三年，累计贴息金额不超过500万元的市级资金支持。

（二）对技术先进型服务外包企业的研究开发活动予以支持。对技术先进型服务外包企业为提升外包服务技术能力或交付水平而开展的研究开发项目，给予企业不超过项目研究开发总费用20%、最高不超过100万元的市级资金支持。

（三）对服务外包企业离岸业务予以奖励。对年离岸（出口）业务收入超过1000万美元以上的服务外包企业的业务增量部分按照一定标准予以奖励。

第七条 鼓励多种形式服务外包人才培养。

（一）对已获得中央财政服务外包专项资金人才培训支持的服务外包企业的获支持的在京就业员工，给予企业每人不超过2000元的配套支持，定向用于上述人员培训。

（二）对已获得中央财政服务外包专项资金人才培训支持的培训机构，获支持的在京就业人数超过100人的，给予培训机构一次性5万元奖励；超过200人的，给予培训机构一次性15万元奖励；500人以上的，给予培训机构一次性50万元奖励。

（三）鼓励服务外包企业与京内高校联合培养服务外包人才。对在经认定的实习实训基地内实习的在京高校学生，实习期在3个月以上，且由企业提供生活或实习补助的，由市级给予企业每人每月不超过500元的实习补贴，补贴期不超过6个月。

（四）各服务外包示范区主管部门根据区域产业发展实际情况，对未获得中央财政服务外包专项资金人才培训支持且符合一定条件的服务外包企业新录用服务外包从业人员，由区县政府给予企业每人不超过3000元的资金支持，定向用于上述人员培训。

（五）鼓励中高级服务外包人才培养。对由北京服务外包企业协会统一组织的中高级服务外包人才培训活动予以支持。按项目方式申报，经市商务委和市财政局审定后实施。

第三章 申报、审核和资金拨付程序

第八条 申报及审核

（一）申报单位向所在区县（开发区，下同）商务部门提出申请并报送相关材料。各区县商务部门会同同级财政部门对申报材料审定后，联合上报市商务委和市财政局。

（二）市商务委和市财政局对申报项目审定。

第九条 资金拨付程序

市商务委和市财政局对上报的申请材料进行评审，确定年度专项资金支持项目和支持金额，由市财政局按有关管理规定拨付到项目单位。

第四章 监督与管理

第十条 获得专项资金支持的申报单位，须严格按照国家有关规定管理和使用资金。市商务委、市财政局应不定期对专项资金使用情况进行监督检查。

第十一条 对弄虚作假骗取专项资金的申报单位，由财政部门按照《财政违法行为处罚处分条例》（国务院令第427号）的规定全额收回已拨付的资金，并按照国家法律法规规定追究相关负责人的责任，同时取消以后年度专项资金的申请资格。

第十二条　各区县商务、财政部门应认真做好项目申报审查工作，对申请单位报送资料进行妥善保管，以备核查，并做好信息保密工作。

第十三条　各区县商务、财政部门要积极做好本辖区内专项资金的相关配套工作，并保证配套资金及时到位和；专项资金的相关配套工作，并保证配套资金及时到位和合理使用。

第五章　附则

第十四条　本办法由市商务委和市财政局共同负责解释。

第十五条　本办法执行期为2009年1月1日至2013年1月31日。

附录十九：关于印发《北京海关国际服务外包保税监管模式操作规程（试行）》的通知（京关加〔2010〕285号）

本关各单位、各部门：

为规范国际服务外包保税监管模式管理，支持北京地区服务外包企业承接国际（离岸）服务外包业务，特制定《北京海关国际服务外包保税监管模式操作规程（试行）》。现予印发，请遵照执行。

特此通知。

中华人民共和国北京海关
二０一0年七月八日

北京海关国际服务外包保税监管模式操作规程（试行）

第一章　总　则

第一条　为规范国际服务外包保税监管模式管理，支持北京地区服务外包企业承接国际（离岸）服务外包业务，根据《中华人民共和国海关法》《国务院办公厅关于鼓励服务外包产业加快发展的复函》《海关总署关于全面推广实施国际服务外包业务进口货物保税监管模式的通知》及其他有关法律、行政法规、规章的规定，制定本规程。

第二条　海关对国际服务外包（以下简称服务外包）保税监管进口货

物（以下简称外包进口货物）的备案、变更、通关、核查、核销等环节中的管理适用本规程。

第三条 北京海关加工贸易监管处负责本关区指导、规范、协调、监督、检查北京关区国际服务外包保税监管工作。

主管海关负责辖区内服务外包进口货物备案、变更、核查、核销、统计及信息报送等工作。

第二章 企业适用范围

第四条 北京市内经认定的技术先进型服务企业。认定工作由北京市人民政府科技部门会同相关部门组织实施。

第五条 服务外包企业在外包进口货物进口备案前，应在海关办理注册手续。

第六条 海关对管理类别 B 类及以上的服务外包企业，从事国际服务外包业务的进口货物实施保税监管，国家不予减免税的 20 种商品除外（详见附件二）。

第七条 服务外包企业不再具备技术先进型服务企业资质的，新手册不予备案，已备案手册不予延期，已备案未进口的货物不再予以保税进口；

服务外包企业的管理类别降为 C，D 类的，手册不予延期，已备案未进口的货物不再予以保税进口，已进口的货物海关征收全额风险担保金。

对上述情况，海关须在 H2000 系统内停止手册使用或停止相应商品项的进口。

第三章 外包进口货物

第八条 保税监管的国际服务外包业务进口货物是指服务外包企业履行国际服务外包合同，由国际服务外包业务境外发包方免费提供的进口设备。

第九条 外包保税进口货物属于海关监管货物，未经海关核准，企业不得将外包：进口货物抵押、质押、留置。

第十条 主管海关应按照保税监管货物的有关规定实施监管，通过核查等办法，对设备是否短少、是否本企业使用、是否用于规定的业务范围等进行核查，加强对外包进口活动使用情况的监管。

第十一条 海关可视企业实际情况对外包进口货物征收风险担保金。

第四章 备案管理

第十二条 海关对保税监管的国际服务外包进口货物暂用加工贸易设备手册（手册编号首位 D，以下简称手册）模式管理。手册以合同为单元进行监管，一个合同对应一本手册。

第十三条 服务外包企业在外包进口货物进口前，须向本企业注册地主管海关办理备案手续，并提供以下资料：

（一）技术先进型服务企业资质证明；

（二）企业法人营业执照；

（三）与境外发包方签订的国际服务外包合同及合同所附的设备清单；

（四）海关进出口货物收发货人《报关注册登记证书》；

（五）海关需要的其他单证。

第十四条 主管海关受理备案申请后，对纸质单证和电子数据予以审核，经审核符合要求的，核发手册；

第十五条 手册备案有效期为 1 年。

第十六条 现阶段，企业在办理合同备案时，借用现行管理方式，按以下规范填报手册：

（一）预录入表头“批准文号”栏目填报“FW+4 位关区代码十 4 位年”；

（二）表头“监管方式”栏目填报“加工贸易设备”（代码 0420）；

（三）表头“征免性质”栏目填报“加工设备”（代码 501）；

（四）表头“备注栏”注明：“服务外包专用手册”；

（五）表体商品项的“征免”栏目填报“全免”；

（六）其他栏目比照加工贸易设备手册规定填报。

第五章　通关管理

第十七条　企业凭手册办理设备进口报关手续，外包进口货物进口关税及进口环节增值税予以保税。

第十八条　手册项下货物进口时，进口报关单有关栏目按以下规范填报：

（一）报关单“备案号”栏目填报对应的D手册编号；

（二）“监管方式”栏目填报“加工贸易设备”（代码0420）；

（三）“征免性质”栏目填报“加工设备”（代码501）；

（四）“标记号码及备注”栏目填报“国际服务外包进口货物”；

（五）表体商品项的“征免”栏目填报“全免”；

（六）其他栏目按规定填报。

第十九条　通关部门不签发外汇付汇证明联。外包进口货物内销后可以有条件付汇。

第六章　变更管理

第二十条　外包业务合同发生变更的，服务外包企业应持变更的合同等有关单证向主管海关办理变更手续。

第二十一条　如需延期的，服务外包企业应在到期前30天内提出申请。主管海关审核后同意的，每次延期不超过1年。

第二十二条　延期时，主管海关需审核以下要素：

（一）企业是否仍具备技术先进型企业资质；

（二）设备是否按规定使用；

（三）外包合同的履约情况等。

第七章　后续管理

第二十三条　外包进口货物在外包业务的合同执行完毕后应退运出境。

第二十四条　手册项下货物退运时，出口报关单有关栏目按以下规范填报：

（一）报关单“备案号”栏目填报对应的D手册编号；

（二）报关单“监管方式”栏目填报“加工设备退运”（代码0466）；

（三）其他栏目按规定填报。

第二十五条 外包进口货物如销往国内或到期不退运境外的，须经海关批准后按规定办理进口征税手续，涉及许可证件的，还须提供许可证件。可以采取内销、结转等方式。

第二十六条 手册项下货物内销时，报关单有关栏目按以下规范填报：

（一）报关单“备案号”，栏日填报对应的D手册编号：

（二）报关单“监管方式”栏目填报“加工设备内销”（代码0446）：

（三）其他栏目按规定填报。

第二十七条 手册结转至他符合条件的企业和合同继续执行时，报关单有关栏目按以下规范填报：

报关单“备案号”，栏目填报对应的D手册编号：

（二）报关单“监管方式”栏目填报“加工设备结转”（代码0466）：

（三）其他栏目按规定填报。

第二十八条 手册到期后，服务外包企业应在30天内持申请核销报告、手册、进出口报关单及相关单证等向海关申请核销。

第八章 审批层级

第二十九条 手册的备案、变更和核销均须经主管海关分管关（处）长批准。

第九章 联系配合

第三十条 建立联络员制度，设立关级联络员一名，主要负责与相关政府部门、总署加贸司及本关各主管海关联系沟通、统计汇总、情况报告等工作；

各主管海关分别指定一名科级领导干部及一名业务骨干负责该项工作，主要负责与关级联络员联系沟通、统计报表、信息报送等工作；

第三十一条 每季度上旬直属海关职能部门联系相关政府部门确认最新技术先进型企业名单，并传各主管海关备案，主管海关凭认定名单和认定文件办理保税备案等手续。

第三十二条 手册的备案、变更和核销均应告知关级联络员备案，同时填写《加工贸易备案事项登记表》（详见附件三）于次月 8 日前将由主管处长签字的纸本表格及电子版表格报关级联络员存档。

第三十三条 各主管海关联络员于每季度首月 8 日前将由主管处长签字的纸本《国际服务外包业务进口货物保税监管统计季表》（详见附件四）及电子版表格报关级联络员汇总统计，无填写事项则报送“无”字报表。

关级联络员负责汇总北京关区情况，并于每季度首月上旬报总署加贸司。

第十章 附则

第三十四条 海关特殊监管区域内企业从境外进口用于本公告规定的外包业务的设备，海关按照现行特殊监管区域有关规定办理。

第三十五条 服务外包是指客户单位依托于信息技术将原在机构内完成的某些服务性工作以签订服务合同的形式外包给机构外的服务供应商，或者是机构下属的共享服务中心或全球执行中心去完成，并为这些服务支付相应费用。

离岸外包（国际服务外包）是指服务外包企业向境外客户提供服务的经济活动。

第三十六条 技术先进型服务外包业务范围包括：

（一）信息技术外包服务（Information Technology Outsourcing，简称 ITO）：包括软件研发及外包、信息技术研发服务外包和信息系统运营维护外包等。

（二）技术性业务流程外包服务（Business Process Outsourcing，简称 BPO）：包括企业业务流程设计服务、企业内部管理服务、企业运营服务和企业供应链管理服务等。

（三）技术性知识流程外包服务（Knowledge Process Outsourcing，简称

KPO)：用户化的研究解决方案，是业务流程外包（BPO）的高智能延续。

第三十七条 违反本办法规定，构成违规、走私行为的，按照《海关法》和其他有关法律法规予以处罚；构成犯罪的，依法追究刑事责任。

第三十八条 本规程自下发之日起实施。本规程仅为本关区试行办法，在总署正式操作规程出台之时作废。

附录二十：关于本市服务外包企业实行特殊工时制度有关问题的通知（京人社办发〔2009〕45号）

各服务外包企业：

为促进本市服务外包产业发展，根据人力资源和社会保障部、商务部《关于服务外包企业实行特殊工时制度有关问题的通知》（人社部发〔2009〕36号）精神，结合我市实际，现就服务外包企业实行特殊工时制度的有关事项通知如下：

一、特殊工时制度是因工作性质或者生产特点的限制，不能实行每日工作8小时、每周工作40小时标准工时制度，按照国家有关规定实行的特殊工时制，主要包括综合计算工时工作制和不定时工作制。

（一）综合计算工时工作制是指采用以周、月、季、年等为周期综合计算工作时间的工时制度。

（二）不定时工作制是指因企业生产特点、工作特殊需要或职责范围的关系，无法按标准工作时间安排工作或因工作时间不固定，需要机动作业的职工所采用的弹性工时制度。

二、实行特殊工时制度的适用范围

符合条件且劳动用工管理规范的技术先进型服务外包企业，因工作性质或生产特点无法实行标准工时工作制的岗位。

三、实行特殊工时制度的条件

按照人力资源和社会保障部《关于服务外包企业实行特殊工时制度有关问题的通知》（人社部发〔2009〕36号）和原市劳动和社会保障局《关于印发北京市企业实行综合计算工时工作制和不定时工作制办法的通知》（京劳社资发〔2003〕157号）规定，实行特殊工时制度必须具备如下条件。

（一）实行不定时工作制适用于从事下列工种或者岗位的人员：

1. 服务外包企业中软件设计人员、技术研发人员、中高级管理人员；

2. 从事外勤、推销人员 ；

3. 长途运输人员；

4. 长驻外埠的人员；

5. 非生产性值班人员；

6. 可以自主决定工作、休息时间的特殊工作岗位的其他人员。

（二）综合计算工时工作制适用于从事下列工种或者岗位的人员：

1. 因工作性质需连续作业的；

2. 生产经营受季节及自然条件限制的；

3. 受外界因素影响，生产任务不均衡的；

4. 因职工家庭距工作地点较远，采用集中工作、集中休息的；

5. 实行轮班作业的；

6. 可以定期集中安排休息、休假的。

四、实行特殊工时制度的办理

企业实行特殊工时制度，应向企业法人营业执照注册地的区、县劳动保障行政部门提出申请。外地企业在京设立的分支机构经法人授权后向企业营业执照注册地的区、县劳动保障行政部门申请。

提出申请须以直接或者通过信函方式提交材料提交以下材料：

（一）《北京市企业实行综合计算工时工作制和不定时工作制申报表》（可登陆北京市人力资源和社会保障局网站 www. bjld. gov. cn 下载）；

（二）企业法人营业执照副本及复印件（外地在京分支机构提交法人授权书、营业执照副本及复印件）；

（三）申请说明书，重点说明不能实行标准工时制度需要实行特殊工时制度的具体原因，涉及的岗位、人数以及综合计算工时工作制的计算周期、工作方式和休息制度；

（四）企业工会对实行特殊工时制度的意见。没有成立工会组织的，应当提交实行特殊工时制度涉及职工的联名意见；

（五）其他应当提交的证明材料。

企业中的高级管理人员实行不定时工作制，不需办理审批手续。

五、实行特殊工时制度的服务外包企业，应当依法制定具体实施方案，科学安排职工的工作和休息时间，采取集中工作、集中休息、轮休调休、弹性工作时间等方式，确保职工的休息休假权利。

北京市人力资源和社会保障局 京市商务委员会

二〇〇九年五月三十一日

附录二十一：上海市人民政府印发关于促进上海服务外包发展若干意见的通知（沪府发〔2006〕26号）

各区、县人民政府，市政府各委、办、局：

现将《关于促进上海服务外包发展的若干意见》印发给你们，请认真按照执行。

上海市人民政府

二〇〇六年八月十日

关于促进上海服务外包发展的若干意见

服务外包是指企业将信息服务、应用管理和商业流程等业务，发包给企业外第三方服务提供者，以降低成本、优化产业链、提升企业核心竞争力。它是当前以跨国公司为主体的国际服务业转移的新形式，也是上海生产性服务业快速发展的新增长点。为抓住发展机遇，加快形成以服务经济为主的产业结构，现就促进上海服务外包发展提出如下意见：

一、 提高认识， 明确服务外包发展目标和重点

（一）提高对加快发展服务外包重要性的认识。积极承接国际服务外包，是上海主动加强与国际经济接轨、提升产业能级的重要抓手，是上海优化外贸结构、增强城市国际竞争力的重要途径，是上海加快发展生产性服务业、更好地服务全国的重要举措。

（二）明确发展目标。未来几年，上海要紧紧抓住新一轮国际服务业加速转移的契机，重点发展国际离岸服务外包业务，加快形成以服务经济为主的产业结构，大力培育一批具有自主知识产权、自主品牌、高增值服务能力的服务外包企业，积极打造以浦东新区为代表的国家级服务外包示范区，努力将上海建成全球服务外包的重要基地之一。

（三）确定发展重点。主动承接跨国公司内部的离岸外包，大力吸引既承接全球的服务外包，也可向我国发包的跨国公司地区总部和研发中心；巩固目前服务市场，加快向高端服务市场转变，进一步拓展服务空间；重点发展软件开发外包、研发设计外包、物流外包和金融后台服务等领域，提升上海服务外包能级；大力培育若干个知名的本土服务外包企业，使之成为国际离岸服务外包总承接商和对内服务外包总发包商。

二、聚焦重点区域，打造服务外包园区

（四）开展上海服务外包园区的认定工作。对符合条件的国家级、市级软件产业基地或其他产业集聚区，由市政府相关部门进行认定，启动一批上海服务外包园区建设。

（五）优化空间布局。以浦东国家软件出口基地建设为契机，大力推进张江软件出口、生物医药研发和金融后台服务示范基地，金桥研发设计服务示范基地，陆家嘴信息技术服务示范基地以及外高桥信息技术和物流服务示范基地建设。鼓励各区县在符合条件的专业产业园区或服务业集聚区内建立外包产业基地，各有侧重地发展服务外包业务，充分发挥区域特色产业集聚效应。

（六）加大服务外包园区建设的资金支持力度。各区县对入驻服务外包园区内的国内外著名服务业企业总部、研发中心等的购地建设、购买或租赁自用办公用房，给予适当补贴。市、区县两级政府设立的现代服务业引导资金，要支持重点服务外包园区建设，对在园区内建设公共服务平台、购买大型设备和专业软件供入驻企业租用的，给予一定资金支持。

（七）积极创建国家级服务外包示范区。以浦东新区综合配套改革试点为契机，积极争取国家在浦东新区等区域开展服务外包试点工作，在扩大部分领域的市场准入、完善外汇管理办法、创新人才培训机制等方面积

极探索，先试先行。

三、 扶持服务外包企业做大做强， 提高国际竞争能力

（八）进一步放宽市场准入，对从事服务外包的企业给予前置审批和工商登记便利。对于不涉及前置审批的业务，工商部门将根据企业申请，直接在其经营范围中核定“以服务外包方式从事×××”。对需要前置审批的，相关部门要简化审批程序、加快审批速度；在企业取得相关部门审批后，工商部门在其经营范围中核定“以服务外包方式从事×××”，以方便企业按照国际惯例承接外包业务。

（九）给予服务外包企业专项资金扶持。支持本市服务外包企业争取商务部扶持出口型企业研发资金、中小企业开拓国际市场资金等；调整优化本市地方外贸扶持专项资金支出结构，逐年提高支持服务外包企业发展的资金比例。

（十）对服务外包企业实施优惠政策。对本市符合条件的服务外包企业，可按规定享受促进高新技术成果转化、鼓励软件产业发展、激励自主创新 36 条等优惠政策；对本市服务外包企业申请服务标准国际认证的，相关行业主管部门给予认证费用的补贴。

（十一）鼓励服务外包企业拥有自主知识产权。将符合条件的服务外包企业列为上海市知识产权试点、示范企业，并给予相应的支持；将服务外包业务中取得重大社会或经济效益的知识产权项目列入政府奖励范畴，以激励企业自主创新。

（十二）鼓励企业实施品牌战略。对服务外包企业开展自主品牌建设、培育发展出口名牌，符合国家及本市有关规定的，可享受外贸发展基金中安排的出口品牌发展资金的优惠政策；对已形成规模、具有一定知名度的现有外包企业品牌，给予保护。

（十三）改善服务外包企业投融资条件。支持大中型服务外包企业的资产重组、收购兼并和海内外上市；推动市、区县两级政策性担保公司积极为中小服务外包企业提供短期资金贷款的担保。

（十四）支持企业拓展海内外市场。继续办好每年的软件外包峰会，

积极组织外包企业参加国内外各类专项会展，大力开展国内外宣传和推介；利用政府现有的海外资源，发挥留学生积极性，建立境外接包网络。

（十五）为企业提供高质量的互联网服务。鼓励主要电信运营商增加带宽、优化数据流向，为服务外包企业提供多元化和个性化服务，进一步提高互联网服务的质量；有针对性地开展互联网应用业务知识的宣传和培训，帮助服务外包企业选择适合自身业务的互联网服务。

四、加快人才引进培养，构筑服务外包人才高地

（十六）吸引服务外包高级人才集聚上海。将服务外包紧缺急需的各类高级人才列入《上海市重点领域人才开发目录》；对他们申办上海市居住证给予加分，申办户籍予以政策倾斜，并在提供人才公寓、简化出入境手续等方面给予便利。

（十七）加快服务外包专业人才的培养。引导各级各类院校和社会培训机构，设置相关专业和课程，开展多层次、多类型的服务外包专业教育。

（十八）加强服务外包紧缺人才的职业培训。拓展上海人才发展资金的使用功能，支持建立校企结合的服务外包人才综合培训和实验基地；充分利用和提升现有公共实训基地，大力培养适合外包企业发展需要的实用技能型和创业型人才；加大对服务外包领域急需的新职业开发，每年推出若干个服务外包领域的职业培训项目，本市劳动者参加服务外包市场急需并纳入政府补贴目录的培训，按有关规定予以补贴。

（十九）实施服务外包人才奖励机制。对本市服务外包园区内从事服务外包业务、工作一年以上并为企业发展作出突出贡献的中高级人才，经申报和认定，在市、区县两级人才发展专项资金中给予一定奖励。

五、完善配套服务，营造服务外包发展良好环境

（二十）建立联席会议制度。由分管副市长牵头，市外经贸委、市发展改革委、市经委、市信息委、市科委、市教委、市金融办、市财政局、市人事局、市工商局、市知识产权局、市统计局、市劳动保障局、市社会

服务局、市通信管理局、国家外汇局上海市分局、上海海关、浦东新区政府等部门和单位负责同志参加，建立推进上海服务外包发展的联席会议制度，联席会议办公室设在市外经贸委，负责协调推进工作。

（二十一）发挥行业协会的作用。鼓励在上海现代服务业联合会中成立服务外包专业委员会，更好地发挥行业内信息交流、中介协调、标准制订、规范自律、市场拓展、人才培训等作用。

（二十二）加快政府管理模式的创新。进一步制定和完善促进服务外包发展的规章和规定，健全相关行业的管理规范和行政执法机制，推动行业信用管理，规范市场秩序，提高行业服务质量。

（二十三）加强知识产权保护的管理和服务。设立市知识产权举报投诉中心，依法严惩知识产权侵权行为和违法行为。通过知识产权公共服务平台建设，为服务外包企业提供方便、快捷、专业的知识产权创造、保护、管理和运用的信息服务。

（二十四）建立服务外包统计指标体系。根据国家最新统计标准，结合上海实际，研究建立反映服务外包发展特点的统计指标体系，并试行服务外包统计制度；加强服务外包发展的趋势分析，为服务外包企业提供市场信息服务。

本市各有关部门、各区县政府要按照本意见要求，进一步转变观念，统一思想，提高认识，抓紧制定实施细则，确保本意见落到实处。

附录二十二：上海市人民政府关于促进本市服务外包产业发展的实施意见

为贯彻落实《国务院办公厅关于促进服务外包产业发展问题的复函》（国办函〔2009〕9号）、《上海市人民政府印发关于促进上海服务外包发展若干意见的通知》（沪府发〔2006〕26号），根据“发展高端、承接离岸、完善功能、集聚总部、区域合作”的总体思路，以及“因地制宜、整合聚焦、先行先试、注重公共服务”等原则，现就促进本市服务外包产业发展提出如下实施意见：

一、 工作机制

建立由分管副市长领导，市商务委牵头，各相关委办局共同推进的服务外包工作机制。

二、 财税政策

（一）率先推进技术先进型服务企业政策。贯彻实施国办函〔2009〕9号文件，结合实际，制定落实本市技术先进型服务企业政策。自2009年1月1日起至2013年12月31日止，对符合条件的技术先进型服务企业，减按15%的税率征收企业所得税；技术先进型服务企业职工教育经费按不超过企业工资总额8%的比例据实在企业所得税税前扣除；对技术先进型服务企业离岸服务外包业务收入免征营业税。

（二）给予服务外包发展专项资金扶持。

1. 落实国家服务外包专项资金的配套资金。本市服务外包重点企业在获得国家专项资金支持的同时，凡符合政策规定的，可以享受本市的政策扶持。

2. 大力支持服务外包人才培训。对服务外包企业录用新员工、吸纳见习学员，对培训机构培训服务外包业务人才，凡符合条件的，给予相应的培训支持。

3. 对服务外包公共信息、技术、培训等服务平台建设给予必要的资金支持。

4. 对服务外包企业取得国际资质认证，开展品牌建设，开拓国际市场，参加出口信用保险，参加境内外各类相关展览、国际推介会等，符合规定的，给予适当支持。

5. 对符合本市服务外包发展方向的离岸、总部型服务外包企业，给予适当支持。

三、 人力资源与劳动保护

（一）鼓励服务外包人才开发和培训。

1. 做好服务外包领域急需的新职业开发工作。开展服务外包行业人才现状和需求调研，适时编制服务外包人才开发专项目录，引导服务外包人才的培养和集聚。

2. 开展多种方式的服务外包人才培训。引导服务外包企业与职业院校开展校企合作培养工作。鼓励本市劳动者参加补贴培训目录内的服务外包培训项目，按规定给予一定培训费资助。

3. 积极开发服务外包职业见习基地。对参加服务外包职业见习的学员，按规定由市失业保险基金按本市最低工资标准的 60% 发放生活费资助。

（二）制定和落实服务外包人才优惠政策。推荐符合条件的服务外包人才享受本市人才发展资金的资助和奖励。对符合人才引进条件的从事服务外包行业且专业对口的人员在户籍办理及居住证申领方面，给予便利。对服务外包企业中符合条件的外籍从业人员，给予办理居留许可证和多次出入境便利。

（三）支持服务外包人才创业。服务外包人才（包括留学生）在沪创办服务外包企业，根据《上海市人民政府关于进一步做好本市促进创业带动就业工作的若干意见》（沪府发〔2009〕1 号）的相关规定，享受融资担保、场地扶持、培训补贴等政策。

（四）实行综合工时制。对符合条件且劳动用工管理规范的服务外包企业，因生产经营特点无法实行标准工时工作制的部分岗位，经市商务委核准，报市人力资源社会保障部门审批，可以实行不定时或综合计算的工时工作制。

四、 金融服务

（一）加强对服务外包产业发展的金融支持。

1. 完善政府部门、金融企业、服务外包产业基地以及服务外包企业间的联动机制，构建多层次的服务外包企业融资体系。

2. 鼓励金融机构加强金融创新，加大研究开发力度，丰富符合服务外包企业特点的金融产品与金融服务。

3. 支持符合条件的服务外包企业进行资产重组、收购兼并，支持有条件的服务外包企业在境内外资本市场上市。

4. 制定符合服务外包产业特点的保险险种，鼓励服务外包企业办理出口信用保险。

5. 设立“服务外包外汇业务绿色通道”，为符合条件的服务外包企业提供办理相关外汇业务的便利，简化服务贸易售付汇手续，在核准其“跨国公司资质”申请后，允许其向境外关联公司支付代垫、分摊费用。

（二）优化金融机构业务流程，将非核心业务外包，促进金融服务外包在岸业务的发展。

五、 其他服务

（一）建立和完善与服务外包产业特点相适应的检验检疫通关管理监管模式，提供相应的检验检疫通关放行便利。

（二）给予服务外包企业前置审批和工商登记便利。放宽服务外包企业名称登记条件，允许从事服务外包的企业申请冠以“服务外包”、“外包服务”等相关字样的企业名称。在服务外包企业的经营范围核定上，允许明确“服务外包方式”。

（三）强化服务外包发展的法律保障，鼓励服务外包企业加强知识产权保护。出台加强本市服务外包企业知识产权工作的指导意见，积极提供上海市知识产权信息服务；将符合条件的服务外包企业列为上海市专利示范、试点、培育企业，享受相关政策；将服务外包业务中取得重大社会或经济效益的知识产权项目，列入政府奖励范畴。

（四）加强服务外包基础设施建设，特别是加强服务外包示范园区及国家级经济技术开发区内信息基础设施的专业规划编制和配套建设，鼓励电信运营商进一步优化服务架构，调整服务品种，为有特殊需求的服务外包企业设计相应的通信产品，提供国际互联网优化通道。

（五）贯彻中共上海市委办公厅、上海市人民政府办公厅印发《关于进一步加强上海市信息安全保障工作的实施意见》的通知（沪委办〔2004〕24号），研究制定商业信息数据安全保护规定和本市服务外包产业相关安全标准。

（六）鼓励政府和企业通过购买服务等方式，将数据处理等不涉密的业务外包给专业企业。

（七）筹建上海服务外包协会，充分发挥企业间信息交流、中介协调、规范自律等作用。支持中国服务外包研究中心建设，加强服务外包产业发展规划、政策研究，制定服务外包企业认定等有关标准。

各区、县要按照本意见要求，结合实际，制定服务外包产业扶持政策以及相关实施办法，促进本区域服务外包产业发展。

附录二十三：天津市人民政府关于印发天津市促进服务外包发展若干意见的通知（津政发［2007］012号）

各区、县人民政府，各委、局，各直属单位：

现将《天津市促进服务外包发展若干意见》印发给你们，望遵照执行。

二〇〇七年二月二十六日

天津市促进服务外包发展的若干意见

服务外包是当前国际产业转移的新趋势。积极承接国际服务外包，大力发展服务外包产业，是加快我市与国际经济接轨、培育国际竞争力的重要内容，是优化经济结构、转变外贸增长方式的重要途径，是大力发展现代服务业、扩大社会就业的重要举措，这对加快天津滨海新区开发开放、实现我市城市定位具有重要意义。我市科技实力雄厚，人力资源丰富，经济外向度高，具备了大规模承接国际服务外包的有利条件。为抓住国际服务外包迅猛发展的机遇，现就促进我市服务外包发展工作提出如下意见：

一、促进服务外包发展的指导思想、目标和重点

（一）指导思想。全面落实科学发展观，坚持国际化引领、市场化促进、信息化支撑、法制化保障的发展方针，以滨海新区开发开放为契机，以体制、机制创新为突破口，加强政府引导与政策聚焦，促进服务外包与其他产业融合互动，加快构筑与国际港口城市相适应的外包服务体系，促

进天津服务业跨越式发展。

（二）发展目标。把服务外包作为“十一五”期间天津国民经济和社会发展的重点。通过大力发展服务外包，提升服务业发展能级，推动经济结构优化；着力打造产业集中、特色鲜明的服务外包集聚区；引进一批国内外大型外包企业，培育一批具有自主知识产权和自主品牌的本地服务外包骨干企业，把天津建设成为国际一流的服务外包基地。

到2010年，全市服务外包业务总额、出口额在2005年的基础上实现翻两番，服务外包从业人员达到16万人，引进、培育年营业额超过10亿元的大型骨干企业3~5家、超亿元的企业50家。

（三）发展重点。以发展离岸服务外包为重点，培育一批能够承接跨国公司服务外包业务的企业；以高端市场为重点，巩固并发展对日本、韩国的外包业务，大力拓展欧美市场；以打造布局合理、分工明确的服务外包示范区为重点，推进市开发区、市高新区、保税区等一批服务外包集聚区建设，高起点规划滨海高新技术产业园区、东疆保税港等服务外包区域；以目标产业为重点，加快发展面向航运、物流、金融、保险、教育、医疗卫生、旅游等行业和网络信息安全、社会信用体系、社会保障体系等城市公共管理信息化的应用软件开发与外包，金融、保险、财务、人力资源后台支持服务等业务流程外包，需求管理和客户服务等业务运作外包，系统操作服务和技术支持管理服务、研发设计外包，游戏动漫与创意设计服务外包；以提高服务外包人员素质为重点，加快建立服务外包培训基地，扩大各层次人员培训规模，培养一批高水平的服务外包人才。

二、 整合优势资源， 高起点打造服务外包聚集区

（四）制定服务外包产业发展规划。加紧制定全市发展服务外包产业发展规划，明确重点发展区域和实施步骤，在土地、通讯、交通等城市基础设施建设方面预留充分发展空间，促进技术、人力、政策资源的高度集成。各区县、经济区域要围绕总体规划，整合资源，充分发挥比较优势，制定各自发展计划，明确实施重点。

（五）加快创新服务外包政策体系。围绕深入落实滨海新区综合配套

改革试验方案，结合我市服务外包产业的发展方向，有关部门要在市场准入、海关监管、外汇管理、规划保障、融资担保、知识产权保护、财税促进政策、人才培养培训等方面加紧出台创新措施，形成便捷高效、与国际通行惯例接轨的加快服务外包发展的政策体系。

（六）培育认定服务外包示范区。制定服务外包示范区、服务外包园区标准，引导服务外包企业向示范区或园区聚集，力争在 3 年内扶持建立 5 个服务外包示范区，鼓励引导区县发挥区域优势，建立 10 家各具特色的服务外包园区。由市政府相关部门对符合条件的服务外包集聚区进行服务外包示范区和服务外包园区的认定。

（七）设立全市支持服务外包发展资金。至 2010 年，全市每年支持服务外包发展的资金不低于 2 亿元。其中，市政府每年将从财政中安排服务外包产业发展专项资金，重点用于对应届大学毕业生和尚未就业的大学毕业生参加服务外包培训的支持；市商务委、市发展改革委、市科委、市信息化办、市知识产权局等部门有关专项资金将部分用于支持服务外包企业国际认证、企业认定及企业产品认定、企业市场开拓，为服务外包企业建立信息公共服务平台、技术支撑公共服务平台、知识产权公共服务平台，对服务外包业务中取得重大社会或经济效益的知识产权项目进行奖励；市开发区、市高新区、保税区每年安排专项资金，对入区服务外包企业给予相关扶持和补贴；区县政府设立的现代服务业引导资金，也要支持服务外包园区建设，对在园区建设公共服务平台、购买大型设备和专业软件供入驻企业租用的，给予一定的资金支持。

三、 扶持行业发展， 提高企业竞争力

（八）对服务外包企业放宽市场准入。对从事服务外包业务的企业，在准入审批和工商登记时，给予审批和登记便利，以方便企业按照国际惯例承接服务外包业务。不涉及准入审批的，工商行政管理部门根据审批文件、证件及企业申请，核发营业执照时在其经营范围中明确“以承接服务外包方式从事×××”；需要准入审批的，有关部门在提供快速优质服务的同时，积极协助办理相关审批手续，在企业取得相关部门审批后，工商部门

根据审批文件、证件及其申请，核发营业执照时在其经营范围中明确“以承接服务外包方式从事×××”。

（九）对服务外包企业提供财税等政策支持。

1. 对在滨海新区设立并经市科技主管部门按照国家有关规定认定为高新技术企业的服务外包企业，减按15%的税率征收企业所得税。

2. 对天津新技术产业园区内经市科技主管部门按照国家有关规定认定为高新技术企业的服务外包企业，减按15%的税率征收企业所得税；新开办的上述内资企业和中外合资经营企业自获利年度起免征企业所得税2年。

3. 对新开办的从事应用软件开发外包的内资企业，可比照财政部、国家税务总局《关于企业所得税若干优惠政策的通知》（财税字（1994）1号）中“对新办的独立核算的从事咨询业、信息业、技术服务业的企业或经营单位，自开业之日起，第1年至第2年免征企业所得税”的规定执行。

4. 对在本市新设立的服务外包企业总部或地区总部，自开业年度起，由同级财政部门前2年全额返还营业税，后3年减半返还营业税；自获利年度起，由同级财政部门前2年全额返还企业所得税地方分享部分，后3年减半返还企业所得税地方分享部分。对其新购建的自用办公用房，免征契税，并免征房产税3年。

5. 对在本市新设立的国际、国内知名服务外包人才中介机构，自开业年度起，由同级财政部门前2年全额返还营业税，后2年减半返还营业税；自获利年度起，由同级财政部门前2年全额返还企业所得税地方分享部分，后2年减半返还企业所得税地方分享部分。

6. 对在本市新设立的经认定从事专业信息服务的企业，自开业年度起，由同级财政部门3年内全额返还营业税，后3年减半返还营业税；自获利年度起，由同级财政部门3年内全额返还企业所得税地方分享部分，后3年减半返还企业所得税地方分享部分。

7. 对在本市新设立的从事服务外包专业技术培训的培训机构，自开业年度起，由同级财政部门3年内减半返还营业税；自获利年度起，由同级财政部门 3 年内减半返还企业所得税地方分享部分。

8. 服务外包企业总部或地区总部所聘任的境外、国外高级管理人员，由同级财政部门按其缴纳的个人所得税地方分享部分的 50%给予奖励，奖励期限不超过 5 年。

9. 对在本市新设立的服务外包企业总部或地区总部购建的自用办公用房，按每平方米 1000 元的标准给予一次性资金补助；对其租赁的自用办公用房，3 年内每年按房屋租金的 30%给予补贴。若实际租赁价格高于房屋租金市场指导价，则按市场指导价计算租房补贴。

10. 对在本市新设立的国际、国内知名服务外包人才中介机构构建的自用办公用房，按每平方米 1000 元的标准给予一次性资金补助；对其租用的自用办公用房，3 年内每年按房屋租金的 10%给予补贴。若实际租赁价格高于房屋租金市场指导价，则按市场指导价计算租房补贴。

11. 对在本市设立总部或地区总部并以承接离岸外包业务为主的服务外包企业给予一次性资金补助。其中，注册资本 10 亿元人民币（含本数，下同）以上的，补助 2000 万元；注册资本 10 亿元以下、5 亿元以上的，补助 1500 万元；注册资本 5 亿元以下、1 亿元以上的，补助 1000 万元。

12. 对在本市新设立的金融服务外包企业给予一次性资金补助，补助金额按注册资本（或营运资金）的 3%计算，最高补助金额为 500 万元。对不具备独立法人资格的金融服务外包企业，实际投资额在 2 亿元以上的，补助 500 万元；实际投资额在 2 亿元以下、1 亿元以上的，补助 300 万元；实际投资额在 1 亿元以下、5000 万元以上的，补助 100 万元。

13. 滨海新区内的服务外包企业的固定资产（房屋、建筑物除外），可在现行规定折旧年限的基础上，按不高于 40%的比例缩短折旧年限。

14. 滨海新区内的服务外包企业授让或投资的无形资产，可在现行规定摊销年限的基础上，按不高于 40%的比例缩短摊销年限。但协议或合同约定有使用年限的无形资产，应按协议或合同约定的使用年限进行摊销。

15. 对服务外包企业研究开发具有自主知识产权的新产品、新技术、新工艺所发生的技术开发费，按规定予以税前扣除。对上述企业在一个纳税年度实际发生的新产品设计费、工艺规程制定费、设备调整费、原材料和半成品的试制费、技术图书资料费、未纳入国家计划的中间实验费、研究机构人员的工资、用于研究开发的仪器设备的折旧、委托其他单位和个人进行科研试制的费用、与新产品的试制和技术研究直接相关的其他费用等技术开发费项目，在按规定实行100%扣除的基础上，允许再按当年实际发生额的50%在企业所得税税前加计扣除。

16. 服务外包内资企业用于研究开发的仪器和设备，单位价值在30万元以下的，可一次或分次计入成本费用，在企业所得税税前扣除，其中达到固定资产标准的应单独管理，不再提取折旧；单位价值在30万元以上的，允许企业采取双倍余额递减法或年数总和法实行加速折旧。

外商投资服务外包企业购进软件，凡购置成本达到固定资产标准或构成无形资产，其折旧或摊销年限可适当缩短，最短为2年。

17. 对符合条件的服务外包内资企业的技术转让，以及在技术转让过程中相关的技术咨询、技术服务和技术培训取得的收入，其所得年净收入在30万元以下的免征企业所得税。

18. 对服务外包企业当年提取并实际使用的职工教育经费，在不超过计税工资总额2.5%的部分内，可在企业所得税税前扣除。

以上政策在实施过程中如遇同时享受两项以上优惠政策条款时，可从优但不得重复享受优惠政策。

（十）对服务外包企业提供资金扶持。各有关部门进一步调整优化各种专项扶持资金支出结构，逐年提高支持服务外包发展的比例；支持本市服务外包企业争取国家有关部门资助资金，在申报时予以优先安排；中小企业国际市场开拓资金优先安排服务外包企业。

（十一）对服务外包企业提供融资支持。鼓励服务外包企业通过资产重组、收购、兼并和境内外上市加速扩张。建立市服务外包担保基金，为中小服务外包企业提供各种形式的贷款担保；推动各类贷款担保机构向服务外包企业政策倾斜。

（十二）对服务外包企业取得国际认证予以资金支持。服务外包企业取得相关国际认证，包括当年获得国际认证或认证升级、随后两年维护并进一步完善该项认证，取得每级认证后可申请资金补助；补助金额原则上不超过认证费用的 50%，最高不超过 50 万元。国际认证包括：开发能力成熟度模型集成（CMMI）认证、开发能力成熟度模型（CMM）认证、人力资源成熟度模型（PCMM）认证、信息安全管理（ISO27001/BS7799）认证、IT 服务管理（ISO20000）认证、服务提供商环境安全性（SAS70）认证等。

（十三）支持服务外包企业开拓国际市场。举办环渤海服务外包交易会。对服务外包企业参加国际招商推介会和专业展会，给予费用资助，补助金额原则上不超过参展费用的 50%。利用现有各种海外渠道，特别是发挥海外华人、境外留学生的作用，建立境外接包网络。

（十四）支持服务外包企业品牌建设。鼓励服务外包企业开展自主品牌建设，符合国家及本市有关规定的，可享受国家及本市促进品牌发展的资金扶持。鼓励服务外包企业培育自主知识产权，为服务外包企业申请专利提供资助。

（十五）为服务外包企业提供更为完善的基础设施。服务外包示范区要努力实现双回路供电、自备发电机、双备份网络系统和足够带宽的国际数据端口。积极创造条件，在服务外包示范区建立海关监管的公共保税测试中心、保税实验室或大型企业内的保税测试中心。

（十六）对服务外包企业提供方便的外汇管理服务。服务外包企业根据需要可开立经常项目外汇账户。外汇部门放宽对服务外包企业的经常项目外汇账户的管理，其外汇收入可全额留存；外汇资金不足时，可根据实际需要提前购汇存入经常项目外汇账户。

（十七）给予服务外包企业社会保险费优惠政策。对新成立的服务外包企业，在规定的时限内办理社会保险登记，并按月申报缴纳社会保险费的，给予为期 3 年的缴纳社会保险费优惠政策。第 1 年用人单位缴纳的社会保险费率降低 3 个百分点，第 2 年降低 2 个百分点，第 3 年降低 1 个百分点。对服务外包企业参加工伤保险的，工伤保险费率可按照一类行业基准费率核定交费。

四、加强教育培训，大力培养和引进服务外包人才

（十八）加快高校服务外包相关学科建设。发挥我市高校专家集聚的优势，整合相关学科资源，设立服务外包研究方向。高校相关专业的课程设置要加大服务外包知识讲授的比重，加强服务外包技能的训练。加快建设国际贸易、国际金融、企业管理、设计艺术、计算机软件开发与应用、医药、外语等一批高水平学科，为服务外包产业提供智力支持。

（十九）建设服务外包培训基地。在地方政府财政专项资金中安排服务外包人才培训配套资金用于培训服务外包实用人才；拓展天津市人才发展资金的使用功能，支持建立校企结合的服务外包人才综合培训和实验基地；充分利用和提升现有公共实训基地，培养服务外包企业急需的实用技能型和创业型人才；吸引、鼓励国际知名培训机构和大型企业在我市开展服务外包培训，重点培养研发、管理、市场开拓和面向日、韩、欧、美的中高级人才。

（二十）鼓励开展多种方式的服务外包人才培训。支持企业开展新员工岗前培训及人才定制、人才资质、国际认证、相关法律、行业标准和知识产权的培训。将大学生就业工程与服务外包发展规划目标有机结合，采取有效措施鼓励大学生参加服务外包培训项目，参与服务外包企业假期实习和勤工俭学项目，促进大学生就业。支持校企结合的服务外包人才培训和实习项目，经市有关部门认定后，对应届大学（含大专）毕业生和尚未就业的大学生参加服务外包培训，给予不超过培训费用85%的补贴；对其他新上岗员工参加服务外包岗前技能培训，给予不超过培训费用50%的补贴。对应届大学毕业生和尚未就业的大学毕业生参加服务外包培训所自支的15%的培训费用，经考核通过的，由地方政府返还。

（二十一）吸引服务外包高级人才来津服务或创业。将服务外包高级人才列入全市重点吸引人才范围，在户籍管理、出入境管理、子女教育和医疗保健等方面为其提供方便。高级人才来津创办服务外包企业，可申请天津市风险投资基金支持、项目启动经费支持和市人才发展基金委托的金

融机构贴息贷款。大力实施引进人才居住证制度。本市服务外包等部门聘用的具有大学本科及以上学历或中级及以上专业技术职称的，或其研究成果获国家专利并被我市采用的，或用人单位紧缺急需、在某一行业（领域）具有特殊技能、经市人事局组织有关部门或行业协会共同认证的国内外人才，可办理天津市引进人才居住证，在职称评审（考试）、人才奖励、科技成果转化、社会保险、公积金缴存、子女入托入学、购房购车、税收等方面，享受本市规定的优惠政策。充分发挥人才中介机构的作用，积极为服务外包人才提供人事代理、人才派遣、人才测评、人才推荐、猎头服务与人力资源管理咨询等服务。

五、 加强组织领导， 为服务外包发展创造优质环境

（二十二）成立市促进服务外包发展领导小组。由分管副市长任组长，市政府分管副秘书长、市商务委主要负责同志任副组长，市商务委、市发展改革委、市经委、市科委、市交委、市教委、市滨海委、市信息化办、市财政局、市地税局、市工商局、市人事局、市劳动和社会保障局、市规划局、市国土房管局、市公安局、天津银监局、市知识产权局、市版权局、市质监局、市统计局、天津海关、市国税局、市外汇管理局、市通信管理局、市开发区管委会、保税区管委会、市高新区管委会等部门的负责同志为领导小组成员。领导小组下设办公室，办公室设在市商务委。领导小组及其办公室定期召开例会，研究和协调全市服务外包发展的重大问题。

（二十三）创新政府管理模式。建立政府引导促进、行业自律监督、企业守法经营的运行模式。制定和完善促进服务外包发展的政策规章，建立健全行业标准，规范市场秩序，提高服务质量。引导服务外包企业建立行业协会，开展信息咨询、市场拓展、人才培训等工作。

（二十四）加大服务外包知识产权保护力度。加强知识产权保护，依法打击知识产权侵权行为，为服务外包企业创造良好的经营环境。加快制定天津市专利保护条例等一系列政策法规，充分发挥天津市保护知识产权举报投诉服务中心的职能，有效利用知识产权举报投诉热线，加大对知识

产权违法犯罪行为的打击力度，帮助和引导服务外包企业建立知识产权管理制度。

（二十五）为服务外包企业提供高效的信息服务。建立服务外包信息网，搭建服务外包交流平台，加强对服务外包的研究，及时了解服务外包企业需求。利用政府网站、电视、广播等各类媒体为服务外包企业提供信息服务。

（二十六）建立服务外包统计指标体系。研究建立服务外包统计指标体系，逐步实施服务外包统计制度，为国家和我市服务外包发展提供可靠的决策依据。

附录二十四：重庆市人民政府关于加快发展服务贸易服务外包的实施意见（渝府发〔2015〕47号）

各区县（自治县）人民政府，市政府各部门，有关单位：

为贯彻落实《国务院关于加快发展服务贸易的若干意见》（国发〔2015〕8号）和《国务院关于促进服务外包产业加快发展的意见》（国发〔2014〕67号），深入推进五大功能区域发展战略，加快发展服务贸易、服务外包产业，推动重庆内陆开放高地建设在高度、广度、深度方面不断拓展，结合实际提出以下实施意见。

一、发展目标

到2017年，全市服务贸易进出口总额突破300亿美元，年均增长速度达到30%。离岸服务外包执行额突破30亿美元，年均增长速度达到30%。服务贸易“5+1”专项工作取得突破性进展，服务贸易结构日趋优化，对“一带一路”沿线国家服务出口占比稳步提升，建成内陆服务贸易高地。

到2020年，全市服务贸易进出口总额突破500亿美元，年均增长速度达到25%。离岸服务外包执行额突破60亿美元，年均增长速度达到25%。聚集一批具有核心竞争力的大企业、大集团及具有国际影响力的知名品牌，全市服务贸易整体实力和竞争力大幅提升，形成全国重要服务贸易基地。

二、 空间布局

结合五大功能区域发展战略功能定位，打造一批服务贸易、服务外包集聚区，依托现有的保税区、开发区、示范区规划建设一批特色服务出口基地，推动服务贸易、服务外包产业集群化、品牌化、高端化发展，形成特色鲜明、多元支撑、互动发展的良好格局。

——都市功能核心区着重发展国际服务外包、总部贸易、国际金融、科技创新、研发设计、文化创意、教育培训、法律咨询等现代服务贸易。

——都市功能拓展区着重探索云计算、大数据、保税贸易等新型服务业态，做大软件、动漫、数据处理、电子商务产业规模，加快形成以服务贸易“5+1”专项为核心的服务贸易集聚区。

——城市发展新区以服务外包示范区为重点，加快特色园区建设，着重推动软件及信息技术、呼叫中心、生物医药、技术研发等服务外包持续增长。

——渝东北生态涵养发展区和渝东南生态保护发展区结合自身优势，着重发展生态旅游、特色文化、对外劳务等服务出口。

三、 重点领域

（一）跨境贸易电子商务。一是创新跨境贸易电子商务监管方式。抓住跨境电子商务服务试点机遇，探索宽严相济的检验检疫体制，扩大第三方检验认证结果的采信和国际标准的互认。二是完善跨境电子商务公共服务平台建设。实现海关和电子商务、支付、物流企业之间的互联互通，实现与检验检疫、国税、外汇管理等部门数据共享，促进在线通关、检验检疫、仓储物流、结付汇、出口退税等全业务流程的协同发展。开展跨境贸易电子商务海关总署统一通关出口平台试点。三是打造跨境贸易电子商务示范基地。依托保税港区、西永综合保税区、重庆铁路保税物流中心（B型）跨境仓储、分拨、通关通检、配送的便利化优势，集中同类跨境电子商务企业、上下游企业、服务配套企业，做好跨境电子商务专用智能监管仓、分拣线等基础建设，进一步推广体验店O2O创新模式，促进跨境电子商务集聚快速发展。完善跨境电子商务运行模式和管理政策，探索放开电子商务外资准入限制，引进跨境电子商务龙头企业。

（二）互联网云计算大数据产业。一是支持发展“互联网+”产业。推进互联网、云计算、大数据、物联网与现代制造产业深度融合，推广大数据分析在商贸服务、医疗、教育、金融和公共管理等领域中的应用。二是优化互联网云计算大数据产业格局。继续推进以两江国际云计算产业园、北部新区软件服务基地两个国家级示范区为核心，以各具特色、错位发展的集聚示范区为支撑，形成“多轮驱动、特色支撑”的互联网云计算大数据产业发展格局。三是加快建设重庆国家级互联网骨干直联点。以数据中心为突破口，带动云计算大数据相关产业发展。支持云计算大数据基础设施项目建设。继续引进一批国际服务器租赁商和从事数据存储、处理、开发、应用服务的大数据企业，拓展大数据增值业务产业链条。努力打造从中游突破、上下游两头跟进、服务全球的云计算全产业链。

（三）跨境结算和投融资便利化。一是建设跨境金融结算高地。紧紧围绕企业、项目、产品、交易量及配套体系五个核心要素，统筹推进离岸结算、跨境电子商务结算、跨境人民币结算、第三方支付结算、跨国公司本外币资金集中运营等工作。创新离岸金融资金运用方式，拓宽离岸资金来源渠道。创新融资租赁、商业保理等新型专业服务发展方式，拓宽海外融资渠道，探索租赁资产、应收账款等证券化业务试点。鼓励跨国公司设立地区性总部、研发中心、销售中心、物流中心和结算中心。扶持和培育外贸综合服务企业，为从事国际采购的中小企业提供通关、融资、退税、国际结算等服务。二是积极推进跨境投融资便利化。完善跨境金融服务功能，推行便利高效的金融结算办理手续，大力发展电子商务国际金融结算。营造良好环境，吸引更多的跨国公司结算企业落户重庆，扩大跨境人民币结算规模。

（四）国际物流。一是打造立体物流体系。完善“渝新欧”国际联运大通道（以下简称“渝新欧”）运行机制和配套功能，加快推进服务于整车、电子产品等中欧商品进出口的口岸建设，建设内陆国际邮件交换中心。发挥水运口岸和保税区核心功能，利用长江黄金水道航运优势，打造保税加工贸易基地和进出口货物物流枢纽。发挥空港口岸和保税功能，不断拓展国际航线，为高附加值、高时效要求的临空产业产品提供高效的国际物流服务。依托公路物流基地，开辟面向东盟国家的南向陆路国际贸易物流通道。二是培育国际物流产业集群。支持国际物流企业深度融入国际供应链体系，为企业提供第三、四方物流服务。引进跨国公司区域总部，设立区域国际物流运营中心，建设进口货物专业市场和内陆国际物流集散分拨中心，开展大宗进出货物国际采购、分拨和国际中转，发展满足国际快件、跨境电子商务和生物医药等需要的跨境物流产业。

（五）保税贸易。推进保税贸易与服务贸易、货物贸易协同发展。依托保税区和“渝新欧”，完善铁路口岸和汽车整车进口口岸功能，加快保税展示中心二期建设，重点发展进口汽车、节能环保、计算机和信息服务等资本技术密集型服务产业。拓展保税商品延展平台，大力引进欧洲知名品牌入驻，丰富进口商品展示交易种类，引进区域分拨分销中心、区域结算中心、融资租赁、国际转口贸易和企业运营总部，开展贸易、物流和加工业务，增强服务贸易与货物贸易的互动。积极拓展保税展销、集散分拨、进境维修、委内加工及检测等业务，打造辐射内陆的保税贸易中心。

（六）对外文化贸易。一是培育本土文化品牌。积极推动文化艺术、广播影视、新闻出版、教育等承载中华文化核心价值的文化服务出口，大力促进文化创意、数字出版、动漫游戏等新型文化服务出口，扶持壮大一批重点文化企业，将其培育为具有国际竞争力的本土文化品牌。二是打造文化贸易平台。探索建立文化艺术品保税交易市场，开展面向全球的文化艺术品存放、保税展示、交易、拍卖业务。培育文化保税加工业态，重点发展影视后期制作、光盘复刻、印刷、胶片拷贝等业务。规划建设一批外向型文化产品和服务集聚区。三是创新文化服务海外推广新模式。支持以传统手工技艺、武术、戏曲、民族音乐和舞蹈等为代表的非物质文化遗产与旅游、会展相结合的商业开发模式，鼓励广播影视、新闻出版等企业以项目合作方式进入国际市场。

（七）离岸服务外包。一是加快国家级服务外包示范城市建设。培养一批中高端人才，培育一批具有国际先进水平的服务外包知名企业，建设一批主导产业突出、创新能力强、体制机制先行先试的服务外包产业集聚区。二是优化服务外包结构。推进服务外包业务向产业价值链高端延伸，拓展服务外包行业领域，在积极承接国际服务外包的同时，推动离岸、在岸服务外包协调发展。三是推动云计算、物联网、移动互联网等服务模式和商业模式创新。延伸信息服务产业链，支持外资从事信息技术、财务结算等国际服务外包业务，推动服务外包高端化、国际化发展。

四、 创新服务贸易发展模式

（八）扩大服务贸易规模。巩固旅游、对外工程承包等传统服务贸易领域优势，重点培育运输、通信、金融、保险、计算机和信息服务、咨询、节能环保、环境服务等资本技术密集型服务产业发展，推动文化艺术、广播影视、新闻出版、教育、数字出版、动漫游戏等文化服务出口。

（九）优化服务贸易结构。充分发挥区位优势，积极拓展“一带一路”沿线国家市场，重点发展运输、建筑等服务贸易产业，培育特色国际精品旅游线路和产品，提高资本技术密集型服务贸易占比。优化区域布局，积极开拓服务贸易新领域，培育特色产业，加快发展资本技术密集型服务贸易。

（十）培育服务贸易市场主体。打造一批主业突出、竞争力强的大型服务贸易企业，培育若干具有一定国际影响力的服务品牌。鼓励服务贸易企业走国际化发展道路，积极开拓海外市场，融入全球供应链。支持服务贸易企业自主创新、技术引进和消化吸收再创新。

（十一）拓展服务业开放领域。推动服务业扩大开放，推进金融、教育、文化、医疗等服务业领域有序开放，提高对内对外开放水平。放开商贸物流、电子商务、育幼养老、建筑设计、会计审计等服务业领域外资准入限制。鼓励国际国内标准、计量、检测、认证服务机构来渝入驻。鼓励外资进入基于信息技术的软件及信息服务、集成电路设计、电子商务、现代物流等新兴服务业。鼓励国内外著名文化创意、制作、经纪、营销机构与重庆市文化企业合资合作。鼓励外商投资设立外籍人员子女学校，支持外商通过中外合作办学方式投资设立教育培训机构及项目。鼓励外资投向节能环保、创业投资、知识产权服务等商务服务业。鼓励外商投资旅游商品和设施，参与商业性旅游景区景点开发建设。鼓励国际知名品牌会展在渝举办。引导外资投向康复护理、老年护理、家庭护理以及母婴照料、心理健康服务等医疗卫生领域。支持符合条件的民间资本和外资进入金融服务领域。

（十二）大力推动服务业对外投资。按照市场导向和企业自主决策原则，确立企业和个人对外投资主体地位，简化企业境外投资核准程序，实行以备案制为主的管理模式。支持企业通过新设、并购、合作等方式，在境外开展投资合作，增加在境外的商业存在。促进企业创建海外分销中心、展示中心等国际化营销网络和物流服务网络，吸纳先进生产要素，培育国际知名品牌。鼓励企业建设境外保税仓，积极构建跨境产业链，带动本地劳务输出和货物、服务、技术出口。

五、 培育服务外包竞争新优势

（十三）明确产业发展导向。同步推进信息技术、业务流程和知识流程外包服务，着力发展高技术、高附加值服务外包业务，促进向产业价值链高端延伸。积极拓展服务外包行业领域，大力发展软件和信息技术、云计算大数据、远程医疗、数据处理、劳务、工业设计、医药研发等领域服务外包。加快发展文化创意、教育、交通物流、健康护理、科技服务、批发零售、休闲娱乐等领域服务外包。积极发展金融服务外包业务，鼓励金融机构将非核心业务外包。

（十四）创新服务外包发展方式。积极探索信息化背景下新的服务外包发展方式，依托大数据、物联网、移动互联网、云计算等新技术推动服务外包发展方式创新，打造服务外包新型网络平台，促进制造业与服务业、各服务行业之间的融合发展。扩大服务外包产业规模，增加高技术含量、高附加值外包业务比重，拓展服务外包业务领域，提升服务跨境交付能力。

（十五）积极拓展国际国内市场。进一步扩大国际服务外包交流与合作，着力提高服务外包高端业务比重。积极开拓新兴市场，密切与“一带一路”沿线国家和地区的联系，不断拓展新业务和营销网络。鼓励企业购买非核心业务的专业服务。政府部门不断拓宽购买服务领域，将可外包业务委托给专业服务企业。

（十六）培育壮大市场主体。支持各种所有制企业从事服务外包业务，鼓励服务外包企业专业化、规模化、品牌化发展。推动服务外包企业提升研发创新水平。鼓励服务外包企业加强商业模式和管理模式创新，积极发展承接长期合约形式的服务外包业务。培育一批创新能力强、集成服务水平高、具有国际竞争力的服务外包龙头企业。引导服务外包企业通过兼并重组，优化资金、技术、人才等资源要素配置，实现优势互补。

（十七）加强人才队伍建设。加强服务外包各类人才培养培训。采取引进和培养相结合的方式，加强中高端人才队伍建设。支持高校以人才需求为导向调整优化服务外包专业和人才结构，引导大学生创新创业。鼓励高校和企业创新合作模式，积极开展互动式人才培养，共建实践教育基地，加强高校教师与企业资深工程师的双向交流。全面提升从业人员能力和水平，支持符合条件的服务外包企业通过开展校企合作录用高校毕业生，建立和完善内部培训体系。鼓励外籍高端人才在渝就业和创业，简化外籍人员来渝就业创业的审批流程，积极推动与国际接轨的创新创业环境建设。

六、 政策措施

（十八）加强规划引导。发挥规划的引领作用，定期编制服务贸易和服务外包发展规划。指导区县（自治县）做好规划工作，确立主导行业和发展重点，扶持特色优势行业发展。加强对重点领域的支持引导，建立不同层级的重点企业联系制度。

（十九）加大财政支持力度。整合商务发展、商贸流通、非公经济发展、中小企业发展等相关专项资金，统筹完善服务贸易服务外包发展资金，进一步优化资金安排结构，突出政策支持重点，制定符合服务贸易、服务外包特点的扶持政策，大力支持服务贸易、服务外包基地建设、国际市场开拓、重大项目引进、人才培养、技术研发、国际认证等。完善和创新支持方式，引导更多社会资金加大对服务贸易、服务外包的支持力度。市外经贸委牵头适时汇编服务贸易、服务外包政策。

（二十）落实税收优惠政策。全面实施“营改增”改革，对服务出口实行零税率或免税，鼓励扩大服务出口。实行国际服务外包增值税零税率和免税政策。对技术先进型服务企业实行减按15%税率缴纳企业所得税和职工教育经费不超过工资薪金总额8%部分税前扣除的税收优惠政策。

（二十一）加强金融服务。一是加强金融服务体系建设。鼓励金融机构在风险可控的前提下创新金融产品和服务，开展供应链融资、海外并购融资、应收账款质押贷款、仓单质押贷款、融资租赁等业务。鼓励政策性金融机构在现有业务范围内加大对服务贸易和服务外包企业开拓国际市场、开展国际并购等业务的支持力度，支持服务贸易和服务外包重点项目建设。鼓励保险机构创新保险品种和保险业务，探索研究推出更多、更便捷的外汇汇率避险险种，在风险可控的前提下采取灵活承保政策，简化投保手续。引导服务贸易和服务外包企业积极运用金融、保险等多种政策工具开拓国际市场，拓展融资渠道。推动小微企业融资担保体系建设，积极推进小微企业综合信息共享。支持符合条件的服务贸易和服务外包企业在交易所市场上市、在全国中小企业股份转让系统挂牌、发行公司债和中小企业私募债等。二是促进跨境投融资便利。鼓励服务贸易和服务外包企业广泛参与国际并购重组活动，帮助企业拓展适合国际市场规则的融资渠道和方式。推动金融产品和服务方式创新，加大在渝服务业重点领域企业信贷支持力度，逐步允许在渝注册的服务业企业、非银行金融机构以及其他经济组织按规定从境外融入本外币资金满足经营需要，增强金融服务实体经济发展力度。

（二十二）完善土地优惠政策。支持区县（自治县）产业结构调整，鼓励主城区现有闲置工业用地、低效工业用地在符合规划的前提下“退二进三”。

七、 保障体系

（二十三）加强组织领导。建立服务贸易部门协调机制，统筹全市服务贸易规划编制、调查统计、贸易促进、政策协调等工作。

（二十四）健全制度保障。制定和完善服务贸易、服务外包地方性法规，逐步建立和完善服务贸易、服务外包各领域规章体系。加大知识产权保护和执法力度。推动行业协会、商会建立健全行业经营自律规范、自律公约和职业道德准则，自觉维护市场秩序。

（二十五）完善统计办法。加强与国家部委、行业协会、先进省市和国际组织的数据信息交流，完善服务贸易企业认定和统计办法，建立服务贸易统计监测体系和发布制度，提高服务贸易数据的全面性、科学性和准确性，加强服务外包统计信息系统建设。健全对重点服务贸易、服务外包发展区县（自治县）和园区的考核评价机制。加强对各区县（自治县）服务贸易、服务外包统计工作的指导，开展重点企业数据直报工作。充分发挥行业协会等促进组织在统计工作中的作用。

（二十六）改善发展环境。探索建立准入前国民待遇和负面清单管理模式，推动服务业领域扩大开放。充分发挥海关特殊监管区域政策功能优势，进一步提高通关便利化水平。对从事服务出口业务的管理、编创、演职、营销人员等，放宽出国（境）指标限制。简化跨境电子商务认证程序，缩短退税和结汇周期。对外派劳务机构集中出境的劳务人员健康体检提供便利。加强商情数据、信息咨询、品牌推广、市场拓展等公共服务网站建设。加强舆论宣传，营造全社会重视服务业和服务贸易发展的良好氛围。

各区县（自治县）政府、市政府有关部门和有关单位要按照本意见要求，根据自身实际，进一步转变职能、简政放权，强化服务意识，切实加强对服务贸易、服务外包工作的组织领导，抓紧制订具体工作方案，出台有针对性的配套措施，形成政策合力，推动全市服务贸易、服务外包大发展。

附件：1. 重点任务分工及进度安排表

2. 重庆服务贸易发展目标分解表

重庆市人民政府

2015 年 7 月 20 日

（此件公开发布）

附件 1：重点任务分工及进度安排表

序号	工作任务	牵头负责部门	时间进度
1	依托现有保税区、开发区、示范区规划建设一批特色服务出口基地。	市发展改革委	2015 年 7 月启动
2	加快形成以服务贸易五大专项为核心的服务贸易集聚区。	市外经贸委	持续实施
3	加快服务贸易（外包）特色园区建设。	市外经贸委	2015 年 7 月启动
4	打造一批主业突出、竞争力强的大型服务贸易企业，培育若干具有一定国际影响力的服务品牌。	市外经贸委	持续实施
5	支持服务贸易企业自主创新、技术引进和消化吸收再创新。	市科委	持续实施
6	鼓励国际国内标准、计量、检测、认证服务机构来渝入驻。	市质监局	持续实施
7	鼓励外资进入基于信息技术的软件及信息服务、集成电路设计、电子商务、现代物流等新兴服务业。	市经济信息委	持续实施
8	鼓励国内外著名文化创意、制作、经纪、营销机构与重庆市文化企业合资合作。	市文化委	持续实施
9	鼓励外商投资设立外籍人员子女学校，支持外商通过中外合作办学方式投资设立教育培训机构及项目。	市教委	持续实施
10	鼓励外资投向节能环保、创业投资、知识产权服务等商务服务业。	市环保局	持续实施
11	鼓励外商投资旅游业，参与商业性旅游景区景点开发建设，投资旅游商品和设施。	市旅游局	持续实施
12	鼓励国际知名品牌会展在渝落户。	市商委	持续实施
13	引导外资投向康复护理、老年护理、家庭护理以及母婴照料、心理健康服务等医疗卫生领域。	市卫生计生委	持续实施
14	支持符合条件的民间资本和外资进入金融服务领域。	市金融办	持续实施
15	简化企业境外投资核准程序，实行以备案制为主的管理模式。	市外经贸委	持续实施

续表

序号	工作任务	牵头负责部门	时间进度
16	鼓励企业建设境外保税仓。	市外经贸委	持续实施
17	探索宽严相济的检验检疫体制，扩大第三方检验认证结果的采信和国际标准的互认。	重庆检验检疫局	持续实施
18	完善跨境电商公共服务平台建设。	市外经贸委	持续实施
19	推进互联网、云计算、大数据、物联网与现代制造产业深度融合。	市经济信息委	持续实施
20	完善跨境金融服务功能，推行便利高效的金融结算办理手续。	市金融办	持续实施
21	加快保税展示中心二期建设。	保税港区管委会	持续实施
22	探索建立文化艺术品保税交易市场，开展面向全球的文化艺术品存放、保税展示、交易、拍卖业务。	市文化委	持续实施
23	规划建设一批外向型文化产品和服务集聚区。	市文化委	2015 年 7 月启动
24	建设一批主导产业突出、创新能力强、体制机制先行先试的服务外包产业集聚区。	市外经贸委	2015 年 7 月启动
25	采取引进和培养相结合的方式，加强中高端人才队伍建设。	市教委	持续实施
26	发挥规划的引领作用，定期编制服务贸易和服务外包发展规划。	市发展改革委	2015 年 7 月启动
27	建立服务贸易、服务外包不同层级的重点企业联系制度。	市外经贸委	2015 年 7 月启动
28	整合商务发展、商贸流通、非公经济发展、中小企业发展等相关专项资金，统筹完善服务贸易服务外包发展资金。	市财政局	2015 年 7 月启动
29	牵头适时汇编服务贸易服务外包政策。	市外经贸委	2015 年 7 月启动
30	结合全面实施“营改增”改革，对服务出口实行零税率或免税，鼓励扩大服务出口。	市国税局、市地税局	持续实施
31	实行国际服务外包增值税零税率和免税政策。	市国税局、市地税局	持续实施
32	对技术先进型服务企业实行减按 15% 税率缴纳企业所得税和职工教育经费不超过工资薪金总额 8% 部分税前扣除的税收优惠政策。	市国税局、市地税局	持续实施
33	鼓励主城区现有闲置工业用地、低效工业用地在符合规划的前提下“退二进三”。	市国土房管局	持续实施

续表

序号	工作任务	牵头负责部门	时间进度
34	建立服务贸易部门协调机制，统筹全市服务贸易规划、调查统计、贸易促进、政策协调等工作。	市外经贸委	2015 年 7 月启动
35	完善《服务贸易企业认定办法和统计办法》，建立服务贸易统计监测体系和发布制度。	市统计局、市外经贸委	2015 年 7 月启动
36	健全对重点服务贸易、服务外包发展区县（自治县）和园区的考核评价机制。	市外经贸委	2015 年 7 月启动
37	加强对各区县（自治县）服务贸易、服务外包统计工作的指导，开展重点企业数据直报工作。	市统计局	2015 年 7 月启动
38	充分发挥海关特殊监管区域政策功能优势，进一步提高通关便利化水平。	重庆海关	持续实施
39	对从事服务出口业务的管理、编创、演职、营销人员等，放宽出国（境）指标限制。	市政府外事侨务办	持续实施
40	简化跨境电子商务认证程序，缩短退税和结汇周期。	人行重庆营管部	持续实施

附件 2：重庆服务贸易发展目标分解表

单位：亿美元

序号	主要行业	2017 年目标	2020 年目标
1	跨境贸易电子商务	20	40
2	互联网云计算大数据产业	30	40
3	跨境结算和投融资便利化	20	40
4	国际物流运输	60	80
5	保税贸易	20	40
6	对外文化贸易	10	20
7	离岸服务外包	30	60
8	国际旅游	60	80
9	对外工程承包	40	80
10	其他	10	20
	总计	300	500

附录二十五：辽宁省人民政府关于加快发展服务外包产业的实施意见（辽政发〔2016〕11号）

各市人民政府，省政府各厅委、各直属机构：

为贯彻落实《国务院关于促进服务外包产业加快发展的意见》（国发〔2014〕67号）精神，结合我省实际，现提出以下实施意见。

一、 总体要求

坚持改革创新、突出重点、分步实施、示范集聚的原则，以拓展国际国内市场为导向，围绕培育竞争新优势和营造良好发展环境，着力激发企业创新动力和市场活力，加快发展高技术、高附加值服务外包产业，将辽宁服务外包产业打造成为产业升级新支撑、外贸增长新亮点、现代服务业发展新引擎、扩大就业新渠道。

加快培养一批中高端、复合型和国际型人才，人才队伍规模和素质进一步提高，吸纳大学生就业的数量大幅增长；培育一批具有国际先进水平的服务外包知名企业；服务外包产业政策体系和服务保障体系进一步完善。到2020年，全省服务外包产业规模显著扩大，形成布局合理、价值链延伸、产业集群特色鲜明、产业核心竞争力突出的发展格局。

二、 培育竞争新优势

（一）明确重点发展方向。积极承接国际服务外包，逐步扩大在岸市场规模。着力发展高技术、高附加值服务外包业务，促进服务外包产业向价值链高端延伸。加快发展与制造业联动的研发设计，大力发展软件和信息技术、设计、研发、互联网、医疗、工业、能源等领域服务外包；加快发展文化创意、教育、交通物流、健康护理、科技服务、批发零售、休闲娱乐等领域服务外包；积极发展金融服务外包业务，鼓励金融机构将非核心业务外包。倡导服务外包企业开展基于互联网的大数据、物联网、移动互联和云计算所拓展的服务外包新业务。

（二）优化产业布局。发挥大连国家服务外包示范城市的引领作用，支持沈阳等符合条件的城市争创国家服务外包示范城市。以沈阳、大连市为中心，带动辽宁沿海经济带和沈阳经济区服务外包产业发展，提高二、三线城市承接服务外包能力，形成以沈阳、大连市为领军城市的服务外包产业梯次发展格局，把辽宁打造成东北亚地区服务外包产业发展最为活跃的地区。

（三）推动产业集聚。开展省级服务外包集聚区的认定工作。在辽宁沿海经济带和沈阳经济区城市中发展省级软件和服务外包产业集聚区，夯实服务外包产业载体，引导服务外包企业向集聚区集聚。各地区要根据本地实际，积极推动服务外包企业产业集聚。

（四）构建多元化市场格局。适应全球服务业加速跨国转移新趋势，扩大与有关国家和地区服务外包领域的交流与合作。巩固和加强与日本、美国、欧洲等传统市场的合作，提高高端服务外包业务比重。积极开拓“一带一路”沿线国家新兴市场，不断拓展新业务和营销网络。

（五）培育壮大市场主体。支持各类所有制企业从事服务外包业务，鼓励服务外包企业专业化、规模化、品牌化发展。培育一批创新能力强、集成服务水平高、具有国际竞争力的服务外包龙头企业。支持一批“专、精、特、新”的服务外包中小型企业。积极争取国家科技计划（专项、基金等）支持，推动服务外包企业提升研发创新水平。各级政府部门要不断拓宽购买服务领域，向专业服务企业委托可外包业务。

（六）加强人才队伍建设。充分利用国际国内资源，加强服务外包各类人才培养、培训和引进。加强中高端人才队伍建设，推动服务外包中高端人才标准制定和职称评定工作，鼓励海外留学人员回国从事服务外包产业相关工作。支持高等院校调整优化服务外包专业和人才结构，依照服务外包人才相关标准设置课程、组织教学。鼓励高等院校和企业创新合作模式，积极开展互动式人才培养，共建实践教育基地，加强高等院校教师与企业工程师的双向交流。支持符合条件的服务外包企业通过开展校企合作录用高等院校毕业生，建立和完善内部培训体系。支持服务外包培训机构开展大学生岗前培训，引导大学生创业创新。

三、 强化政策措施

（七）加强规划引导。开展服务外包产业研究，科学制订《辽宁省服务外包产业发展规划》，优化服务外包产业集聚区布局，尽快形成产业集聚，发挥引领带动作用。

（八）加大市场开拓力度。支持服务外包企业参加国际展会、项目洽谈和行业论坛等活动，鼓励有条件的服务外包企业“走出去”，积极拓宽服务外包企业承接离岸业务的渠道。鼓励企业和机构在国际市场购买技术含量高、业务模式新的高端服务，引进先进技术、经营方式和管理经验，加快推动服务外包产业转型升级。

（九）完善财政支持政策。优化资金（基金）安排和使用方向，重点支持企业能力提升、平台建设、市场开拓、品牌建设、资质认证、研发创新等。探索利用产业（创业）投资引导基金等支持方式，充分发挥财政资金的杠杆作用，引导社会资金加大对承接国际服务外包业务企业的投入，促进扩大服务出口。

（十）落实税收优惠政策。认真落实国家关于技术先进型服务企业的各项税收优惠政策，全面落实软件企业、集成电路设计企业和小微企业税收优惠政策。落实对技术先进型服务企业减按15%税率缴纳企业所得税和职工教育经费不超过工资薪金总额8%部分税前扣除的税收优惠政策。对符合相关条件的服务外包企业，简化程序，加快办理相关手续。实行国际服务外包增值税零税率和免税政策。

（十一）加强金融服务。拓宽服务外包企业投融资渠道。鼓励金融机构有针对性地创新适应服务外包产业特点的金融产品和服务，引导金融机构在风险可控、商业可持续原则下，开展知识产权、专利及版权等无形资产质押贷款业务。支持金融机构加大对符合条件的、与服务外包产业相关的基础设施、资源环境、公共技术服务平台、公共信息网络平台等配套服务的支持力度。支持政策性金融机构在有关部门和监管机构的指导下，加大对服务外包企业开拓国际市场、开展境外并购等业务的支持力度，支持服务外包重点项目建设。鼓励省内各保险机构创新保险产品和服务，扩大出口信用保险规模和覆盖面。支持符合条件的服务外包企业进入中小企业板、创业板、中小企业股份转让系统融资。支持符合条件的服务外包企业通过发行企业债券、公司债券、非金融企业债务融资工具等方式扩大融资。

（十二）提升便利化水平。进一步创新完善国际服务外包保税监管模式，支持企业开展保税研发，拓展保税业务发展空间。创新服务外包检验检疫监管模式，对承接国际服务外包业务所需样机、样本、试剂等简化审批程序，实施分类管理，提供通关便利。加快落实外汇管理便利化措施，积极支持服务外包企业参与境外投资，大力支持企业走出去。鼓励在跨境贸易和投资中使用人民币结算。为从事国际服务外包业务的外籍中高端管理和技术人员提供出入境和居留便利。提高国际通信服务水平，支持基础电信运营商为服务外包企业网络接入和国际线路租赁提供便利。海关、检验检疫以及其他相关执法部门，共同创建服务外包进出口便利化通关环境。

（十三）建设法治营商环境。推动建立服务外包企业信用记录和信用评价体系，惩戒失信，打击欺诈，健全服务外包诚信体系。加强服务外包知识产权与信息安全保护。加大服务外包领域版权、专利、商标等知识产权的执法监管力度。积极支持服务外包产业有关地方标准立项、批准、发布。适时出台有关服务外包地方性法规和政策规章。

（十四）提高公共服务水平。引导建立服务外包行业协会，发挥行业协会的自律作用，提高服务和促进水平，研究制订服务和人才标准。搭建服务外包交流合作平台，吸引跨国公司转移国际服务外包业务，鼓励研究机构、行业协会（商会）、高等院校和企业开展多种形式的务实合作。加强服务外包公共信息服务，及时发布国际国内市场动态和政策信息。

四、 加强组织保障

（十五）加强组织领导。省政府建立由省商务厅（外经贸厅）牵头，各有关部门参与的服务外包产业发展工作协调机制。建立信息共享机制，形成促进服务外包产业发展合力，为服务外包企业搭建发展平台，创造高效、便利的工作环境，促进服务外包产业加快发展。

（十六）加强统计制度方法建设。科学界定服务外包产业内涵和外延，建立健全服务外包统计体系和统计制度，加强服务外包统计监测工作。

辽宁省人民政府

2016 年 1 月 16 日

附录二十六：浙江省人民政府办公厅关于鼓励服务外包产业加快发展的实施意见（浙政办发〔2011〕2 号）

一、 放宽服务外包示范城市技术先进型服务企业的认定条件

将技术先进型服务业务收入占本企业总收入的比例降至 50%，取消企业需获得国际资质认证的要求。简化技术先进型服务企业申报核准程序，加快认定工作，并由示范城市政府科技部门会同相关部门组织实施。

二、 开展省级技术先进型服务企业认定工作

推动服务外包企业创新服务模式，支持服务外包企业做大做强，支持专业化服务企业发展。省科技厅会同省商务厅等有关部门，参照国家有关标准，研究制定“浙江省技术先进型服务企业”认定办法。具体组织认定工作由各市政府科技部门会同相关部门组织实施，报省科技厅备案、统一编号。

三、放宽服务外包企业及培训机构申请国家服务外包人才培训资金的条件

将服务外包业务额下调至 50 万美元，离岸外包业务额占服务外包业务额执行比例下降至 50%。培训机构按财政部、商务部有关规定申请国家服务外包人才培训资金。

四、 落实离岸服务外包业务营业税免税政策

将营业税免税政策扩大到示范城市所有离岸服务外包业务。对示范城市通过认定的技术先进型服务企业，主管税务机关要及时做好减免税备案手续，确保认定通过与享受税收优惠同步。其他非示范城市新增离岸外包

业务营业税地方留成部分重点用于支持离岸服务外包的发展。

五、 加大财税政策的支持力度

积极争取国家服务外包专项资金的支持，用好国家支持软件产业发展的政策。2013 年 12 月 31 日前，对示范城市技术先进型服务企业，减按 15%的税率征收企业所得税；职工教育经费按不超过企业工资总额 8%的比例据实在企业所得税税前扣除，超过部分在以后纳税年度结转扣除。省财政支持省级国际服务外包示范园区建设的具体办法由省财政厅会同省商务厅研究制定，专项支持园区公共技术、公共信息和公共培训等服务平台的建设运行。发挥省信息服务业专项资金的作用，重点支持信息外包服务项目、支撑平台和相关能力及载体建设。各级财政要进一步加大对服务外包的支持力度，扩大资金规模，重点支持服务外包重点项目和示范园区建设以及人才培训、国际市场开拓；离岸服务外包业务新增所得税地方留成部分重点用于支持服务外包企业的发展。

六、 努力解决中小服务外包企业融资难问题

积极引导各金融机构和小额贷款公司、创业投资公司等准金融机构认真落实金融支持服务外包产业发展的各项措施，创新金融产品和服务方式，拓宽服务外包企业的融资渠道。大力支持有条件的服务外包企业在境内外特别是创业板上市，进入全省未上市公司股份转让试点平台进行股份转让和私募融资。积极搭建银企交流平台，促进银企加强沟通与协作。

七、 支持服务外包企业开拓国际市场

各级商务主管部门要积极组织企业参加境外服务外包投资促进活动，鼓励服务外包企业海外并购，引导企业用足用好中央财政支持服务外包企业开拓国际市场的相关政策。各地要增加对服务外包境外产业对接活动的财政资金投入，积极打造服务外包境外产业对接投资促进交流平台。

八、 积极培育在岸外包业务

各地要把促进政府部门和企业发包作为推动在岸服务外包产业发展的重点，鼓励其将信息技术的开发、应用和部分流程性业务发包给专业的服

务供应商。实行有利于在岸服务外包发展的政府采购政策，积极培育在岸服务外包市场。

九、 实施服务外包企业经营呼叫中心业务新政策

示范城市内全部面向国外市场的服务外包企业经营呼叫中心业务（即最终服务对象和委托客户均在境外），实施不设外资股权比例限制的试点。鼓励有条件的非示范城市服务外包企业积极开展面向国际市场的呼叫中心业务。

十、 加大服务外包人才培训与培养力度

深化地方高校计算机专业人才培养模式改革，在地方高校开展服务外包专业人才培养试点。加快服务外包实训、实习和培育基地建设，鼓励利用各种培训资源，多形式、多渠道加快服务外包人才培养，为服务外包企业提供合格的实用型人才。省财政支持服务外包培训机构、培育基地建设和师资培训的具体办法由省财政厅会同省商务厅、省教育厅、省人力社保厅等部门研究制定。

十一、 加快高层次服务外包人才引进

各地要采取有力措施，结合服务外包发展实际，制定高层次人才引进目录，拓宽引才渠道，加大引才力度。对引进的服务外包人才，在落户、住房安置、子女入学等方面提供便利，并可按规定给予一定的补助。

十二、 创新服务外包海关监管模式

示范城市要认真做好服务外包保税监管推广实施工作，对服务外包企业履行国际服务外包合同，由国际服务外包业务境外发包方免费提供的进口设备实施海关保税监管。

十三、 减轻服务外包企业负担

将符合人力社保部门规定条件的服务外包企业均纳入“五缓四减三补贴”政策范围之内，进一步简化审批程序，方便企业申请并享受相关扶持政策。

十四、 推广服务外包企业特殊劳动工时制

将示范城市技术先进型服务企业实行的特殊劳动工时制推广到全省其他地区符合条件的服务外包企业，加快审批进度，提高审批效率。

十五、 方便服务外包企业人员进出境

支持服务外包企业派遣员工赴境外提供技术支持、开展售后及咨询服务，并为其提供签证便利。服务外包企业因完成境外订单所需的境外技术人员，需长期居留在我省工作的，省人力社保部门在办理就业许可时，为其设立绿色通道。

十六、 简化外汇收支手续

在服务外包企业开展对外服务贸易、发展离岸外包业务时给予账户开立、资金汇兑、外汇划转方面的政策便利，允许经外汇管理、商务等部门认定的承接服务外包的企业开立经常项目外汇专用账户，用于收付代外包客户发放的薪酬、津贴等外汇资金。积极鼓励服务外包企业采用人民币计价结算，降低企业汇率风险。

十七、 认真做好服务外包专项规划

各市、各省级服务外包示范园区要结合实际，制订、完善服务外包产业中长期发展规划，明确服务外包发展的产业布局、重点领域和新兴领域，促进在岸外包与离岸外包的协调发展。

十八、 加强服务外包业务的统计分析

省商务、统计、外汇管理等部门要抓紧建立、完善全省服务外包及服务贸易统计体系。加大对行业组织和社会中介机构的支持力度，对其开展服务外包信息交流、标准制定、统计分析、市场开拓、专家支持系统建设等方面给予一定的资助。

十九、 加强对服务外包工作的领导

省服务外包工作领导小组要加强组织领导和综合协调，认真研究解决全省服务外包发展的重大问题。各地要结合实际建立相应的领导协调机

制，将发展服务外包作为重要工作来抓，切实加强服务外包工作机构和队伍建设，落实专门人员及相关经费，明确责任，狠抓落实，推动我省服务外包产业实现跨越式发展。

浙江省人民政府办公厅
二〇一一年一月十二日

附录二十七：湖北省人民政府关于促进服务外包产业发展的若干意见（鄂政发〔2015〕33号）

各市、州、县人民政府，省政府各部门：

为贯彻落实国家大力发展服务外包产业有关精神，抢抓服务外包产业转移机遇，切实转变外贸增长方式，加快我省服务外包产业发展，结合我省实际，现提出如下意见：

一、深刻认识加快发展服务外包产业的重要意义

（一）服务外包是全球经济一体化的必然产物，是现代高端服务业的重要组成部分，是信息技术密集型和国际化人才资源密集型产业。大力发展服务外包产业，对于转变外贸增长方式、加快建立“两型”社会、全面落实科学发展观具有十分重要的意义。目前，我省信息技术产业高速发展，通讯基础设施不断完善，在校大学生位居全国前列，为加快发展我省服务外包产业奠定了良好的基础。各级政府要进一步统一思想，提高认识，抢抓机遇，积极探索承接服务外包产业转移的新形式和新方法，把服务外包当作一项重要产业来抓，作为扩大对外开放、推动社会经济发展的重要举措，摆上议事日程，切实抓好抓出成效。

二、服务外包产业发展的指导思想、发展重点和目标任务

（二）指导思想。以科学发展观为指导，紧紧抓住国际国内服务外包产业转移的契机，坚持市场主导、政府推动的原则，坚持引进国内外跨国公司、龙头企业和大力培育本省骨干企业并举，积极承接国内外服务外包产业梯度转移，推动服务外包产业集群发展，使服务外包产业成为全省现代服务业发展的先导和有力支撑，为我省构建促进中部地区崛起重要战略

支点，实现科学发展、跨越式发展服务。

（三）发展重点。巩固基础服务外包产业，加快向高端服务外包产业转变。重点发展以应用软件研发、嵌入式软件研发和信息服务为主的信息技术外包服务（ITO），以呼叫中心、数据录入、金融服务、工程设计、人才管理等为主的技术性业务流程外包服务（BPO），以生物医药、动漫、网游设计研发为主的技术性知识流程外包服务（KPO）。大力推进武汉市服务外包示范城市建设，带动有条件的市发挥产业优势，突出发展特色服务外包产业。

（四）发展目标。努力把武汉市建设成为发展环境优良、企业和人才集聚度较高、国际竞争力较强的全国服务外包优秀示范城市，带动其他城市发展服务外包产业；建设以东湖高新区为龙头的国内领先的国家级服务外包示范区，建设 2~3 个省级服务外包产业示范基地，加快引进跨国公司地区总部和研发中心；推动 10~20 家跨国公司将其具有一定规模的服务外包业务向我省转移，形成服务外包企业集聚效应；大力培育一批具有自主知识产权、自主品牌、高增值服务能力的本土服务外包企业，使之成为国际离岸服务外包总承接商和对内总发包商；争取 2015 年全省服务外包执行额超过 10 亿美元，成为我省现代服务业重要支柱。

三、加快产业园区建设，发挥服务外包产业集聚效应

（五）建设一批服务外包专业园区。武汉市等发展服务外包条件较好的城市，要学习借鉴先进地区经验，加大政策支持力度，潜心做好园区规划，明确园区的功能定位，建设一批服务外包专业园区，使之成为功能完善、环境优雅、交通便利、工作舒心、生活轻松的宜居宜业区域。努力将武汉东湖高新区培育成软件研发、信息服务、金融服务、生物医药、多语翻译等服务外包企业集聚区，使其成为我省技术创新和产品研发的示范基地。

（六）依托产业优势发展特色服务外包。鼓励武汉、宜昌、襄阳等市依托钢铁、电子信息、船舶制造、汽车制造、生物医药、纺织服装等优势产业，各有侧重地发展特色服务外包业务；鼓励龙头企业和跨国公司延伸

产业链，发展特色产业服务外包。

（七）开展省级服务外包示范园区的认定工作。认定一批省级服务外包示范园区，支持建设公共信息服务平台、公共技术服务平台、公共培训服务平台和公益性基础设施，帮助区内企业优化资源，降低运行成本。

四、加大招商引资力度，加快引进一批服务外包龙头企业

（八）加大重点区域招商力度。通过我省现有鄂港粤、环渤海、长三角等重大招商引资平台，积极宣传推介我省发展服务外包产业的优势，吸引国内服务外包企业巨头到我省设立总部或区域总部；不断加大对欧美日韩等国家服务外包的招商工作力度。

（九）依托现有软件企业招商引资。进一步引导我省软件企业发挥产业、人才等优势，加强与国内外龙头服务外包企业的合资与合作，提高外包服务层次，做大做强服务外包企业。支持服务外包企业境外上市，拓展国际交流渠道，承接国际业务。鼓励、支持我省各大电信运营商争取集团级区域外包呼叫中心落户湖北，提升“湖北服务”品牌形象。

（十）大力引进境内外大型服务外包企业。围绕重点发展产业，着重开展专业对口的产业招商，大力引进产业龙头企业和产业链配套企业，推动产业集聚发展。注重引进既能承接全球服务外包又可向我国发包的跨国公司、研发中心落户我省，快速提高我省承接服务外包业务的层次、规模和能力。提高世界500强，以及世界著名服务业企业总部、研发中心在我省的投资比重。

（十一）建立服务外包重大招商项目推进机制。对于引进世界500强和国内外知名的服务外包龙头企业，尤其是发展前景好、安排就业多、产值规模大、带动效应强的项目，对落户过程需支持和解决的用地、融资等问题，各级政府要采取一企一议的办法，落实相关政策，促进项目落户。

五、加强人才培养、培训和引进工作，构建完善的人才保障体系

（十二）加快培养服务外包专业人才。充分发挥我省教育大省的优势，支持、鼓励各高等院校、中等职业学校，加强服务外包相关专业建设，开

设服务外包领域的课程，扩大数据加工处理、软件设计编写测试、财务管理、人力资源管理、金融保险、物流等服务外包相关专业人才的培养规模，提高人才培养质量。

（十三）大力开展服务外包人才培训。充分发挥武汉“中国服务外包人才培训中心”的政策品牌效应和武汉地区高校聚集的优势，加强服务外包人才培训工作。“十二五”期间，省商务厅要会同省教育厅等部门，依托有关高校和骨干企业，认定建设10~15个服务外包人才培训基地和实训基地，加快培养各类实用型服务外包人才。实施“服务外包中高级人才深造计划”，每年选拔一定数量的本地服务外包人才到欧美等发包地学习和深造。鼓励服务外包人力资源企业落户我省。

（十四）积极引进服务外包高端人才。要积极引进国内外具有从事服务外包经验和对服务外包市场熟悉的专业技术人才和管理人才来鄂创业发展，将引进国外（境外）的服务外包高级人才列入湖北省引进国外经济技术、管理人才管理项目，并享受相关优惠政策。

六、加大财税、金融政策扶持力度，做大做强服务外包企业

（十五）设立专项资金支持服务外包产业发展。省级财政从2012年起每年安排支持服务外包产业发展专项资金1000万元。专项资金采取以奖代补等形式，同武汉及相关城市和自主创新示范区的支持政策相结合，对重大服务外包企业和项目落户及业绩突出的重点园区给予奖励，对服务外包专业园区公共平台基础设施建设、领军人才引进和培养给予资助，对服务外包人才培养、培训和实训基地给予资助，对服务外包企业房租、国际通信费用给予适当补贴等。具体办法由省财政厅、省商务厅会同相关部门制定。

（十六）落实国家鼓励服务外包人才培训政策。支持企业和培训机构开展人才培训，按照国家有关政策，对符合条件的服务外包企业和培训机构给予人才培训资金支持。各级政府要结合本地实际制定相应配套政策，适当放宽服务外包企业、培训机构申请人才培训资金的条件。

（十七）落实服务外包企业税收政策。省科技厅等部门要督促做好技

术先进型服务企业的认定工作。从 2010 年 7 月 1 日起至 2013 年 12 月 31 日止，对武汉服务外包示范城市经认定的技术先进型服务企业，减按 15%的税率征收企业所得税；经认定的技术先进型服务企业发生的职工教育经费支出，不超过工资薪金总额 8%的部分，准予在计算应纳税所得额时扣除，超过部分，准予在以后纳税年度结转扣除；对注册在武汉服务外包示范城市的企业从事离岸服务外包业务取得的收入免征营业税。

（十八）落实服务外包企业特殊工时制政策。对服务外包示范城市符合条件且劳动用工管理规范的技术先进型服务外包企业，因生产特点无法实行标准工时工作制的岗位，经省人力资源和社会保障厅批准，可以对软件设计、科技研发、高级管理人员等工作无法按标准工作时间衡量或需机动作业的职工，实行不定时工作制；对因工作性质特殊需要在一段时间内连续作业的职工，实行综合计算工时工作制。对服务外包示范城市以外地区符合条件且劳动用工管理规范的技术先进型服务外包企业，因生产特点无法实行标准工时工作制的岗位，由省人力资源和社会保障厅按照方便企业的原则确定审批管理办法。

（十九）支持服务外包企业开拓国外市场。支持和引导有实力的服务外包企业参加在国内外举办的国际知名服务外包峰会和各项专业会展；鼓励服务外包企业加强与国际著名咨询机构的联系，积极向国外派遣市场拓展和技术开发骨干；发挥在境外的湖北留学人员的积极性，为我省发展服务外包献智出力、牵线搭桥。鼓励服务外包企业到海外并购，并为企业员工境外工作提供便利。

（二十）积极推动和发展在岸外包业务市场。鼓励各地、各部门通过购买服务等方式，将不涉密的信息技术业务外包给专业公司，推动本地服务外包企业的发展壮大。积极培育在岸外包市场，促进国际、国内服务外包业务协调发展。

（二十一）切实加强融资服务。充分考虑服务外包产业特点和企业的实际情况，结合服务外包产业的优惠财税补贴政策，稳步有序开展促进服务外包产业发展的金融服务工作。积极引导金融机构在符合监管要求的前提下，积极探索将非核心后台业务如呼叫中心、客户服务、簿记核算、凭证打印等，发包给有实力、有资质的服务外包企业，进一步提高金融服务的质量和效率。充分发挥中小企业金融服务俱乐部的作用，通过加强组织、机制、融资产品和方式创新，不断探索银保、银企合作模式和方法，做大做实金融服务俱乐部，为中小企业融资提供一流的平台服务。积极发展符合服务外包产业需求特点的信贷创新产品，通过动态监测、循环授信、封闭管理等方式，开发应收账款质押贷款、订单贷款等基于产业链的融资创新产品。研究推动包括专有知识技术、许可专利及版权在内的无形资产质押贷款业务。支持大中型服务外包企业资产重组，收购兼并和境内外上市。将服务外包企业纳入全省出口信用担保体系，为服务外包企业在国外开展离岸外包业务提供信用保险和相关担保服务；引导风险资金投资服务外包企业。

（二十二）支持企业品牌建设和国际认证。重点扶持已形成规模、具有一定知名度的现有服务外包企业品牌做大做强。鼓励省内服务外包企业开展自主品牌建设、培育发展出口名牌，符合国家及本省有关规定的，可享受有关出口品牌发展政策支持。支持服务外包企业申请开发能力成熟度模型集成（CMMI）、人力资源成熟度模型（PCMM）、IT 服务管理（ISO20000）、信息安全管理等国际认证。对取得国际资质认证的企业给予补贴。鼓励服务外包企业在境外申请专利、商标等知识产权，实施品牌战略，增强市场竞争力。

七、 加强领导， 营造优化服务外包发展良好环境

（二十三）加强服务外包产业发展的组织领导。成立由省政府分管副省长任组长，武汉市政府、省发改委、省经信委、省教育厅、省科技厅、省财政厅、省人力资源和社会保障厅、省商务厅、省外侨办、省国税局、省地税局、省统计局、省工商局、省外管局、省银监局、武汉海关、东湖高新区管委会等部门负责人为成员的湖北省服务外包产业发展领导小组，研究制定全省服务外包产业发展规划，协调解决服务外包产业发展中的重大问题。省商务厅负责承担领导小组办公室的日常工作。

（二十四）营造服务外包产业发展的良好环境。外汇管理部门要积极为服务外包企业提供外汇管理政策辅导，重视对服务外包企业离岸外包业务有关账户开立、资金汇兑等方面的咨询和服务。电信运营商要为服务外包企业网络接入、国际线路租赁等提供便利，做好服务外包园区直达国际通信出入口的国际专用通道的调配和相关通信服务工作，积极提供综合办公、远程视频会议系统、远程视频监控系统等信息化平台，为服务外包企业创造良好的信息化环境。海关部门要建立和完善与服务外包产业特点相适应的通关监管模式，提供通关便利。

（二十五）强化知识产权和信息安全保护。支持和鼓励服务外包企业加强技术研发和自主创新，加强知识产权保护和信息安全管理，依法惩处侵犯知识产权等违法行为，为服务外包企业创造良好的经营环境；对拥有自主知识产权的服务外包企业，要给予重点支持和保护；努力构建知识产权公共服务平台，为服务外包企业提供方便、快捷、专业的知识产权保护、管理等信息服务。

（二十六）加强服务外包业务的统计分析。商务、统计部门要按照国家有关服务外包统计工作的规定，结合实际，逐步建立反映本地服务外包发展特点的统计指标体系，进一步完善服务外包统计制度；加强服务外包发展的趋势分析，为服务外包企业提供市场信息服务。

（二十七）支持建立服务外包行业协会。鼓励服务外包企业成立专业协会，充分发挥行业协会的桥梁与纽带作用，在企业间开展信息交流、中介协调、标准制定、规范自律、市场拓展、人才培训等工作。

（二十八）积极参与国内外重大经贸洽谈，加强国际交流合作，搭建服务外包合作交流平台。培育和完善武汉服务外包产业发展与合作国际论坛，将其打造成中部乃至全国较有影响的特色平台，扩大我省在国内外服务外包的影响力。

（二十九）加强舆论宣传。要充分利用报纸、电视、广播、政府网站等各种渠道，介绍国际服务外包发展趋势以及我省发展服务外包的有利条件和发展前景，大力宣传我省对服务外包发展的扶持政策、重点项目及骨干企业，树立“湖北服务”外包品牌，营造和优化发展服务外包产业良好的舆论氛围。

湖北省人民政府
二〇一一年八月二十五日

附录二十八：四川省人民政府关于促进服务外包产业加快发展的实施意见（川府发〔2015〕30号）

各市（州）人民政府，省政府各部门、各直属机构，有关单位：

服务外包产业是知识与智力人才密集型的现代高端服务业，具有智能化、专业化、创新活跃，与新业态融合度深、产业链条覆盖面广、吸纳就业能力强以及商业模式新等特点，对于推进经济结构调整，形成产业升级新支撑、外贸增长新亮点、现代服务业发展新引擎和扩大就业新渠道具有重要意义。为贯彻落实《国务院关于促进服务外包产业加快发展的意见》（国发〔2014〕67号）精神，结合我省实际，现提出以下实施意见。

一、 发展目标

把发展服务外包作为我省参与全球产业分工、提升产业价值链的重要途径。做强“成都服务外包”品牌，以新一代信息技术、移动互联、大数据、文化创意、金融、生物医药、工程设计等领域为重点，促进新技术、新业态、新商业模式的广泛应用，主动顺应服务智能化、专业化的产业组织新特征。通过实施“两项工程”、“五个推进”，推动全省服务外包产业区域多点发展、在岸离岸双轮发展，实现量质并举、创新发展、结构优化、竞争力提升，力争2015—2017年，全省服务外包业务规模年均增长35%以上，其中国际服务外包年均增长25%以上。

二、 主要任务

（一）实施服务外包影响力提升工程。打造成都经济区服务外包产业集群，建设成为世界知名、全国一流、西部第一的服务外包产业聚集地。发挥大企业带动效应，支持企业通过国际并购、战略性重组等方式扩大规模，发展成具有国际影响力的服务外包跨国企业，鼓励企业积极参加国际国内知名服务外包奖项评选。以全球服务外包 100 强和中国服务外包 100 强企业为投资促进重点目标，加大对服务外包企业的招商力度。强化整体包装宣传，选择国际知名服务外包展会平台开展国际营销。支持在川举办各类服务外包产业峰会、展会活动。

（二）实施服务外包竞争力提升“515 工程”。培育 50 家省级服务外包重点企业、扶持 10 家省级服务外包重点人才培养机构、打造 5 个省级服务外包基地。鼓励和支持各类所有制企业从事服务外包业务，放宽市场准入，支持一批“专、精、特、新”中小型服务外包企业发展。

（三）推进垂直行业释放外包。积极拓展服务外包垂直行业领域，鼓励软件和信息技术、电子商务、金融、保险、批发零售、交通运输、教育、医疗、旅游、制造业、能源、文化创意、养老健康、休闲娱乐、政府服务等领域加大服务外包发包力度，挖掘内需市场需求。鼓励企业特别是工业企业打破“大而全”“小而全”的一体化格局，积极购买专业服务。鼓励金融机构拓展服务外包的范围和规模。政府部门要不断拓宽购买服务领域，将可外包业务委托给专业服务企业。

（四）推进区域布局多点发展。支持天府新区依托总部经济重点发展服务外包产业，打造服务外包产业园区与聚集地。鼓励国家级高新区、经开区、保税区积极发展服务外包。推动成都中心城区中低端服务外包业务向二圈层和绵阳、遂宁、内江等城市转移，构建以成都为核心，多个城市共同发展，各具特色、优势互补的产业发展格局。

（五）推进国际市场多元发展。巩固和加强与欧美、日韩等发达国家及港澳台地区的合作，着力提高服务外包高端业务比重；积极开拓新兴市场，深化工程设计外包、信息技术外包等领域的合作；大力推动与“一带一路”沿线国家和地区的合作，构建多元化市场新格局。

（六）推进服务外包创新发展。鼓励服务外包企业持续加强自身研发创新能力提升，以技术创新、业态创新、商业模式和管理模式创新，推动服务外包产业由低端成本竞争向产业价值链高端延伸。利用国家和省级科技计划（专项、基金等）引导和支持服务外包企业开展集成设计、综合解决方案及相关技术项目等研发。支持服务外包企业培育认定高新技术企业。

（七）推进服务外包人才培养和引进。鼓励企业聘用海外高端技术和管理人才，吸引海外留学人员来川创业，为高端人才就业、创业提供良好政策环境。引智借脑，通过聘任顾问、委托专业机构开展调研、高端培训导入等方式，聚集海内外知名专家、学者、企业高管等智囊资源。鼓励大专院校、培训机构、人力资源企业、社团组织密切合作，完善人才培养体系，鼓励线上线下培训相结合，支持企业与高校合作开展人才定制培训项目。加快服务外包人才培训基地建设，引导大学生创业就业。

三、 政策措施

（八）加大财政支持力度。完善现有财政资金政策，优化资金安排和使用方向，改进支持方式，加大对开展国际服务外包研发创新、人才培训、资质认证、公共服务等的支持力度，鼓励企业参加境内外服务外包展会、相关各类奖项评选以及境外投资活动，积极支持行业标准制定、省级服务外包基地公共平台建设等。充分发挥财政资金的杠杆作用，引导社会资金加大对承接国际服务外包业务企业的投入，促进扩大服务出口。研究制定在岸服务外包支持政策。

（九）落实税收优惠政策。落实好国际服务外包增值税零税率和免税政策。在服务外包示范城市，严格执行对经认定的技术先进型服务企业减按 15%的税率征收企业所得税；经认定的技术先进型服务企业发生的职工教育经费支出，不超过工资薪金总额 8%的部分，准予在计算应纳税所得额时扣除；符合条件的研究和开发费用企业所得税前加计扣除。落实国家重点扶持的高新技术企业税收优惠等政策。

（十）加强金融服务。鼓励金融机构按照风险可控、商业可持续原则，创新符合监管政策、适应服务外包产业特点的金融产品和服务，依托人民银行应收账款融资服务平台，推动开展应收账款质押、保理，推动专利及版权等知识产权质押。支持政策性金融机构在有关部门和监管机构的指导下依法合规创新发展，加大对服务外包企业支持力度。鼓励保险机构创新保险产品，提升保险服务，扩大出口信用保险规模和覆盖面，开展服务外包企业信用体系建设。利用现有资金政策，引导融资担保机构加强对服务外包中小企业的融资担保服务。支持符合条件的服务外包企业进入中小企业板、创业板、中小企业股份转让系统融资。支持符合条件的服务外包企业通过发行企业债券、公司债券、非金融企业债务融资工具等方式扩大融资，实现融资渠道多元化。

（十一）提升便利化水平。推进境外投资便利化，实行备案为主的管理方式。进一步提升通关便利化水平，创新服务外包海关和检验检疫监管模式，对承接国际服务外包业务所需样机、样本、试剂等简化审批程序，实施分类管理，提供通关便利。落实外汇管理便利化措施，鼓励在跨境贸易和投资中使用人民币结算。为开展国际服务外包业务的外籍中高端管理和技术人员提供出入境和居留便利。

四、 保障措施

（十二）加强规划引导。开展“十三五”服务外包产业发展专项规划制定，提出“十三五”服务外包产业发展的重点领域、主要任务和保障措施等。科学谋划全省服务外包产业布局，有关部门将服务外包产业集聚区的教育资源，物联网、大数据、云计算和移动互联及新技术应用的基础设施，以及企业的技术、管理和商业模式创新项目等纳入“十三五”相关规划。

（十三）完善协同推进机制。建立健全四川省服务外包产业发展联席会议制度，商务厅、省发展改革委、省经济和信息化委、教育厅、科技厅、公安厅、民政厅、财政厅、人力资源社会保障厅、交通运输厅、文化厅、省卫生计生委、省外事侨务办、省地税局、省工商局、省统计局、省旅游局、省知识产权局、省投资促进局、省国税局、成都海关、四川出入境检验检疫局、人行成都分行（国家外汇管理局四川省分局）、四川银监局、四川证监局、四川保监局等部门参加。联席会议办公室设在商务厅，负责具体日常工作。

（十四）加强统计分析。进一步完善服务外包统计体系和统计制度，加强服务外包统计数据收集、认定、分析、应用。健全有关部门服务外包信息共享机制。加强与国际组织、研究机构和行业协会的数据信息交流与合作，按月度发布服务外包统计数据。

（十五）发挥中介组织作用。加大对行业商协会等中介机构的支持力度，充分发挥中介机构在贸易促进、行业自律、标准制定、国际交流、人才培训等方面的作用，打通政策壁垒，鼓励政府向行业协会和中介机构购买调研分析、标准制定、数据统计、行业宣传等公共服务。

（十六）建设法治化营商环境。依据现行法律法规，促进产业发展和规范经营行为。对故意或者过失泄露国家秘密，以及侵犯企业商业秘密等违法犯罪行为，依法追究法律责任。依法加强服务外包领域版权、专利、商标、技术秘密等知识产权的保护与执法监管力度。

各地、各有关部门要按照本实施意见，结合实际制定工作措施，推动全省服务外包产业加快发展。

附件：重点任务分工及进度安排表

四川省人民政府
2015年6月5日

附件：重点任务分工及进度安排表

序号	工作任务	负责单位	时间进度
1	打造成都经济区服务外包产业集群，建成西部第一的服务外包产业聚集地	商务厅牵头，省发展改革委、财政厅参加	持续实施
2	支持企业通过国际并购、战略性重组等方式扩大规模，鼓励企业积极参加国际国内知名服务外包奖项评选。	商务厅牵头，财政厅参加持续实施	持续实施
3	加大对服务外包企业的招商力度。	省投资促进，商务厅牵头局参加。	持续实施
4	选择国际知名服务外包展会平台开展国际营销。支持在川举办各类服务外包产业峰会、展会活动。	商务厅牵头，财政厅参加持续实施	持续实施
5	实施服务外包竞争力提升“515工程”。	商务厅牵头，财政厅、省发展改革委、省经济和信息化委、人力资源社会保障厅、教育厅参加。	2015年6月启动
6	积极拓展服务外包垂直行业领域，鼓励软件和信息技术等行业领域加大服务外包发包力度。	商务厅牵头，相关部门参加	持续实施

续表

序号	工作任务	负责单位	时间进度
7	鼓励金融机构拓展服务外包的范围和规模。	人行成都分行牵头，商务厅、四川银监局、四川证监局、四川保监局参加	持续实施
8	政府部门拓宽购买服务领域，将可外包业务委托给专业服务企业。	商务厅、财政厅牵头，相关部门参加	持续实施
9	推进区域布局多点发展。	省发展改革委、商务厅牵头，科技厅、成都海关、省经济和信息化委参加	持续实施
10	推进国际市场多元发展。	商务厅牵头，省发展改革委、省外事侨务办参加	持续实施
11	推进服务外包创新发展。	科技厅牵头，商务厅、财政厅、省发展改革委、省经济和信息化委参加	持续实施
12	推进服务外包人才培引。	人力资源社会保障厅、教育厅牵头，商务厅、财政厅参加	持续实施
13	完善现有财政资金政策，优化资金安排和使用方向，改进支持方式，加大对开展国际服务外包研发创新、人才培训、资质认证、公共服务等的支持力度，鼓励企业参加境内外服务外包展会、相关各类奖项评选以及境外投资活动，积极支持行业标准制定、省级服务外包基地公共平台建设等。充分发挥财政资金的杠杆作用，引导社会资金加大对承接国际服务外包业务企业的投入，促进扩大服务出口。研究制定在岸服务外包支持政策。	财政厅牵头，商务厅、省经济和信息化委、科技厅参加	2015 年 6 月启动
14	落实执行国家离岸服务外包增值税零税率、技术先进型服务企业和国家重点扶持的高新技术企业税收优惠等政策。	省国税局、省地税局牵头，财政厅、商务厅、科技厅参加	持续实施
15	鼓励金融机构按照风险可控、商业可持续原则，创新符合监管政策、适应服务外包产业特点的金融产品和服务，推动开展应收账款质押、专利及版权等知识产权质押。支持政策性金融机构在有关部门和监管机构的指导下依法合规创新发展，加大对服务外包企业支持力度。	人行成都分行牵头，财政厅、商务厅、四川银监局参加	持续实施

续表

序号	工作任务	负责单位	时间进度
16	鼓励保险机构创新保险产品，提升保险服务，扩大出口信用保险规模和覆盖面，开展服务外包企业信用体系建设。	四川保监局牵头，财政厅、商务厅参加	持续实施
17	利用现有资金政策，引导融资担保机构加强对服务外包中小企业的融资担保服务。	财政厅牵头，商务厅参加持续实施	持续实施
18	支持符合条件的服务外包企业进入中小企业板、创业板、中小企业股份转让系统融资。支持符合条件的服务外包企业通过发行企业债券、公司债券、非金融企业债务融资工具等方式扩大融资，实现融资渠道多元化。	四川证监局牵头，省发展改革委、财政厅、商务厅、人行成都分行参加	持续实施
19	推进境外投资便利化，实行备案为主的管理方式。	商务厅	持续实施
20	进一步提升通关便利化水平，创新服务外包海关监管模式。	成都海关	持续实施
21	创新服务外包检验检疫监管模式，对承接离岸服务外包业务所需样机、样本、试剂等简化审批程序，实施分类管理，提供通关便利。	四川出入境检验检疫局牵头，商务厅参加	持续实施
22	落实外汇管理便利化措施，鼓励在跨境贸易和投资中使用人民币结算。	商务厅牵头，省发展改革委、省外事侨务办参加	持续实施
23	为开展离岸服务外包业务的外籍中高端管理和技术人员提供出入境和居留便利。	省外事侨务办、公安厅	持续实施
24	开展“十三五”服务外包产业发展专项规划制定。将服务外包产业集聚区的教育资源，物联网、大数据、云计算和移动互联及新技术应用的基础设施，以及企业的技术、管理和商业模式创新项目等纳入“十三五”相关规划。	商务厅牵头，省发展改革委、教育厅、科技厅、省经济和信息化委参加	2015 年 6 月启动
25	建立健全四川省服务外包产业发展联席会议制度。	商务厅牵头，相关部门参加	2015 年下半年启动
26	完善服务外包统计体系和统计制度，健全有关部门服务外包信息共享机制，按月度发布服务外包统计数据。	商务厅牵头，财政厅、民政厅参加	持续实施

续表

序号	工作任务	负责单位	时间进度
27	加大对行业商协会等中介机构的支持力度，鼓励政府向中介机构购买服务。	商务厅牵头，财政厅、民政厅参加	持续实施
28	建设法治化营商环境，依法加强服务外包领域版权、专利、商标、技术秘密等知识产权的保护与执法监管力度。	商务厅牵头，公安厅、省知识产权局、省工商局、省新闻出版广电局参加	持续实施

附录二十九：河南省人民政府关于促进服务外包产业加快发展的实施意见（豫政〔2016〕39号）

各省辖市、省直管县（市）人民政府，省人民政府各部门：

为贯彻落实《国务院关于促进服务外包产业加快发展的意见》（国发〔2014〕67号），结合我省实际，现提出如下实施意见。

一、 目标任务

（一）紧紧抓住全球服务产业跨界融合、加速转移的重大机遇，充分发挥服务外包与新业态融合度深、产业链条覆盖面广、吸纳就业能力强、服务供给模式新的特点，激发创新创业活力，加快培育竞争新优势，把发展服务外包作为我省参与全球产业分工、提升产业价值链的重要途径，使服务外包产业成为全省新的服务经济增长点。

（二）持续改善产业发展环境，完善政策体系，量质并举、结构优化，推动全省服务外包产业区域多点发展，离岸外包与在岸外包联动发展，构建专业特色突出、技术优势明显、行业领域广泛、市场基础扎实、创新能力较强的现代服务外包产业体系。

（三）通过实施服务外包示范工程，发展特色服务外包，培育壮大外包主体，推动我省中心城市跻身中国服务外包示范城市，成为在岸外包交易和离岸外包交付重点城市。力争“十三五”期间，培育50家省级服务外包重点企业，扶持10家省级服务外包重点人才培养机构（含院校），打造2~3个省级服务外包示范城市，15~20家省级服务外包示范园区，全省服务外包业务规模年均增长25%以上。

二、工作重点

（四）实施服务外包示范工程。加强对示范城市发展服务外包产业的指导和支持，充分发挥郑州市作为中国服务外包示范城市的示范和带动作用，培育一批省级服务外包示范城市，命名一批省级服务外包示范园区，发展一批服务外包重点企业，形成服务外包产业集群。支持郑州航空港经济综合实验区、中国（郑州）跨境电子商务综合试验区、经济技术开发区、高新技术产业开发区、产业集聚区、服务业“两区”（商务中心区、特色商业区）、电子商务园区、品牌消费集聚区、特色出口基地等发展服务外包。

（五）拓展离岸、在岸服务外包业务。支持企业开拓境外新市场、投资设立境外分支机构，搭建具有国际先进水平的外包产业平台，面向欧美、日韩等重点区域举办服务外包主题招商和项目对接活动。大力推动与“一带一路”沿线国家和地区合作。组织服务外包企业参加国际性服务外包论坛、展会、洽谈会，联合境外企业、境内外商投资企业开展离岸业务，努力扩大金融、科技、信息技术、动漫、物流等领域合作规模，争取境外客户服务、呼叫中心、电信服务、金融服务、文化创意和影视制作等外包业务向我省转移。充分挖掘内需市场潜力，推动批发零售、教育、文化、医疗、旅游、养老健康、人力资源等服务领域释放外包需求。提倡在豫金融、保险机构将非核心业务外包，促进金融在岸外包业务发展。鼓励省内电子商务企业与专业服务机构开展合作，提升电子商务企业经营和管理效率。支持信息网络设施、信息技术咨询、运营维护、系统集成、软件开发和部署测试、大数据云计算服务、公共平台与应用等服务外包，加快信息化集约、节约建设和应用普及。鼓励省内制造业企业与专业服务机构开展合作，分离产品设计、电子商务、物流、精密仪器设备维修等服务业务，提升供应链管理效率和水平。支持省内制造企业承接外包业务，实现由原始设备、设计制造商向原始品牌制造商转型，提高产品设计、生产和销售一体化水平，积极打造自有品牌。推行政府向社会力量购买服务，扩大购买服务领域，促进社会管理和公共服务信息资源共建共享和开放。

（六）加快培育服务外包企业。推动我省服务外包重点企业提升创新能力、竞争能力和集成服务水平，扶持一批“专、精、特、新”中小型企业。积极引进产业龙头企业、产业链配套企业，推动重点企业发挥示范作用，提高我省承接服务外包业务的层次和能力，扩大业务规模。开展服务外包企业和技术先进型服务企业认定工作，促进服务外包企业规范发展。

（七）加强服务外包产业基地通信基础设施建设，优化宽带网络环境。加大政府支持力度，充分调动电信运营企业、服务外包示范园区、服务外包示范企业及所在城市积极性，加大宽带网络建设投入，落实“宽带中原”战略，开展提速降费行动，开通国际通信专用通道，着力打造园区宽带网络设施优越、资费优惠、国际和国内宽带网络出口通畅的网络环境，达到国内领先水平。

（八）加强服务外包人才队伍建设。以我省高校为依托，推动服务外包人才培养机构建设，认定一批服务外包人才培训基地和实训基地，加快培养各类实用型服务外包人才。支持高校进行服务外包专业课程设置改革试点，引导大学生创新创业。选拔一定数量的本地服务外包人才到欧美等发包地学习和深造。鼓励服务外包企业引进海外高端技术和管理人才，吸引海外留学人员来豫创业，为高端人才创业提供良好的政策环境。

三、 扶持政策

（九）加大财税支持力度。省级财政统筹相关资金对省级服务外包示范城市（示范园区）和服务外包人才培训基地、实训基地及服务外包企业实施的符合政策支持条件的项目予以支持。中国服务外包示范城市，享受现有服务外包示范城市的中央财政专项资金、技术先进型服务企业税收优惠政策。落实离岸服务外包增值税零税率优惠政策。

（十）加强金融服务。鼓励金融机构按照风险可控、商业可持续原则，创新符合监管政策、适应服务外包产业特点的金融产品和服务，推动开展应收账款质押业务。鼓励保险机构创新保险产品，提升保险服务水平，扩大出口信用保险规模和覆盖面。利用现有资金政策，引导融资担保机构加强对服务外包中小企业的融资担保服务。支持符合条件的服务外包企业进入中小企业板、创业板、中小企业股份转让系统、区域性股权交易市场融资及通过发行企业债券、公司债券、中小企业私募债、非金融企业债务融资工具等方式扩大融资，实现融资渠道多元化。

（十一）提升便利化水平。推进境外投资便利化，实行备案为主的管理方式。进一步提升通关便利化水平，创新服务外包海关监管模式。落实外汇管理便利化措施，鼓励在跨境贸易和投资中使用人民币结算。依法为开展国际服务外包业务的外籍中高端管理和技术人员提供出入境和居留便利。

四、 保障措施

（十二）加强组织领导。建立省服务外包产业发展联系协调机制，由省商务厅牵头，省有关单位参与，形成促进服务外包产业加快发展的合力。省商务厅要会同各成员单位加强顶层设计，认真研究、细化落实我省支持服务外包产业的具体政策。在服务外包示范城市成立服务外包工作领导小组，加强督促检查。各地要加强对服务外包产业发展的组织领导，完善支持政策。

（十三）培育行业中介组织。积极培育服务外包行业协会、产业促进会等中介机构，推动行业信用管理，促进行业自律，规范服务外包市场秩序，引导建立诚信、规范、统一、与国际接轨的市场环境和运行规则。鼓励政府向行业协会等中介机构购买调研分析、标准制定、数据统计、行业宣传等公共服务。

（十四）建设法治化营商环境。依法加强服务外包领域版权、专利、商标、技术秘密等知识产权与信息安全的保护和执法监管力度，为服务外包企业发展营造良好的知识产权保护环境。

（十五）加强统计监测体系建设。建立健全服务外包统计指标体系、统计制度和服务外包信息共享机制。

各地、各有关部门要按照本实施意见要求，结合实际制定工作措施，推动服务外包产业加快发展。

河南省人民政府

2016 年 6 月 6 日

附录三十：郑州市人民政府办公厅关于印发郑州市 2017 年服务外包产业发展实施方案的通知（郑政办〔2017〕31 号）

各县（市、区）人民政府，市人民政府有关部门，各有关单位：

《郑州市 2017 年服务外包产业发展实施方案》已经市政府研究同意，现印发给你们，请认真贯彻执行。

2017 年 3 月 13 日

郑州市 2017 年服务外包产业发展实施方案

“十三五”时期，我市以中国服务外包示范城市获批为标志，服务外包产业发展迎来重大发展机遇。坚持改革创新，面向全球市场，加快发展高技术、高附加值的服务外包产业，是我市调整产业结构、转变经济发展方式的重要举措，也是深入促进全市现代服务业加速发展的重要抓手。为全面做好 2017 年市服务外包产业发展建设工作，制订本方案。

一、 指导思想

全面贯彻党的十八大和十八届三中、四中、五中、六中全会精神，秉承创新、协调、绿色、开放、共享发展理念，认真落实国家、省关于促进服务外包产业发展的决策部署，加快发展服务外包产业，形成全市产业升级新支撑、外贸增长新亮点、现代服务业发展新引擎和扩大就业新渠道，推动形成“郑州服务”品牌效应，将服务外包打造成为我市建设内陆开放型新高地的重要突破口。

二、 总体目标

充分发挥区位优势、人力资源优势和国家、省赋予的各种政策优势等，内引外联，统筹协作，持续完善服务外包发展促进体系，大力培育具有竞争力的服务外包企业群体，努力打造多层次的发展平台，全年全市离岸服务外包合同签约额、执行额增幅均不低于全省平均水平，在中西部地区影响力和辐射力不断增强。

三、 主要任务

2017 年，我市将继续坚持创新驱动、提质升级、政府引导、企业主体的工作准则，加快推进全市服务外包产业向纵深发展。

（一）出台全市加快发展服务外包的实施意见。以市政府名义印发市服务外包实施意见，加快推进全市服务外包产业体系构建和提升整合工作。（3 月底）

（二）完善市本级服务外包发展扶持政策。注重引导服务外包全产业链的协同发展和重点园区及重点企业的培育工作，全面加强服务外包示范城市建设工作。（4 月底）

（三）研究制定我市服务外包重点企业认定管理办法。有效加强对服务外包企业的日常管理和跟踪服务，引导形成产业集聚发展，打造我市服务外包核心竞争力。（5 月底）

（四）打造市服务外包公共服务平台。计划选择采用企业建设、政府支持及购买服务或政企研合作等模式，启动市服务外包公共服务平台建设工作，争取年内投入运营，为宏观科学管理全市服务外包工作提供重要依据。（7 月底试运营）

（五）完善服务外包统计体系。与相关部门密切沟通，根据商务部颁布的《服务外包产业重点发展领域指导目录》，完善现有服务外包统计方法，着力研究重点园区、重点企业数据直报工作。（7 月底）

（六）继续实施服务外包示范园区培育工程。继续实施开展服务外包园区服务评估认定工作，遴选产业基础扎实、发展态势良好的园区加强载体建设，发展特色服务外包业务，打造服务外包特色产业集聚区，推动形成布局合理、有序发展的全市服务外包产业发展空间格局。（全年）

（七）积极培育服务外包本土品牌。发挥产业园区和龙头企业示范带头作用，强力发展知识流程外包（KPO），做强做大信息技术外包（ITO），完善提升业务流程外包（ BPO），量质并举，形成我市服务外包产业特色和产业梯队。（全年）

（八）扎实做好“走出去”与“引进来”工作。积极组织和引导县（市、区）、开发区、重点园区和企业参加国内外知名服务外包专项展会，带动企业主动走出去。同时强化发包市场、发包企业对接工作，加强服务外包国际级企业或其研发机构招商工作，以龙头企业引进和培育带动全市服务外包产业提档升级，努力扩大离岸业务占比，助推提升全市服务外包国际竞争力。（全年）

（九）认真做好示范城市综合评价工作。按照国家、省有关工作要求，与市相关单位做好服务外包产业年度发展分析与总结工作。（全年）

（十）完善提升协会工作。推进协会与行业组织建设，探索行业发展管理新模式，推动本土服务外包协会与行业组织与中国服务外包研究中心、中国服务贸易协会和相关城市服务外包企业协会等研究机构和行业组织加强工作交流，组织开展同业交流互动，形成合力促进发展的健康态势。（全年）

四、 工作措施

（一）全面加强组织领导。调整完善市服务外包工作领导小组成员及单位组成，进一步明确各单位职责分工，建立协作机制，合力加速推进服务外包示范城市建设。

（二）积极完善支持政策。积极完善现有服务外包支持政策，

充分利用中央、省外经贸和市对外开放等专项资金，重点在商务部界定的服务外包重点发展领域内，按照培育龙头、建设梯队、锻造队伍、突出离岸、内外兼顾的原则全链条支持服务外包产业发展。

（三）努力落实税收优惠。努力落实国家关于技术先进型服务企业减按 15% 税率缴纳企业所得税、职工教育经费不超过工资薪金总额 8% 部分税前扣除和离岸服务外包增值税零税率等相关税收优惠政策，增强企业自身发展和创新动力。

（四）切实加大知识产权保护力度。依法加强服务外包领域版权、专利、商标、技术秘密等知识产权与信息安全的保护和执法监管力度，引导服务外包企业建立知识产权保护和管理制度，提高知识产权保护意识。

（五）建立督导制度。定期督导、通报市服务外包示范城市建设工作整体进度，协调解决工作中遇到的各种问题，工作进展情况及时上报市委、市政府。

五、 职责分工

（一）市服务外包工作领导小组负责统筹全市服务外包产业发展总体工作，研究确定相关工作意见、支持政策、专项规划等，协调省直相关单位，重大事宜及时上报。

（二）市商务局牵头负责组织实施中国服务外包示范城市建设工作，统筹做好综合协调、服务外包重点企业认定、规划编制等工作。

（三）市科技局牵头负责技术先进型服务企业认定管理办法制定及认定等工作。

（四）市国税局、市地税局共同负责落实国家规定的技术先进型服务企业税收减免等优惠政策。

（五）市财政局、市商务局共同负责市本级财政支持服务外包产业发展的政策制定及中央、省市专项资金的争取工作。

（六）市教育局、市商务局共同负责市服务外包人才培训体系建设工作。

（七）各县（市、区）、开发区、市政府各有关单位按照领导小组和领导小组办公室有关要求做好相关工作。

六、 工作要求

（一）各县（市、区）政府、开发区管委会要落实主体责任，强力推进中国服务外包城市建设工作。一是要明确服务外包产业发展的主管单位和分管领导；二是要制定辖区服务外包产业发展工作方案，要研究制定切实可行的工作推进措施，切实增强工作责任感和紧迫感。三是要主动协调解决工作中出现的问题和矛盾，坚决避免漏管、脱管现象，杜绝单位间推诿扯皮等问题的发生，切实做到齐抓共管、合力建设。

（二）相关垂直单位和市直各有关部门要密切配合，搞好协作。各相关单位要根据单位职责和责任分工，充分发挥本单位职能，积极协调，及时解决本单位职能范围内出现的问题，完成交办任务，确保服务外包示范城市建设各项工作落到实处。

参考文献

[1] http://finance.eastday.com/economic/m1/20120530/u1a6591309.html.

[2] http://chinasourcing.mofcom.gov.cn/.

[3] http://finance.sina.com.cn/roll/20120926/144513247031.shtml.

[4] Williamson, O. E. Markets and hierarchies: Analysis and antitrust implications [M]. New York: Free Press, 1975.

[5] Marcus Neureiter, Peter Nunnenkamp. Outsourcing Motives, Location Choice and Labour Market Implications: An Empirical Analysis for European Countries? Blackwell Publishing Ltd., 2010 (2).

[6] WTO, Market Access: Unfinished Business (Special Studies 6), 2001.

[7] Aly K. Abu-Akeel, "Definition of Trade in services under the GATS: Legal Implications", the Gorge Washington Journal of International Law and Economics, VOI. 32, No. 2, 1999.

[8] Bernord Hoekman, "Rules of Origin for Goods and Services-Conceptual Issues and Economic Considerations", Journal of World Trade, (81), 1993.

[9] See Bernard Hoekman: "Rules of Origin for Goods and Services-Conceptual Issues and EconomicConsiderations", 27 J. world trade 81, 1993.

[10] Justin Kent Holcombe: "Backlash to Globalization in the Form of State Legislation: Constitutional Implications", University of Pennsylvania Journal of Labor and Employment Law, (12), 2005.

[11] OECD, "Electronic Commerce-Existing GATS Commitments for online Supply of Services", Paris: Trade Directorate (Trade Committee of the OECD), Report Number TD/TC/WP (99) 37/Final (2000).

[12] WTO Secretariat: "Scheduling of Initial Commitments in Trade in Service: Explanatory Note", MTN. GNS/W/164& Add. 1.

[13] Aaditya Mattoo and Sacha Wunsch-Vincent, "Pre-Empting Protectionism in Services: The GATS and outsourcing", Journal of International Economic Law, VOI. 7No. 4, 2010.

[14] Ulset, S. R&D Outsourcing and Contractual Governance: An Empirical Study of Commercial R&D Projects. Foundation Journal of Economic Behavior & Organisation1996, 30 (1).

[15] Lai, E. L., et al. (2007) Outsourcing of Innovation. United Nations Conference on Trade and Development. Globalization of R&D and Developing Countries (UNCTAD/ITE/11A/2005/6). http: unctad. Org/en/docs/iteiia20056overview_ en. Pdf, [OL] 2007-11-14.

[16] UNCTAD, Globalization of R&D and Developing Countries: Preface & Overview. United Nations, New York and Geneva, [M]. 2006.

[17] Ghelfi, D. The "Outsourcing Offshore" Conundrum: An Intellectual Property Perspective. http: //www. wipo. int/export/sites/www/sme/en/documents/pdf/outsoureing. pdf, [OL]. 2007-09-20.

[18] Rubin, H. Supply-Side/Manufacturing Outsourcing stategies and Negotiations. Georgetown Journal of International Law, 2007, 38 (3): 713-734.

[19] Baldia, S. Intellectua Property in Global Sourcing: the Art of the Transfer. Georgetown Joumal of International Law, 2007, 38 (3).

[20] Gandhi, J., Eschbacher, G. Identification and Classification of Outsourcing Risks for Complex Systems——A useful input for implementation in outsourcing models. Working Paper, httP: //cser. lboro. ae. uk/CSER08/pdfs/Paper%20132. pdf2008.

[21] Sullivan, L. The Word: Outsourcing Overseas. Risk Management, 2004, 51: 24-30.

[22] Barthélemy, J., Quélin, B. V. Complexity of outsourcing Contracts and Expost transaction Costs: An Empirical Investigation. Journal of Management Studies, 2006, 43 (8).

[23] Osterberg, E. C. A primer on IP risk management and insurance. The Licensing Journal, 2003, 11.

[24] India Copyright Act, http: //copyright. gov. in/CprAct. pdf.

[25] Larry R. et. al. Trade Secret Law and Protection in India. Intellectual property & Technology Law Journal, 2008, 20 (10).

[26] Gandhi, S. K. E - Commerce and Information Technology Act, 2000. Vidyasagar University Journal of Commerce, 2006, 11 (3).

[27] Meehan, M. J. Outsourcing Information Technology to India: Explaining Patterns of Foreign Direet Investment and Contracting in the Software Industry. Brigham Young University International Law & Management Review, 2006, 3.

[28] Ber nard Hoekman, Rules of Origin for Goods and Services-Conceptual Issues and Economic Considerations, The World Trade , 1993。

[29] Aaditya Mattoo, National Treatment in the Gats: Corner-stone or Pandora" s Box, Journal of World Trade, 1997, 31 (1): 107-135.

[30] Harris, A., Giunipero, L. C., Hult, G. T. M. Impact of Organizational and Contract Flexibility on Outsoureing Contraets [J]. Industrial Marketing Management, 1998, 27 (5).

[31] R. E. Caves. Multinational Enterprise and Economic Analysis. Cambridge University Press , Cambridge, 1982.

[32] H. G. . Johnson. Comparative Cost and Commercial Policy Theory for a Developing World Economy, Wicksell Lectuers, Stockholm: Almqvist & Wicksell, 1968.

[33] R. Vernon, International Investment and International Trade in the Product Cycle, Quarterly Journal of Economics, Vol. 80, 1966: 190-207.

[34] K. Kojima, Direct Foreign Investment, New York, Praeger, 1978.

[35] Robert D. Pearce." Decentralised R&D and Strategic Competitiveness, Globalised Approached to Generation and Use of Technology in Multinational Enterprise", Research Policy (28), pp167-179. 1999.

[36] J H. Dunningd "Globalization Technological Change and the Spatial Organization of Economic Activity". In Alfred D. Chandler. Peter Hagstrom and Orjan Solvell Ed: The Dynamic Firm. New York, NY: Oxford University Press. 1998.

[37] Kuemmerle, W. "Budlding Effective R&D Capabilities Abroad", Harvard Businiss Review, March-April pp61-70. 1997.

[38] Robert D. Pearce. "The Internationalization of Research and Development by Multinational Enterprises", New York, NY: St. Martin's Press. 1989.

[39] Cheng, J. and Bolon, D. "The Management of Multinational R&D: A Neglected Topic in International Business Research", Journal of International Business Studies (24), pp1-18. 1993.

[40] Ove Granstrand, "Internationalization of Corporate R&D: A Study of Japanese and Swedish Corporations", Research Policy (28), pp275-302. 1999.

[41] Manuel G.. Serapio Jr., Donald H. Dalton, "Globalization of Industrial R&D: an Examination of Foreign Direct Investment in R&D in the United States", Research Policy (28): pp303-316. 1999.

[40] Amy Jocelyn Class and Kamal Saggi. Innovation and Wage Effects of International Outsourcing. European Economic Review, 2001, (45).

[43] Christina Costa. Information Technology Outsourcing in Australia: A literature Review. Information Management & Computer Security, 2001, 9

(5).

[44] Anthony DiRomualdo & Vijay Gurbaxani. Strategic Intent for IT Outsourcing, Sloan Management Review, Summer 1998.

[45] Cheon M. Grover V. & Teng J. T. Theoretical Perspectives on the Outsourcing of Information System [J]. Journal of Information Technology, 1995, (10).

[46] Loh Lawrence & Venkatraman. Determinants of Information Technology Outsourcing: A Cross-sectional Analysis [J]. Journal of Management Information Systems. 1992, 9 (1).

[47] Rahul Sen, Mshahidul Islam. Southeast Asia in the Global Wave of Outsouring: Trends, Opportunityes, and Challenges. Regional Outlook; 2005/2006 Southeast Asia, p75-79, 5p, 1 Chart.

[48] Gilley and Rasheed, A, 2000, Making More by Doing Less: an Analysis of Outsourcing and its Effects on Firm Performance. Journal of Management 26 (4), 763-790.

[49] Amiti, Mary and Shang-Jin Wei, "Fear of Service Outsourcing: Is it Justified?," Economic Policy, April 2005, 20 (42), 308-47.

[50] Jagdish Bhagwati, Arvind Panagariya and T. N. Srinivasan: The Muddles overOutsourcing, The Journal of Economic Perspectives, 2004, 18 (4).

[51] Shapiro, D. L., Sheppard, B. H., Cheraskin, L., 1992, Bbusiness on a Handshake [J]. Negotiation Journal, 8 (4): 365-377.

[52] Deborahl Swenson (2005), Outsourcing Price Decisions: Evidence from U. S. 9802 Imports, Cambridge, MA : National Bureau of Economic Research, c2005.

[53] Markus Diehl, The Impact of International Outsourcing on the Skill Structure of Employment: Empirical Evidence from German Manufacturing Industries, Kiel Working Papers 09/1999.

[54] 李仲周．国际服务业外包：机不可失 失不再来 [J]. WTO 经济导刊，2004 (10)：14-14.

[55] 王根索．国际服务外包转移与我国的承接对策 [J]. 经济纵横，2005 (4)：59-61.

[56] 刘慧，胡天佑．我国生物医药外包市场浅析 [J]. 上海医药，2005，(2)：60-61.

[57] 卢言．国际生产体系下的企业外包管理 [J]. 集团经济研究，2005，(6)：42-43.

[58] 甄炳禧．经济全球化背景下的国际服务外包 [J]. 求是杂志 2005. 9：61-62.

[59] 刘伊玲．"外包"决定产业张力——国务院研究室副主任江小涓谈服务业发展新趋势 [J]. 中国经济信息，2005，(13).

[60] 江小涓．中西部地区的经济发展与吸引外资：政策取向及其实效分析 [J]. 当代经济科学，2002 (1).

[61] 薛荣久．对我国中西部地区利用外资状况的初步分析与建议 [J]. 国际贸易问题，1997 (8).

[62] 赵晋平．关于我国中西部地区利用外资政策的几点思考 [J]. 国际贸易问题，1997 (8).

[63] 吴群刚，胡鞍钢．探寻利用外资加快西部开发的有效途径 [J]. 清华大学学报（哲学社会科学版）. 2000 (4).

[64] 王洛林，魏后凯．我国西部开发的战略思路及发展前景 [J]. 中国工业经济，2001 (3).

[65] 张磊，徐琳．服务外包（BPO）的兴起及其在中国的发展 [J]. 世界经济研究，2006 (5).

[66]（美）阿瑟·刘易斯．国际经济秩序的演变 [M]. 北京：商务印书馆，1984.

[55] 吕政．国际产业转移与中国制造业发展 [M]. 北京：经济科学出版社，2006.

[67] 原小能．国际产业转移的基本规律及趋势分析［J］．上海经济研究，2004，(2)．

[68]（美）Richard J. Newman，鲁洁译．外包：企业离岸外迁的新趋势［J］．美国新闻与世界报道，2006，(1)．

[69] 裴长洪．吸引外商直接投资与产业结构优化升级——“十一五”时期利用外资政策目标的思考［J］．中国工业经济，2006，(1)．

[70] 张磊，徐琳．服务外包（BPO）的兴起及其在中国的发展［J］．世界经济研究，2006，(5)：33-38．

[71] 詹晓宁，邢后媛．服务外包：发展趋势与承接战略［J］．国际经济合作，2005，(4)：11-16．

[72] 戴永红．印度软件企业外包发展模式及其对中国的启示［J］．南亚研究，2004，(2)：32-35．

[73] 李志强，李子慧．当前全球服务外包的发展趋势与对策［J］．国际经济合作，2004，(11)：15-18．

[74] 江凌，等．中印软件外包业务比较研究［J］．经济师，2006，(2)：87-89．

[75] 陈菲．服务外包机制分析及发展趋势预测［J］．中国工业经济，2005，(6)：67-73．

[76] 赵楠．中国服务业吸引国际直接外资的现状与对策：基于1998-2003年经验数据的分析［J］．经济经纬，2006，(5)：39-42．

[77] 杨圣明．加快发展我国服务外包产业［J］．时代经贸，2008，(8)．

[78] 江小涓．服务外包：合约形态变革及其理论蕴意——人力资本市场配置与劳务活动企业配置的统一［J］．经济研究，2008，(7)．

[79] 姜春荣．国际服务外包浪潮：理论、实证与中国战略研究［J］．北京：对外经济贸易大学出版社，2009．

[80] 王春．IT外包理论的国内外研究述评［J］．科技管理研究，2008，(5)．

[81] 刘丁有，张妍 . 服务外包机理的理论分析综述及其实践指导意义［J］. 改革与发展，2010，(2).

[82] 刘庆林，刘小伟 . 国外服务业外包理论研究综述［J］. 山东社会科学，2008，(6).

[83] 江小涓，等 . 服务全球化与服务外包：现状、趋势及理论分析［M］. 北京：人民出版社，2008.

[84] 大卫·李嘉图 . 政治经济学及赋税原理［M］. 北京：商务印书馆，1976.

[85] 陈菲 . 服务外包与服务业发展［M］. 北京：经济科学出版社，2009.

[86] 刘庆林，刘小伟 . 国外服务业外包理论研究综述［J］. 山东社会科学，2008，(6).

[87] 崔健，等 . 跨国公司服务外包文献综述及最新进展［J］. 科技管理研究，2010，(2).

[88] 张芬霞，刘景江 . 离岸外包" 发展述评［J］. 经济问题，2005 (8)：24-26.

[89] 冯雷鸣，等 . 国外服务外包理论研究简述［J］. 经济师，2010 (1)：45.

[90] 赵鸿 . 国际服务外包：运行机制与效应研究［D］. 上海：上海社会科学院，2011.

[91] 裴长洪 . 论中国进入利用外资新阶段——"十一五"时期利用外资的战略思考［J］. 中国工业经济，2005，(1).

[92] 联合国贸发会议 . 1999 年世界投资报告：外国直接投资与发展的挑战［M］. 北京：中国财政经济出版社，2000.

[93] 裴长洪 . 中国服务业发展报告 No. 4：中国服务业的对外开放与发展［M］. 北京：社会科学文献出版社，2005.

[94] 联合国贸发会议 . 2004 年世界投资报告［M］. 北京：中国财政经济出版社，2005.

[95] 王志乐．2005 跨国公司在中国报告［M］．北京：中国经济出版社，2005.

[96] 殷凤．开放服务经济与中国的实践［M］．北京：经济管理出版社，2010.

[97] 联合国贸发会议网站 http：//www. unctad. org2009-05-25.

[98] 中国外包网 http：//www. macase. cn2010-06-26.

[99] 郑雄伟．2011 全球服务外包发展报告［OL］．http：//cn. chinagate. cn/indepths/waibao/2011-05/23/.

[100] 石静霞．WTO 服务贸易法专论［M］．北京：法律出版社，2006.

[101] 吴维俊．服务原产地规则研究［D］．西南政法大学，2004.

[102] 厉力．论服务贸易中服务原产地的确定问题［J］．世界贸易组织动态与研究，2008，(5).

[103] 余劲松．中国涉外经济法律问题新探［M］．武汉：武汉大学出版社，1999.

[104] 邓晓雄．WTO 基本原则在国际服务贸易中的运用及我国的服务贸易立法与实践［OL］．http：//www. Lab-lib. com/lw/lw view. asp? No = 1691, 2007-12-14.

[105] 王毅．WTO 国民待遇的法律规则及其在中国的适用［M］．北京：人民法院出版社，2005.

[106] 沈玉良，王伟．离岸服务对 GATS 服务分类的要求及开放［J］．世界贸易组织动态与研究，2007，(9).

[107] 龚柏华．论中国承接金融服务离岸外包相关法律问题［J］．上海财经大学学报（哲学社会科学版），2007，(1).

[108] 李颖．金融服务外包的法律问题研究［D］．大连海事大学，2008 .

[109] 胡水晶．承接研发离岸外包中知识产权风险研究［D］．华中科技大学，2010.

[110] 黄智新．印度竞争力领先中国11位［N］. 中国贸易报，2006-10-12-04.

[111] 肖漩．服务离岸外包法律问题研究［D］. 对经济贸易大学，2006.

[112] 吴志强．软件外包的知识产权研究［J］. 科技与法律，2006，(2).

[113] 杨海．中国服务外包知识产权风险和适用法律研究［J］. 现代管理科学，2010，(5).

[114] 唐鹏琪．印度在知识产权保护方面的成效、问题和启示［J］. . 南亚研究季刊，2002，(3).

[115] 中国知识产权局．发展中的印度知识产权保护体系［OL］. http：//www. sipo. gov. cn/ sipo2008/dtxx/gw/2007/200804/t20080401_353414. html. 2008.

[116] 王海峰．印度医药走向创新［N］. 医药经济报，2007-5-30.

[117] 朱羽舒．印度 CRO 订单做不完［N］. 医药经济报，2007-10-10.

[118] 孟长康．印度成长为信息产业大国的启示［J］. 管理现代化，2001，(5).

[80] 龚柏华．论中国承接金融服务离岸外包相关法律问题［J］. 上海财经大学学报，2007，(1).

[119] 韩龙．世贸组织与金融服务贸易［M］. 北京：人民法院出版社，2003 .

[120]《WTO<服务贸易总协定>法律约束力研究》，北京大学出版社，2006.

[121] 王铁山，等．金融服务外包的风险及其监管对策［J］. 国际经济合作，2007，(5).

[122] 张成虎，等．金融机构信息技术外包的风险控制策略［J］. 当代经济科学，2003，(2).

[123] 巴塞尔银行监管委员会、国际证监会组织、国际保险监督官协会、国际清算银行联合论坛，魏欣，李文龙译．金融服务外包 [J]．中国金融，2005，(13)．

[124] 吴国新．金融服务外包承包方选择与风险管理研究 [D]．东华大学，2010.

[125] 曾丽凌．离岸外包几个法律问题研究 [J]．对外经贸实务，2006，(3)．

[126] 丁祎．论国际金融服务离岸外包的法律规制——以美国与印度模式为视角 [D]．复旦大学，2009.

[127] 代明．透视核心竞争力 [J]．企业经济，2004，(9)．

[128] 刘倩．金融服务外包及其风险研究 [D]．东北财经大学，2007.

[129] 郭玉军，胡秀娟．欧洲银行监管委员会（外包标准）〔建议稿〕介评 [J]．河北法学，2007，(8)．

[130] 唐柳，廖海波．SCP 框架下我国金融服务外包产业组织研究 [J]．经济管理，2008，(21)．

[131] 陆小斌．国外规范金融外包情况简介 [ON]．www.financialnews.com，2005-02-16.

[132] 蔡华利，张翠英．企业软件外包风险管理研究 [J]．中国管理信息化，2006 (4)．

[133] 聂规划，周晓光．企业信息技术外包的风险与防范 [J]．科技进步与对策，2002 (4)．

[134] 朱玥．IT 外包风险评估和风险规避研究 [D]．北京交通大学，2008.

[135] 王桂森．企业 IT 服务外包风险控制模型研究 [D]．哈尔滨工业大学，2011.

[136] 刘婷婷．IT 外包风险控制方法研究 [D]．东北财经大学，2010.

[137] 吴晓英．企业信息技术外包风险研究 [D]．华中师范大

学，2007.

［138］王雅薇．IT 外包实施过程中的风险分析与控制［D］．吉林大学，2008.

［139］张云川．IT 外包服务及其执行过程风险控制研究［D］．华中科技大学，2005.

［140］杨农．信息系统外包的决策和风险分析［J］．学术界，2003，（6）

［141］（美）阿瑟·刘易斯．国际经济秩序的演变［M］．北京：商务印书馆，1984.

［142］吕政．国际产业转移与中国制造业发展［M］．北京：经济科学出版社，2006.

［143］汪斌，赵张耀．国际产业转移理论述评［J］．浙江社会科学，2003，（6）.

［144］刘伊玲．“外包”决定产业张力——国务院研究室副主任江小涓谈服务业发展新趋势［J］．中国经济信息，2005，（13）.

［145］（美）Richard J. Newman，鲁洁译．外包：企业离岸外迁的新趋势［J］．美国新闻与世界报道，2006，（1）.

［146］刘宁．中国服务外包产业的发展方略［D］．武汉大学，2010，（5）.

［147］李晨瑝．中国承接服务外包研究：影响因素、比较优势与效应［D］．南开大学，2010，（5）.

［148］卢峰．服务外包经济学分析：产品内分工视角——兼论我国承接国际服务外包问题［R］．北京大学中国经济研究中心讨论稿系列 No. C2007011，2007-7-10.

［149］张华．跨国公司服务外包的机制研究［D］．中国海洋大学，2008，（9）.

［150］肖永芳．跨国公司服务外包的动因研究［D］．武汉理工大学，2006，（12）.

[151] 杨圣明. 关于服务外包问题 [J]. 中国社会科学院研究生院学报，2006，(6)：23-28.

[152] 薛荣久，张汉林. 国际服务贸易 [M] 北京：中国大百科全书出版社，1995.

[153] 贵国. 世界贸易组织法 [M]. 北京：法律出版社，2003.

[154] B. 霍克曼. 评服务贸易总协定 [R]. 世界银行论文集，第 307 号.

[155] 张瑞萍.《服务贸易总协定》基本原则评析 [J]. 当代法学，1998，(3).

[156] 王传丽. 国际经济法 [M]. 北京：高等教育出版社，2005.

[157] 房东.《服务贸易总协定》法律约束力研究 [M]. 北京：北京大学出版社，200.

[158] 世界贸易组织秘书处编著，对外贸易经济合作部世界贸易组织司译. 电子商务与 WTO 的作用：贸易、金融和金融危机、金融服务自由化和《服务贸易总协定》[M]. 北京：法律出版社，2002.

[159] 石静霞，陈卫东著. WTO 国际服务贸易成案研究 1996 — 2005 [M]. 北京：北京：北京大学出版社，2005.

[160] 郑鸿飞，任荣明. 离岸服务外包及中国对策" [J]. 上海管理科学，2005 ，(2).

[161] 阿利·阿布艾克尔. 服务贸易总协定下服务贸易的定义、法律意义 [J]. 华盛顿国际法与经济学期刊，1999 ，(6).

后　记

本书是我长期从事服务外包研究的一项阶段性成果。2005—2007 年，我在中国社科院财经战略研究院（原财贸经济研究所）应用经济学博士后流动站从事博士后研究工作时，当时的理论界开始系统研究服务外包问题，其中，代表性学者是江小涓，她本人及其带领的团队在服务外包领域取得了丰硕的研究成果；其中的《服务外包与中国服务外包发展丛书》可谓是中国服务外包理论研究的奠基之作。此后，国内从事服务外包研究的学者与日俱增，研究成果也是日益丰富。这种趋势的出现客观上是与我国服务外包实务的迅猛发展分不开的。

根据《2004 年世界投资报告》统计显示，2001—2002 年，服务业占到整体 FDI 流入总量的三分之二，约为 5000 亿美元，而 1989—1991 年仅占 44%；服务业在世界外国直接投资存量中的比重由 20 世纪 70 年代初期的四分之一、20 世纪 90 年代的不到一半发展到 2002 年的 60%，估计约 4 万亿美元，表明了服务业已经取代制造业，成为 FDI 结构中的主流。而在同一时期，初级部门在 FDI 存量中的比重由 9%下降到 6%，制造业的降幅更大，由 42%降至 34%。就我国服务外包发展而言，2003 年 6 月，时任国务院副总理吴仪在出席跨国公司投资论坛时指出，“面对成长迅速的外包市场，中国不应满足于成为‘世界制造中心’，而应争取成为获得较大的市场份额；2003 年 7 月 15 日，吴仪又指出，“要重视跨国集团内部服务业外包的新趋势，积极创造条件，探索新方式，拓展吸收外资的新领域”；2004 年 8 月初，在大连第二届中国国际软件和信息服务交易会上，中国、日本、韩国、马来西亚政府高级官员和跨国公司代表发表旨在促进和加强信息领域合作的《大连宣言》，指出“在软件和信息服务产业规模激增同时，软件和信息服务的全球分工格局也在逐步形成；加强外包业务合作成为各国在软件和信息服务领域合作的重要内容之一；2005 年之后，我国服务外包进入快速发展时期，2006 年商务部启动“千百十工程”，2007 年 3 月国务院发布 7 号文件，提出要“把大力发展服务贸易作为转变外贸增长方式、提升对外开放水平的重要内容。

受上述实践发展影响和理论研究启示，我在博士后流动站工作期间，开始了服务外包问题的研究，发表了系列研究成果，如论文：《服务外包与中国利用外资的地区均衡发展——基于 BPO 运行机制的分析》（《财贸经济》，2007，（9））、《国际产业转移的新趋势与服务外包的兴起》（《国际贸易问题》，2007，（9））、《国际直接投资的产业选择趋势与中国发展服务外包的对策》（《中国社会科学院研究生院学报》，2006，（5））、《我国发展服务业外包的路径选择》（《经济学家》，2007，（3））、《印度发展服务业外包模式探析》（《当代亚太》，2007，（3））；著作：《服务外包适用法律问题研究》（经济管理出版社，2014 年出版）、《服务外包与中国利用外资问题研究》（经济管理出版社，2016 年出版）。本书是上述系列研究的延续，书里面的诸多观点是对前阶段研究的总结与提炼，也是将来开展研究的发端。

一事之成，即非一日之功，亦非一人之力。本书从资料收集、研究研讨、观点提炼、结构设计到付梓出版都得到了诸多同事和学棣的帮助；同时需要说明的是，本书由现代服务业河南省协同创新中心、河南财经政法大学政府经济发展和社会管理创新研究中心共同资助出版，在此一并表示感谢！

赵楠于郑州

2017 年 3 月